Hans-Günter Semsek

Cornwall/Kernow

001co se

„Was für ein Land! Wir tröpfeln von Bucht zu Bucht und haben eine vollkommen einsame Landschaft entdeckt – nicht ein einziger Bungalow – nur Fußspuren von Möwen im Sand. Hier und da ein Schloss, und ein alter Mann, der in seinem Bach fischt, während das Meer hinter Stechpalmenhainen brandet, und ein Kranz grüner Hügel."

Virginia Woolf während ihres letzten Besuches in Cornwall, 14. Mai 1936

Impressum

Hans-Günter Semsek
Reise Know-How Cornwall/Kernow

erschienen im
Reise Know-How Verlag Peter Rump GmbH
Osnabrücker Str. 79
33649 Bielefeld

5., neu bearbeitete und komplett aktualisierte Auflage 2013

Aktualisierung und Bearbeitung dieser Auflage:
Stefan Blank

Gestaltung
Umschlag: G. Pawlak, P. Rump (Layout);
Svenja Lutterbeck (Realisierung)
Inhalt: G. Pawlak (Layout),
Svenja Lutterbeck (Realisierung)
Karten: Cathérine Raisin, der Verlag
Fotonachweis: der Autor (se), Stefan Blank (sb),
www.fotolia.com
Titelfoto: www.fotolia.com © ianlott5,
Motiv: Hell's Mouth im Norden Cornwalls

Lektorat: Sandra Wanning
Lektorat (Aktualisierung): Svenja Lutterbeck

Druck und Bindung: Media Print, Paderborn

ISBN 978-3-8317-2291-4
Printed in Germany

Dieses Buch ist erhältlich in jeder Buchhandlung Deutschlands, der Schweiz, Österreichs, Belgiens und der Niederlande. Bitte informieren Sie Ihren Buchhändler über folgende Bezugsadressen:

Deutschland
Prolit GmbH, Postfach 9, D-35461 Fernwald (Annerod) sowie alle Barsortimente

Schweiz
AVA Verlagsauslieferung AG,
Postfach 27, CH-8910 Affoltern

Österreich
Mohr Morawa Buchvertrieb GmbH,
Sulzengasse 2, A-1230 Wien

Niederlande, Belgien
Willems Adventure, www.willemsadventure.nl

Wer im Buchhandel trotzdem kein Glück hat, bekommt unsere Bücher auch über unseren
Büchershop im Internet: www.reise-know-how.de

www.fotolia.com © fisfra

Wir freuen uns über Kritik, Kommentare und Verbesserungsvorschläge, gern auch per E-Mail an info@reise-know-how.de.

Alle Informationen in diesem Buch sind vom Autor und den Redakteuren mit größter Sorgfalt gesammelt und vom Lektorat des Verlages gewissenhaft bearbeitet und überprüft worden.

Da inhaltliche und sachliche Fehler nicht ausgeschlossen werden können, erklärt der Verlag, dass alle Angaben im Sinne der Produkthaftung ohne Garantie erfolgen und dass Verlag, Autor und Redakteure keinerlei Verantwortung und Haftung für inhaltliche und sachliche Fehler übernehmen.

Die Nennung von Firmen und ihren Produkten und ihre Reihenfolge sind als Beispiel ohne Wertung gegenüber anderen anzusehen. Qualitäts- und Quantitätsangaben sind rein subjektive Einschätzungen des Autors bzw. der Redakteure und dienen keinesfalls der Bewerbung von Firmen oder Produkten.

Hans-Günter Semsek
CORNWALL
KERNOW

Vorwort

Cornwall (auf Cornisch: Kernow) ist ein ideales Urlaubsziel mit einer vollständig entwickelten touristischen Infrastruktur. Mit dem eigenen Auto sowie den Fährverbindungen oder dem Kanaltunnel erst einmal in England angekommen, ist Cornwall innerhalb weniger Stunden erreichbar. Auch mit öffentlichen Bussen und Bahnen ist Cornwall gut erschlossen. Von London aus sind es 450 km bis zum cornischen Verkehrsknotenpunkt Penzance. Die beiden größten „Metropolen" sind Falmouth und Penzance mit ihren wichtigen Häfen – das Herz des cornischen Fremdenverkehrs aber schlägt in St. Ives.

142co sb

Cornwall wird im Süden und im Westen vollständig von Meer umschlossen, und der Golfstrom sorgt dafür, dass die Temperaturen sehr angenehm sind, wie man an den allerorten wachsenden Palmen erkennen kann. 45 km vor der Küste liegt der kleine Archipel der Isles of Scilly.

Ein Großteil der Bevölkerung lebt saisonal vom Tourismus, und die Grafschaft tut viel, um ihren Gästen alles zu bieten. So gibt es natürlich herausragende Sehenswürdigkeiten wie beispielsweise die gigantischen Gewächshäuser des Eden Project bei St. Austell oder das National Maritime Museum in Falmouth. Auch eine Aufführung im Freilufttheater Minack Theatre wird sich sicher niemand entgehen lassen. Die eigentlichen Attraktionen aber sind die Landschaft, die Küstenlinie und die vielen kleinen ehemaligen Fischerdörfer mit ihrer unvergleichlichen Atmosphäre.

Einsam ist es auf der Lizard-Halbinsel und im Bodmin Moor; überall kann man dort wandern und Fahrradfahren, Strände zum Baden oder Wellenreiten säumen die cornische Küste dicht an dicht. Ferienhäuser, Hotels, Guest Houses und Bed & Breakfast-Unterkünfte, ambientereiche Pubs und Tavernen, Restaurants – darunter sehr gute – sind zahlreich vorhanden.

Am Hafen in Falmouth

Inhalt

Vorwort 4
Städte und Landschaften in Cornwall – die Highlights 9

Die cornische Kanalküste 12

Überblick 15
Looe 16
Polperro 19
Fowey 21
Lostwithiel und Lanhydrock House 25
St. Austell und Charlestown 28
Mevagissey 32
Veryan Bay 34
Truro 35
St. Mawes und die Roseland Peninsula 37
Falmouth 40

Die Lizard Peninsula 46

Überblick 49
Entlang des Helford River 50
St. Keverne 52
Die Goonhilly Downs und Coverack 53
Lizard 55
Mullion und Poldhu 62
Porthleven 63
Helston 65

Die Penwith Peninsulia 70

Überblick 73
Marazion und St. Michael's Mount 74
Penzance 76
Newlyn 82
Mousehole 83
Lamorna Cove 88
Porthcurno und das Minack Theatre 96
Land's End 105
St. Just-in-Penwith und Cape Cornwall 111
Zennor 114
St. Ives 120

Die Isles of Scilly 130

Überblick 133
Geschichte 134
Wirtschaft 135
Schiffskatastrophen vor den Isles of Scilly 136
Flora und Fauna 141
St. Mary's 143
Tresco 144
St. Martin's 144
St. Agnes 145
Bryher 145

Die nördliche Küste Cornwalls 148

Überblick 151
Hayle 152
Camborne, Redruth und Gwennap Pit 153
Portreath 154
Porthtowan 155
St. Agnes 156
Perranporth 158
Newquay 159
Padstow 164
Wadebridge 170

Polzeath, die Dymer Bay und St. Enodoc Church 171
Port Isaac, Port Quin und Port Gaverne 173
Tintagel 175
Boscastle 177
Bude 180
Morwenstow 181

Bodmin Moor 186

Überblick 189
Bodmin 190
Rund um den Jamaica Inn 194
Altarnun 199
Launceston und der Tamar Otter Park 199
Rund um Camelford 201
Rund um St. Neot 202

Praktische Reisetipps von A bis Z 204

Ausrüstung 206
Autofahren 206
Behinderte Besucher 209
Diplomatische Vertretungen 209
Einkaufen 210
Einreisebestimmungen 210
Elektrizität 212
Essen und Trinken 212
Feste und Feiertage 217
Flora und Fauna 217
Geld 220
Gesundheit 221
Hin- und Rückreise 222
Informationsstellen 228
Klima und Reisezeit 229
Maße und Gewichte 230
Medien 232
Mit Kindern unterwegs 235
Notfälle 235
Öffnungszeiten 236
Orientierung 237
Post und Telefon 237
Radfahren 239
Sicherheit 239
Uhrzeit 239
Unterkunft 239
Verkehrsmittel 242
Versicherungen 244
Wandern 245

Land und Leute 248

Cornwall – Land der Heiligen 250
Eine kleine Geschichte Cornwalls 254

Anhang 266

Literaturhinweise 268
Register 271
Der Autor 276

Karten

Stadtpläne

Falmouth 42
Newquay 160
Penzance 78
St. Ives 122

Wanderkarten

Wanderkarte 1 56
Wanderkarte 2 90
Wanderkarte 3 102
Wanderkarte 4 108
Wanderkarte 5 116

Exkurse

Die cornische Kanalküste
China Clay oder Kaolin 28
Britische Nationalsymbole 45

Die Lizard Peninsula
Leuchttürme in Cornwall 66

Die Penwith Peninsula
Wandern auf dem St. Michael's Way 76
Eine Tragödie in Mousehole – Der Untergang der Solomon Browne 85
Royal National Lifeboat Institution (RNLI) 94
Ein Theater am Meer – Das Minack Theatre 98

Die Isles of Scilly
Leuchtfeuer auf Bishop's Rock 140

Die nördliche Küste Cornwalls
The Saint's Way 166
The Camel Trail 168

Bodmin Moor
Inns, Taverns, Alehouses, Pubs 197

Land und Leute
Sir Francis Drake und die Spanische Armada 260

Wanderungen

Die Lizard Peninsula
Wanderung 1: Lizard Point, Kynance Cove und das Fischerörtchen Cadgwith 56

Die Penwith Peninsula
Wanderung 2: Lamorna Cove und die Merry Maidens 89
Wanderung 3: Die Örtchen Porthcurno, Porthgwarra, das Minack-Theatre und St. Levan's Church 101
Wanderung 4: Land's End von Sennen 107
Wanderung 5: Von Zennor auf dem Tinner's Way 115

Städte und Landschaften in Cornwall – die Highlights

Die cornische Kanalküste – Kleine Hafenorte an der Kanalküste (S. 12)

Mit wenigen Ausnahmen münden alle Flüsschen von Cornwall an der Südküste in den Englischen Kanal, und die vielen Flussmündungen, an denen sich schon vor Jahrhunderten zahlreiche kleine Hafenorte ansiedelten, sind von großer landschaftlicher Schönheit.

Die Lizard Peninsula – Großbritanniens südlichste Region (S. 46)

Das Plateau der Lizard-Halbinsel, ein vergleichsweise einsames Gebiet, ragt wie ein Finger in den Englischen Kanal hinein und markiert Großbritanniens südlichste Region.

Die Penwith Peninsula – Das touristische Herz Cornwalls (S. 70)

Die Penwith-Halbinsel, auch West Penwith oder Land's End Peninsula genannt, ist das touristische Herz Cornwalls und sitzt wie ein großer Zeh am westlichen England.

Die Isles of Scilly – Südseeinseln im Atlantik (S. 130)

Nach rund 2¾ Std. Fahrzeit mit der Fähre oder noch besser nach 20 Min. Flugzeit mit dem Helikopter von Penzance sieht man sie unten im Meer liegen und fühlt sich wahrhaftig in die Südsee versetzt.

Die nördliche Küste Cornwalls – Raue und felsige Nordküste (S. 148)

Die Fahrt die Küste aufwärts lohnt allein schon wegen der spektakulären Szenerie mit Steilküste und Sandstränden, nicht zu vergessen die Strandabschnitte, die die Surfer für sich erobert haben wie Mawgan Porth oder Constantine Bay.

Bodmin Moor – Moorlandschaften im Zentrum Cornwalls (S. 186)

Die weite Moorlandschaft im Zentrum Cornwalls – benannt und unter Schutz gestellt als eine Area of Outstanding Natural Beauty – umfasst rund 210 km², besteht aus Hochmoorebenen auf Granit und liegt im Durchschnitt 245 m über NN.

Highlights

Die Tipps, die zu Beginn der Kapitel als Highlights genannt werden, erkennt man im Buch an der gelben Hinterlegung im Text.

Cornwall Kapitelübersicht

0
10 km
©Reise Know-How 2013
Morwenstow
Kilkhampton
Bude Bay
Bude
Stratton
Holsworthy
DEVON
Kink Arthur's Castle
Tintagel
Boscastle
Constantine Bay
Dymer Bay
Port Quin
Port Isaac Bay
Port Gaverne
Camelford
Tamar Otter Park
Polzeath
Port Isaac
Padstow
St. Enodoc
5
6
Altarnun
Launceston
Launceston Castle
Mawgan Point
Bedruthan Steps
Mawgan Porth
Wadebridge
BODMIN MOOR
Colliford Lake
Jamaica Inn
Siblyback Reservoir
Tamar
Bodmin
St. Neot
CORNWALL
Lanhydrock House
Liskeard
1
The Eden Project
St. Austell
Charlestown
Fowey
Lostwithel
Lost Gardens of Heligan
Mevagissey
Looe
Polperro
Looe Bay
Plymouth
Whitsand Bay
Veryan Bay
ÄRMELKANAL

Überblick | 15
Looe | 16
Polperro | 19
Fowey | 21
Lostwithiel
und Lanhydrock House | 25
St. Austell und Charlestown | 28
Mevagissey | 32
Veryan Bay | 34
Truro | 35
St. Mawes
und die Roseland Peninsula | 37
Falmouth | 40

Die cornische Kanalküste

Seit die Eisenbahn in der Mitte des 19. Jh. Cornwall näher an die Kapitale London anband und parallel dazu das Baden im Meer propagiert wurde, haben sich die Dörfer und Städte entlang der cornischen Südküste auf den Fremdenverkehr spezialisiert.

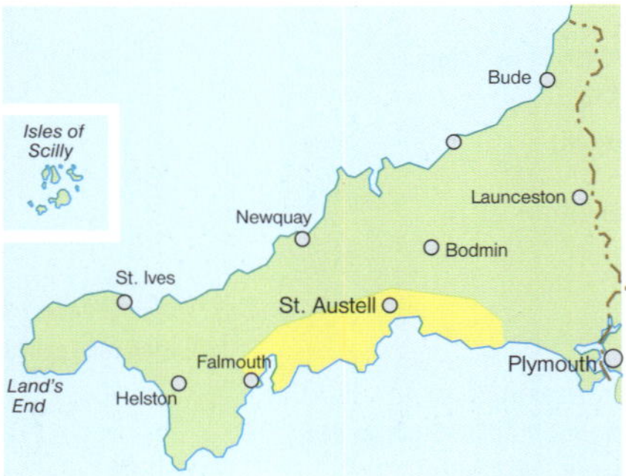

HIGHLIGHTS

Besondere Tipps*:

- **Lostwithiel und Lanhydrock House:** S. 25
- **The Eden Project:** S. 30
- **The Lost Gardens of Heligan:** S. 31
- **Trelissick Garden:** S. 39

***Diese Tipps erkennt man im Buch an der gelben Hinterlegung im Kapitel.**

Vorherige Seite:
die Gärten von Lanhydrock House nahe Bodmin

The Eden Project

019co se

KLEINE HAFEN-ORTE AN DER KANALKÜSTE

Mit wenigen Ausnahmen münden alle Flüsschen von Cornwall an der Südküste in den Englischen Kanal, und die vielen Flussmündungen, an denen sich schon vor Jahrhunderten **zahlreiche kleine Hafenorte** ansiedelten, sind von großer landschaftlicher Schönheit. Das hat den Nachteil, dass in den Sommermonaten alle Orte hoffnungslos überlaufen sind.

Überblick

Die Besucher, die dem Massenansturm entgehen möchten, sollten sich wandernd auf die Küstenpfade begeben. Es ist durchaus möglich, auch in der Hochsaison relative Einsamkeit zu finden, und darüber hinaus noch spektakuläre Ausblicke auf die See zu genießen. Der **South West Coast Path,** der von Poole (der Nachbarstadt von Bournemouth) in Dorset die Küste in Richtung Westen entlangläuft, trifft hinter Plymouth auf cornisches Gebiet. Er folgt der Südküste über die Hafendörfer Looe, Polperro, Fowey und Mevagissey, läuft weiter über St. Mawes und Falmouth, knickt dann gen Süden zum Lizard Point ab, führt weiter bis Land's End und von dort in Richtung Norden. Vorbei an St. Ives, Newquay, Padstow, Tintagel und Bude verlässt er cornisches Gebiet kurz hinter dem Weiler Morvenstow und führt nach Devon hinein. Am Hartland Point knickt er nach Osten ab, geht bis zur breiten Trichtermündung des River Taw, wendet sich nun nach Norden bis zum Bull Point und verläuft jetzt weiter erneut gen Osten. Hinter Lynmouth überquert der Pfad die Grenze zur Grafschaft Somerset und endet dann nach sage und schreibe 630 Meilen (oder auch rund 1000 km) im Örtchen Minehead. Damit umschließt der Pfad auf einem Teilstück die gesamte cornische Küste. Natürlich ist er auf voller Länge ausgeschildert, ein gelber Pfeil mit einer **Eichel** weist den Weg.

Der lokale Buchhandel hält mehrere Wanderführer über den South West Coast Path bereit (s. Kap. „Wandern"). Im Internet kann man sich vorab unter www.swcp.org.uk informieren.

Looe und **Polperro** sind während der Saison zwei heiß begehrte Orte; das äußerst sympathische **Fowey** ist ein wenig größer, und somit verteilen sich die Besuchermassen dort besser.

Etwas mehr im Hinterland liegt **St. Austell,** wo nicht nur cornisches Bier gebraut wird, sondern es markiert auch das Zentrum der ehemaligen China-Clay-Region, in der über die Jahrhunderte das Kaolin für die Porzellanherstellung abgebaut wurde. Über **Charlestown,** den vom Zahn der Zeit keineswegs angenagten Hafen von St. Austell, wurde das Produkt dann verschifft. Von hier aus ist es dann auch nur noch ein kurzer Sprung bis zum **Eden Project,** jenen gewaltigen und futuristisch anmutenden Gewächshäusern mit allen Klimazonen der Erde.

Mevagissey ist einer der typischen Hafenorte an der Südküste Cornwalls, der sogar in den Sommermonaten seinen eigenen Charme bewahrt. Beliebt sind in der warmen Jahreszeit auch die Strände der **Veryan Bay.**

Weiter westlich gelangt der Besucher an die **Carrick Roads,** die Einfahrt in den natürlichen Tiefwasserhafen von Falmouth. Die kleine Festung im sympathischen **St. Mawes** sicherte einst diese wichtige Bucht. Im Hinterland liegt **Truro,** die Verwaltungskapitale von Cornwall, doch für die Besucher ist **Falmouth** wesentlich ansehnlicher und mit dem neuen National Maritime Museum auch viel interessanter.

Informationen zur cornischen Südküste findet der seine Ferien planende Urlauber auch im Internet unter www.visitcornwall.tv.

Looe

Der Besucher, der sich entlang der südenglischen Kanalküste dem *West Country* nähert, überquert wenige Kilometer hinter Plymouth auf einer hoch über dem Mündungstrichter des River Tamar gelegenen Brücke den Fluss und ist damit in Cornwall angekommen.

Parallel zu der im 20. Jahrhundert erbauten Fahrzeugüberspannung führt die mehr als 100 Jahre ältere **Eisenbahnbrücke** über den Fluss, die von *Isambard Kingdom Brunel* (1806–1858) erbaut wurde. Dieser geniale Ingenieur nahm sämtliche Herausforderungen der beginnenden Industrialisierung an und baute sowohl Brücken als auch Häfen, Tunnel und Schiffe.

Nach kurzer Fahrt ist das 5000 Einwohner zählende Küstenstädtchen Looe erreicht, dessen beide Stadtteile – **East** und **West Looe** – sich am östlichen bzw. am westlichen Ufer des Looe River erstrecken. Die erste Erwähnung in den Chroniken datiert aus dem Jahr 1201. 1411 wurde eine Brücke über den Mündungstrichter gebaut, um beide Ortsteile miteinander zu verbinden. Angeblich war dies eine der ersten Überspannungen in Cornwall. In dem Band „The Illustrated Journeys of Celia Fiennes" heißt es, dass die Brücke im Jahr 1698 14 Bogen zählte. 1853 errichtete man die heutige, **siebenbogige Brücke** rund

100 m weiter flussaufwärts. Wer sich die Brücke vom Wasser aus anschauen will, kann sich für 40 p. mit dem kleinen Fährboot ab dem Fischereihafen übersetzen lassen.

Die Erfolgsgeschichte von Looe beginnt um das Jahr 1800, da nämlich wurden die ersten **Bademaschinen** ins Meer hinausgerollt. Dabei handelte es sich um kleine Hütten auf hohen Rädern, von denen aus man die Freuden der See und des frischen Wassers abgeschirmt von der neugierigen Öffentlichkeit genießen konnte. Als 1879 die **Eisenbahnstrecke** bis nach Cornwall verlängert wurde, erlebte der Ort einen Besucherboom ungeahnten Ausmaßes – von da an waren die Strände den ganzen Sommer über voll mit Menschen.

Der geschäftigere Teil des Ortes liegt am **Ostufer;** von der Brücke aus, in der Nähe des Fischmarkts, verläuft die weitgehend verkehrsberuhigte Fore Street in Richtung Süden. Sie ist von Läden, Pubs und Cafés gesäumt und endet am **Buller Quay** mit dem Hafen und einem Netzwerk von kleinen, katzenkopfgepflasterten Gassen. Eine lange Mole, der **Banjo Pier,** schützt die östliche Hafeneinfahrt, die westliche hingegen besteht aus natürlichem Fels. **East Looe Beach,** der schönste Strand des Örtchens, ist sommertags hoffnungslos überfüllt. Ruhiger geht es am felsigen **Second** oder auch **Sanders Beach** genannten Abschnitt zu, den man durch einen Felseinschnitt – im lokalen Volksmund *Khaiber Pass* genannt – erreicht.

West Looe wird übrigens von der Bevölkerung häufig noch mit seiner alten cornischen Bezeichnung benannt: *Porpighan.* Im Gegensatz zum East Looe Beach ist der **Hannafore-Strand** steinig.

Von **Looe Harbour** aus – genau genommen die Trichtermündung des River Looe, die zweimal täglich bei Ebbe trocken fällt – operieren noch **ca. 60 Fischerboote,** hinzu kommen die Ausflugsschiffe für die Besucher. Da sich im Ort das Hauptquartier des Shark Fishing Club of Great Britain befindet, kann man natürlich vom Buller Quay aus zu **Haifisch-Expeditionen** aufbrechen.

Wer nicht unbedingt einen der gefürchteten Meeresräuber an die Angel bekommen will, kann auf einer rund sechsstündigen Seereise mit einem cornischen Lugger die **Küstenszenerie** der Region vom Meer aus erleben. Außerdem gehen hier auch **Bootsfahrten** zur vorgelagerten *Looe Island* ab, deren offizieller Name **St. George's Island** ist. Im Zweiten Weltkrieg wurde die Insel von den Deutschen bombardiert, die den Steinbrocken im Meer – so wird vor Ort kolportiert – mit einem Kriegsschiff verwechselten. Auf dem Felssplitter befand sich einmal ein keltisches Kloster, heute ist die Insel ein **Vogelschutzgebiet** und in Privatbesitz. Im Fährpreis ist das Eintrittsgeld bereits enthalten.

The Old Guildhall an der Harbour Street in East Looe ist eines der ältesten Gebäude der Stadt Looe und datiert um das Jahr 1500. Heute ist hier ein kleines, interessantes **Heimatmuseum** untergebracht.

Die Station der *Royal National Lifeboat Institution (RNLI)* von Looe wurde 1866 eingerichtet, das Bootshaus ist mit dem Schlauchboot *(Inflatable) Regina Mary* der D-Klasse besetzt.

Die tuberkulosekranke, jung gestorbene Schriftstellerin *Katherine Mansfield* wurde von ihrem Mann, dem Literaturkritiker *John Middleton Murray,* kurz nach der Hochzeit im Mai 1918 nach Looe in einen Genesungsurlaub geschickt. Dort schrieb sie ihre Erzählung „The Married Man's Story" („Die Vergangenheit eines verheirateten Mannes").

Praktische Tipps

Tourist-Information

- **The Guildhall,** Fore Street, Tel. 01503-262072.
- www.looeguide.co.uk

Veranstaltungen

- **Jazzfestival** (Mai); **Great Cornish Raft Race** (Juni); **Festival of the Sea,** zweijährig stattfindendes Seemannsfest mit Musik, Tanz, Aufführungen (Juli); **Lugger Regatta** (zweijährig, Juni).

Unterkunft

Hotel

- **Barclay House Hotel,** St. Martin's Road, East Looe, Tel. 01503-262929, www.barclayhouse.co.uk. Viktorianische Familienvilla mit elf gemütlichen Zimmern, fünf Minuten vom Zentrum entfernt, DZ ab 200 £.

B & B

- **Marwinthy,** East Cliff, East Looe, Tel. 01503-264382, www.marwinthy.co.uk, schön gelegen am Küstenpfad mit Ausblicken über Hafen und Meer, vier Zimmer, DZ ab 50 £.
- **St. Johns Court,** Looe, Tel. 01503-263792, www.stjohnscourtlooe.co.uk, in einem viktorianischen Haus mit prächtiger Aussicht über Looe Beach gelegen, 2 Min. zum Strand, DZ ab 50 £.

018co se

■ **Tidal Court,** Looe, Tel. 01503-263695, Wohnen mitten im Ort und mit Familienanschluss, DZ ab 50 £.

Camping

■ **Tencreek Holiday Park,** Polperro Road, Tel. 01503-262447, www.tencreek.co.uk. An der A 387, ca. 2,5 km von Looe entfernt, der hervorragende Platz mit schönem Seeblick liegt linker Hand.

Essen und Trinken

Restaurants

■ **Peking Garden,** Fore Street, ein preiswertes chinesisches Restaurant mit Gerichten zwischen 6 und 10 £.

■ **The Grapevine Restaurant,** Fore Street. Gemütliches Tafeln in ruhiger Umgebung, eines der besten Lokale von Looe, Gerichte zwischen 10 und 14 £.

Pubs

■ **The Swan,** Fore Street, ein gemütliches *Free House* mit mittäglichen *Bar Meals* und einem angeschlossenen Restaurant im ersten Stock.

■ **Fish'n' Chips:** „Our crab is fresh, local caught and hand picked". In einem Fischerdorf frischen Fisch zu essen, sollte man sich nicht entgehen lassen. Am besten sind die Stände direkt am Fischereihafen.

◁ Strandleben am East Looe Beach in Looe

Polperro

Wahre Völkerwanderungen quälen sich vom Frühling bis zum Herbst vom hochgelegenen zentralen Parkplatz die steile Straße hinunter zum **Historic Fishing Village Polperro.** Der Mindesteinsatz sind 4 £, die am Automat für 3 Std. Parken bezahlt werden müssen. Unten angekommen, wogen die Massen über das Kopfsteinpflaster der Straßen rund um den Hafen, in dem bei Ebbe die Boote platt im Schlick liegen. Die Gassen sind gesäumt von B & Bs, Cafés, Fish'n' Chips-Buden sowie Souvenirgeschäften mit Sonnenbrillen- und Plastiksandalenständern vor der Tür.

In früheren Tagen lebten die Bewohner vom **Fischfang** und warfen ihre Netze für die Sardinen *(Pilchard)* aus. Die gefangene Beute stank derart zum Himmel, dass der Ort sich den Namen *Polstink* einfing. Ein ordentliches Zubrot brachte der **Schmuggel** mit Gin und Tabak, der derart überhand nahm, dass König *George III.* persönlich anordnete, im Hafen ein Zollboot zu stationieren. Über jene Zeiten informiert das **Polperro Heritage Museum of Smuggling and Fishing,** das in einer alten Sardinenfabrik untergebracht ist (März–Okt. tgl. 10.30–17.30 Uhr; Eintritt 1,60 £, Kinder 0,50 £; www.polperro.org/museum).

1918 muss es noch ruhig im Örtchen zugegangen sein, denn im Sommer dieses Jahres bezogen die Schriftstellerin *Vita Sackville-West* und ihre Geliebte *Violet Trefusis* „in vollständiger Freiheit des Ganzen" hier Quartier. Der Romancier *Hugh Walpole* hatte ihnen sein Häuschen dort zur Verfügung gestellt.

Praktische Tipps

Information

- www.polperro.org

Veranstaltungen

- **Polperro Arts Festival** (Juni); jeden Mittwoch von Mai bis September singt um 19.30 Uhr der Fischerchor am Hafen.

Unterkunft

Hotel

- **The Claremont Hotel,** The Coombes, Tel. 01503-272241, www.theclaremonthotel.co.uk. Mitten im Ort gelegen, 12 freundliche Zimmer, DZ ab 72 £.

B & B

- **The Cottles,** Longcombe Lane, Tel. 01503-272578, www.cottlespolperro.co.uk. Drei DZ *en suite*, ab 70 £.
- **Fernhill,** The Coombes, Tel. 01503-272491. Drei DZ ab 65 £.
- **Old Mill House Inn,** Mill Hill, Tel. 01503-272362, www.oldmillhouseinn.co.uk, B & B in einem atmosphärereichen Pub aus dem 16. Jh., DZ ab 65 £.

Camping

- **Killigarth Manor Holiday Park,** Tel. 01503-272216. Von der A 38 am Trerulefoot Roundabout in die A 387 durch Looe hindurch und über die Brücke in Richtung Polperro, nach ca. 5 km bei einem Telefonhäuschen links ab, der Platz liegt nach 400 m linker Hand.

019co se

Essen und Trinken

Restaurant

■ **The Kitchen,** The Coombes, Tel. 01503-272780, gutes Lokal mit frischen Meeresfrüchten bis hin zu Hummer, auch Fleisch- und vegetarische Speisen, Hauptgerichte zwischen 10 und 14 £.

Pubs

■ **The Three Pilchards**, www.threepilchardspolperro.co.uk, und das *Free House* **Blue Peter,** eine ehemalige Fischerkate aus dem 16. Jh., lassen Schmuggler- und Seefahrerromantik aufkommen. Beide liegen am Hafen und bieten zur Mittagszeit auch Lunch-Gerichte.

Fowey

Wesentlich ruhiger und längst nicht so geschäftig wie in Polperro geht es im äußerst sympathischen Fowey (gesprochen „Foy") zu, das an schönen Sommertagen eine gelassene **mediterrane Stimmung** bei erzeugt. Im Mündungstrichter des River Fowey befindet sich der geschützte Tiefwasserhafen, der heute fast nur noch den Hobbyseglern dient. Von Bodinnick aus (dort befindet sich auch das ausgezeichnete, 400 Jahre alte *Free House* **Old Ferry Inn**) verkehrt eine Auto-fähre nach Fowey, von Polruan eine Fußgängerfähre, die auch Fahrräder transportiert. Wer mit dem Auto von Polperro anreist, sollte die Überfahrt nicht verpassen: Sie dauert knappe 5 Min., kostet 4,50 £ für das Fahrzeug inklusive zwei Insassen und bietet einen schönen Blick übers Wasser und auf Fowey.

1926 kam die 19-jährige Daphne du Maurier nach Bodinnick, ihre Eltern suchten ein Ferienhaus in der Region. „Die Mietkutsche bog um die Kurve des Hügels, und plötzlich lag in voller Breite der Hafen von Fowey vor uns. Der Gegensatz zwischen dieser weiten Wasserfläche, den nahen Molen, den vertäuten Schiffen, den grauen Dächern von Fowey jenseits der Straße, der aneinander geklebten Landhäusern von Polruan auf dem Hügel gegenüber dem Hafeneingang und dem schmalen engen Looe, wo wir die Nacht verbracht hatten, war erstaunlich, gleichsam wie die Pforte zu einer andern Welt. Meine Stimmung hob sich." Bevor sie mit der Fähre nach Fowey übersetzte, kehrte Daphne du Maurier zum Lunch erst einmal im Old Ferry Inn in Bodinnick ein.

Im 14. Jh. war Fowey einer der **wichtigsten Häfen** im Südwesten des Inselreiches, von hier aus starteten auch die **Freibeuter,** um im englischen Kanal Frachtschiffe aufzubringen. Spanier und Franzosen unternahmen immer wieder Vergeltungsaktionen und fielen marodierend in Fowey ein. 1380 spannten die Bewohner eine mächtige Kette quer über die Flussmündung, um die Masten feindlicher Schiffe zu brechen. Diese Maßnahme hielt 76 Jahre später die Franzosen nicht davon ab, den Ort in einer Strafexpedition niederzubrennen. 1944 war der Tiefwasserhafen von Fowey einer der vielen südenglischen Häfen, von denen die Alliierten ihre maritime Streitmacht für den *D-Day* in Richtung Normandie losschickten.

◁ Blick über den Hafen von Polperro

Mit dem Bau der Eisenbahnlinie in der zweiten Hälfte des 19. Jh. avancierte Fowey nicht nur zu einem **Seebad,** sondern vom Hafen aus wurde auch der in der Gegend gewonnene *China Clay* verschifft. Dieses im Deutschen **Kaolin** genannte Naturprodukt dient der Herstellung von **Porzellan.**

Der Ort wird überragt vom Glockenturm der Kirche St. Finbarrus, die im 15. Jh. geweiht wurde und die den **Endpunkt** des mittelalterlichen **Saints' Way** markiert, der von Padstow im Norden Cornwalls nach Fowey im Süden des Landstriches führt (siehe Exkurs „The Saint's Way"). Keltische Gläubige nutzten den Weg während der so genannten *Dark Ages* als Verbindungsstrecke zwischen Irland, Wales und Frankreich.

Neben dem Gotteshaus befindet sich in der South Street das **Literary Centre** (auch Tourist Information), das seine Besucher in einer kleinen Ausstellung mit dem Leben und dem Werk von *Daphne du Maurier* bekannt macht, die fast ihr ganzes Leben in der Umgebung gewohnt hat. Auch an den schottischen Erzähler *Kenneth Grahame* wird erinnert, der seine Ferien gerne in Fowey verbrachte und 1899 in St. Finbarrus heiratete. Hier schrieb er Teile seiner Kindergeschichte „The Wind in the Willows" (1908, „Der Wind in den Weiden"). Unmittelbar an der Esplanade hatte seit 1892 der Universitätsprofessor für Literaturgeschichte in Cambridge und Schriftsteller *Sir Arthur Quiller-Couch* sein Haus „The Haven". Bekannt ist *Quiller-Couch* im Inselreich vor allem für sein „Oxford Book of English Verse" (1900). In vielen seiner Romane und Novellen beschrieb er Fowey unter dem Namen „Troy Town", hier vollendete er das Romanfragment „St. Ives" von *Robert Louis Stevenson* und hier starb er 1944. 1937 wählten ihn die Einwohner übrigens zum Bürgermeister, denn *Quiller-Couch* hatte 32 Jahre zuvor einen Roman mit dem Titel „The Mayor of Troy" veröffentlicht, mit dem er diesen Teil der cornischen Küste berühmt machte. Eine **Monolithsäule,** das *Q Memorial* am *Hall Walk* in Bodinnick erinnert an den beliebten Bürger der Stadt; von dort hat man einen hervorragenden Blick auf Fowey.

Daphne du Maurier wurde oft von *Quiller-Couch* zum Tee eingeladen und nach seinem Tod stellte sie seinen unvollendeten Roman „Castle Dore" fertig. Im Herbst 1930 entdeckte sie auf einem Spaziergang einige Kilometer westlich vom „Hafen der Glückseligkeit" das aus dem 16. Jh. stammende **Haus „Menabilly".** Da ahnte sie noch nicht, dass sie drei Jahre später *Sir Frederick Browning* heiraten sollte, und dass „in 14 Jahren die Stimmen meiner drei Kinder durch das Haus klingen, meine Möbel die Räume füllen würden und ich 1937/38 einen Roman mit dem Titel „Rebecca" schreiben sollte, in dem alle meine Eindrücke von Menabilly ihren Niederschlag finden sollten". Für „Manderley", das Haus in ihrem Roman „Rebecca", stand „Menabilly" Pate. Auch in „The House on the Strand" (1961, „Ein Tropfen Zeit") ist Menabilly detailliert beschrieben. 1969 wurde *Daphne du Maurier* geadelt, am 19. April 1989 starb sie; beim nahe gelegenen **Gribben Head** verstreuten ihre Kinder die Asche im Meer.

An der Fore Street von Fowey befindet sich das **Old House of Foye,** das um 1430 errichtete und damit älteste Gemäuer des Städtchens.

Seit 1859 gibt es in Fowey eine **RNLI Station;** heute sorgt die *Maurice and Joyce Hardy,* ein Boot der Trent-Klasse, für die Sicherheit auf See. Das Schiff liegt in der Trichtermündung des **River Fowey** vor Anker *(afloat).*

Die Besucher, die den romantisch daherplätschernden River Fowey erkunden möchten, können im Ort **Kanus** für eine Flussfahrt stromaufwärts mieten.

Der Pub King of Prussia am Town Quay von Fowey

Praktische Tipps

Tourist-Information

- **Tourist Information,** 5 South Street, Tel. 01726-833616.
- www.fowey.co.uk

Veranstaltungen

- **Daphne du Maurier Literaturfestival** (Mai); **Fowey's Royal Regatta** (August).

020co se

Unterkunft

Hotels

■ **Fowey Hall,** Hanson Drive, Tel. 01726-833866, www.foweyhallhotel.co.uk. Repräsentatives *Manor House* mit allen Annehmlichkeiten, DZ ab 140 £.

■ **The Well House,** Fore Street, Tel. 01726-833832, www.wellhousefowey.co.uk. Untergebracht in einem alten Handelshaus aus dem Jahr 1430 mitten im Ort, DZ ab 70 £.

B & B

■ In der Kneipe **King of Prussia,** Town Quay, Tel. 01726-832450. Sechs Zimmer *en suite,* DZ ab 90 £.

Jugendherberge

■ **Penquite House,** Golant, Fowey, Tel. 0845-3719019, www.yha.org.uk. 6 km nördlich von Fowey im Weiler Golant, 94 Betten, Räume mit zwei bis sechs Betten in einem schönen georgianischen Haus; von Fowey die B 3269 Richtung Lostwithiel, ab der Kreuzung Castle Dore ausgeschildert.

Camping

■ **Penhale Caravan & Camping Site,** nahe Fowey, Tel. 01726-833425, www.penhale-fowey.co.uk. An der A 3082 ca. 750 m vor der Kreuzung mit der B 3269 Penmarlam gelegen.

Essen und Trinken

Restaurants

■ **The Waterfront,** am Town Quay, neben *Food for Thought,* kleines Lokal mit verschiedenen Gerichten, auch Seafood, Pizza und Pasta zwischen 5 und 9 £.

■ **Food for Thought,** am Town Quay, ein hervorragendes Lokal mit frischen Fischgerichten zwischen 12 und 15 £, Tel. 01726-832221.

■ **Taipan Restaurant,** South Street, neben dem *Literary Centre,* preiswertes chinesisches Lokal mit Gerichten zwischen 8 und 10 £.

Pubs

■ **The Galleon,** Hintereingang in der Fore Street, nach vorne heraus zum *Town Quay* mit Biergarten direkt am Wasser, Wintergarten, sonntags Livemusik zur Mittagszeit, gute *Bar Meals.*

■ **The King of Prussia,** am Town Quay; die Kneipe gehörte einmal einem der berühmtesten Schmuggler Cornwalls, *John Carter,* der zusammen mit seinem Bruder *Harry* Fracht aus Frankreich schwarz anlandete und in seinen Fischhöhlen zwischenlagerte. Beide *Carters* achteten streng auf Zucht und Ordnung unter ihren Männern, und ihre Respektabilität wurde sogar von den Zollbeamten geachtet. Heute gibt es dort *Bar Meals.*

■ **The Ship Inn,** Trafalgar Square, im Ortszentrum, datiert aus dem Jahr 1570 und gehörte einmal jenem *John Rashleigh,* der die Spanische Armada bekämpfte und nach seinem Sieg den Reichtum nach Fowey brachte. Reiche Auswahl an *Bar Meals.*

Lostwithiel und Lanhydrock House

Einen Steinwurf nur, genau sechs Kilometer nördlich von Fowey im Hinterland, liegt das verschlafene Lostwithiel, das man gut auf einer Kanu-Tour von Fowey aus erreichen kann. Ein englischer Reiseschriftsteller nannte Lostwithiel vor mehr als 100 Jahren **„the loveliest inland scenery in Cornwall“** und schrieb weiter: „in the richest pastures of this luxuriant valley stands the old town of Lostwithiel“. In früheren Tagen war das Dörfchen ein wichtiger Marktflecken in der Region und von seinem Hafen aus wurde Zinn verschifft. Viele alte georgianische Häuser säumen die katzenkopfgepflasterten Straßen des Weilers und eine uralte Bogenbrücke führt über den River Fowey. Bis ins späte 19. Jh. hinein war der Ort auch ein bedeutendes Zentrum der **Gerber-Industrie;** die St. Bartholemew-Kirche mit dem achteckigen Turmspitze ist dem Schutzpatron dieses Berufszweiges geweiht.

Nördlich, etwa einen Kilometer vom Ort entfernt, liegen auf einer Hügelspitze die **Ruinen von Restormel Castle** (April–Juni tgl. 10–17, Juli/Aug. 10–18, Sept. 10–17, Okt. 10–16 Uhr; Eintritt 3,50 £, Kinder 2,10 £). Die einstige Befestigungsanlage ließ ein normannischer Adliger um 1100, kurz nach der Invasion, erbauen. Er wollte so den Hafen schützen, der damals noch nicht versandet und neben Fowey einer der wichtigsten der Region war. Der starke Bergfried wurde von einem Graben umgeben, und Ende des 13. Jh. baute man die Burg weiter aus. 1644, im Bürgerkrieg, eroberten die Royalisten unter *Sir Richard Grenville* die Festung von den Parlamentstruppen des *Earl of Essex.* Dies war die letzte Aktion, die sich auf Restormel Castle zutrug. Sofort nach der Eroberung verließen die Royalisten die Festung und seitdem nagen Wind und Wetter an den Steinen. Dieser friedliche Fleck eignet sich gut als Ziel für einen Spaziergang mit anschließendem Picknick.

Lostwithiel übrigens ist ein altes cornisches Wort und bedeutet „Schwanz am Ende des Waldes“. Wenn man sich am Restormel Castle umsieht, weiß man die Namensgebung zu schätzen.

Von der B 3268 (Bodmin – Lostwithiel) oder der A 38 (Bodmin – Liskeard) ist **Lanhydrock House** ausgeschildert, seit über 300 Jahren das Heim der Familie *Robartes.* Ursprünglich war es ein Kloster, das dem heiligen *Hydroc,* einem irischen Kirchenvater, geweiht war, der in dunkler Vorzeit nach Cornwall gekommen sein soll. Die Abtei war eine Außenstelle des Priorats von St. Petroc in Bodmin. Mit der Auflösung der Klöster durch *Heinrich VIII.* 1536–39 fiel das Anwesen an verschiedene Herren, bis es 1620 an *Sir Richard Robartes* verkauft wurde. Zehn Jahre später begannen die Umbauarbeiten. Während des Bürgerkrieges befehligte *Sir John Robartes* die Parlamentstruppen in Cornwall, zog sich dann jedoch aus Unzufriedenheit mit *Cromwells* Religionspolitik aus dem aktiven politischen Geschehen zurück. Nach der Restauration des Königshauses mit *Karl II.* wurde *Robartes* wieder am Hofe angenommen und zum *Duke of Radnor* ernannt. Das daraufhin verliehene **Wappen** kann auf dem Vorbau des **Westflügels** besichtigt werden.

1780 wurde der **Ostflügel** abgerissen, der U-förmige Vorplatz entstand. Nach einem verheerenden Feuer im Jahr 1881 wurde der Landsitz wieder aufgebaut und veranschaulicht heute in **48 zugänglichen Räumen** das einstige Leben des begüterten Landadels in der viktorianischen und edwardianischen Ära.

1953 fielen das Haus und 162 Hektar Land an den *National Trust*. Der **Küchen- und Versorgungstrakt** von Lanhydrock House präsentiert sich seitdem den Besuchern in nie gesehener Größe: Esszimmer, Küche, Spülküche, Bäckerei, Trockenspeisekammer, Fischkammer, Fleischkammer, Milchkammer und Käserei (April–Sept. tgl. außer Mo 11–17.30, März/Okt. 11–17 Uhr; Eintritt 10,70 £, Kinder 5,30 £; www.nationaltrust.org.uk). Man kann das Haus auch von Bodmin aus besuchen (s. Kap. „Bodmin Moor“).

Unterkunft

Hotels

■ **Lostwithiel Hotel Golf & Country Club,** Lower Polscoe, Lostwithiel, Tel. 01208-873550, www.golf-hotel.co.uk. Charmantes Hotel in einem großen Park mit Fitness-Anlage und Konferenzräumen, DZ ab 106 £.

■ **Restormel Lodge,** Hillside Gardens, Tel. 01208-872223, www.restormelhotel.co.uk. Modern ausgestattetes Hotel, DZ ab 100 £.

[>] Das imposante Eingangstor zu Lanhydrock House

[v] Restormel Castle bei Lostwithiel

B & B

■ **The Globe Inn,** North Street, Tel. 01208-872501, www.globeinn.com. Pub (s.u.) mit einigen *en suite* B & B-Zimmern, DZ ab 70 £.

■ **Ship,** Lerryn, Tel. 01208-872374, www.theshipinnlerryn.co.uk. 4,5 km südlich von Lostwithiel, B & B in einem gemütlichen Pub (s.u.) aus dem 17. Jh., vier Räume *en suite,* DZ ab 90 £.

Jugendherberge

■ Zwischen Fowey und Lostwithiel in Golant, s. im Kapitel „Fowey".

Essen und Trinken

Restaurant

■ **Trewithen Restaurant,** Fore Street, Tel. 01208-872373. Gutes Restaurant mit exzellenten Gerichten in einem alten Cottage, serviert werden fangfrische Meeresfrüchte aller Art sowie Geflügel und Lammspeisen, Dinner 23–28 £.

Pubs

■ **The Globe Inn,** North Street. Charaktervoller Pub an der alten Brücke über den River Fowey gelegen, mit angeschlossenem Restaurant, Patio und Biergarten.

■ **Royal Oak Inn,** Duke Street. Datiert aus dem 13. Jh., sehr ambientereiches Inneres, Trinken macht hier Spaß, *Bar Meals.*

■ **The Talbot Arms,** an der Auffahrt zu Restormel Castle. Pub mit *Bar Meals* den ganzen Tag über.

■ **Ship Inn,** Lerryn, 4,5 km südlich von Lost withiel. Datiert aus dem 17. Jh., am Flussufer gelegen, welches den Schriftsteller *Kenneth Graham* hier zu seinem Kinderbuch „The Wind in the Willows" inspirierte. Beliebter Anlaufpunkt für Wanderer, guter Stopp für Automobilisten, *Bar Meals.*

022co se

China Clay oder Kaolin

Das Kaolin, oder englisch China Clay, auch Porzellanerde genannt, ist ein feinerdiges Lockergestein, das mit Wasser vermischt plastische Eigenschaften annimmt. Der Name Kaolin (kao-ling) stammt aus dem Chinesischen und bedeutet „hoher Rücken". Dieser Bergrücken befindet sich bei Jangdezhen in der Provinz Jiang-Xi; hier fanden die Chinesen erstmals Porzellanerde. Kaolin besteht aus Kaolinit, Dickit, Nakrit sowie weiteren Tonmineralien und Zersetzungsresten wie Quarz, Feldspat und Glimmer.

Kaolin entsteht durch die Verwitterung. Bei der Umlagerung der Verwitterungsprodukte bildet sich Kaolinton heraus; dieser ist nicht nur für die Porzellanherstellung von Bedeutung, sondern auch ein vielfältig genutzter Industrierohstoff. Kaolin wird als Füllstoff bei der Papier- und Gummiherstellung sowie in der Kosmetikproduktion verwendet. Von den rund 31 Mio. Tonnen, die pro Jahr gefördert werden, dienen allein 45 % der Papierproduktion. Das Kaolin in Cornwall entdeckte um das Jahr 1755 ein gewisser William Cookworthy, der dem Landstrich damit für lange Zeit wirtschaftliche Blüte brachte. Seit eh und je wird Kaolin durch harte Wasserstrahlen aus dem Gestein gelöst und durch das Absenken in sog. Pits von seinen Nebenprodukten separiert. In Verbindung mit Wasser zeigt es ein sehr gutes Quellvermögen und ergibt – nachdem noch Quarz und Feldspat hinzugesetzt wurden – für die Porzellanherstellung eine leicht zu modellierende Masse. Nach der Formgebung wird der Kaolinton bei Temperaturen von 1200 bis 1500 Grad gebrannt.

St. Austell und Charlestown

St. Austell kam im 18. Jh. zu Reichtum, als in der Umgebung *China Clay* (Kaolin, siehe Exkurs) für die **Porzellanherstellung** abgebaut und in alle Richtungen exportiert wurde. Einen Steinwurf nördlich der Stadt kann man die Abraumhalden bei den *Hensbarrow Downs* gut erkennen. Um eine Tonne Kaolin zu gewinnen, wurden fünf Tonnen Abfall produziert. Deshalb sieht die Gegend heute wie eine Mondlandschaft aus.

Der Hauptgrund, St. Austell einen Besuch abzustatten, ist das **Wheal Martyn China Clay Museum,** das etwa 2,5 km nördlich an der B 3274 liegt (ausgeschildert; geöffnet tgl. 10–17 Uhr, letzter Einlass 15.30 Uhr; Erw. 8,50 £, Kinder 6–16 J. 4,50 £; www.wheal-martyn.com). In dem Ausstellungsgebäude werden keine Fragen zur Kaolinförderung oder Porzellanherstellung offen gelassen.

Biertrinker werden aber sicher noch die **wichtigste Brauerei Cornwalls** besuchen wollen: Die **St. Austell Brewery** befindet sich in der Trewarthian Road (der Beschilderung folgen). Die Produktpalette umfasst das nach dem Gründer benannte *Hick's Special Draught* (5 Vol.-% Alkohol), das *Tribute Ale* (4,2 Vol.-%. Alkohol), *Tinner's Ale* (3,7 Vol.-% Alkohol) und *IPA* (3,4 Vol.-% Alkohol); alle Biere sind *Traditional Cask Ales.* Das *Visitor Centre* ist ausgeschildert (Mo–Fr 9–17.30 Uhr; Führung 8 £, Kinder ab 8 J. 5 £; www.staustell brewery.co.uk).

023co se

Auch sollte man sich **Charlestown,** den **Hafen** von St. Austell, ansehen, der ca. 1,5 km entfernt liegt. Der Name geht auf *Charles Rashleigh* zurück, der zwischen 1790 und 1810 das einstige Fischernest zu einem Exporthafen für *China Clay* ausbaute; seit jenen Tagen sind die Kaianlagen unverändert geblieben. Noch bis 1990 wurde hier Kaolin auf Schiffe verladen, heute werden jedoch nur noch verschwindend kleine Mengen verschifft.

Hauptsächlich dient der Ort nun als **Filmkulisse** – so wurde etwa der Streifen „The Voyage of Charles Darwin" in Charlestown gedreht.

Kurioses und Interessantes bietet das **Charlestown Shipwreck and Heritage Centre,** das mit der Geschichte des Örtchens, aber auch mit den Gefahren der cornischen Küste und seinen vielen tausend Schiffswracks bekannt macht (März–Okt. tgl. 10–17 Uhr; Eintritt 5,95 £, Kinder 2,95 £; www.shipwreck charlestown.com).

Praktische Tipps

Tourist-Information

- **By-pass Service Station,** Soutbourne Road, Tel. 01726-87950.
- www.visitthecornishriviera.co.uk
- www.staustelltown.co.uk

Unterkunft

Hotels

- **Carlyon Bay Hotel,** Sea Road, Carlyon Bay, Tel. 01726-812304, www.brend-hotels.co.uk. Luxuriöses Haus auf 100 Hektar Grund mit Fitness-Anlagen, DZ ab 150 £.
- **Best Western Cliff Head,** Sea Road, Carlyon Bay, Tel. 01726-812345. Angenehme Zimmer mit gutem Blick über die Bucht, DZ ab 82 £.

Am Kai von Charlestown, dem Hafen von St. Austell

B & B

■ **Wheal Lodge,** 91 Sea Road, Carlyon Bay, Tel. 01726-815543. Sechs Zimmer *en suite,* DZ ab 55 £.

■ **T'Gallants,** Charlestown Road, im Hafenörtchen Charlestown, Tel. 01726-70203, www.tgallants.co.uk. Sechs Räume *en suite,* DZ ab 75 £.

Jugendherberge

■ **Boswinger,** Gorran, St. Austell, Tel. 0845-3719107, www.yha.org.uk. 40 Betten, Räume mit zwei, vier oder sechs Betten in einem ehemaligen Farmhaus, B 3273 von St. Austell ca. 7,5 km, dann rechts ab, den Hinweisschildern folgend.

Essen und Trinken

Pub

■ **Rashleigh Arms,** gemütlicher Pub in Charlestown, dem Hafenörtchen von St. Austell, in der Nähe des Shipwreck Museums, *Bar Meals.*

The Eden Project

Seit Herbst 2001 ist das **Eden Project** Cornwalls bedeutendste Sehenswürdigkeit. Nicht nur an verregneten Sommertagen, wenn die Touristen nicht am Strand liegen können und eine niederschlagsgeschützte Attraktion suchen, stauen sich die Fahrzeugkolonnen rund um St. Austell. Mehrere große Parkplätze umgeben die futuristisch anmutende Anlage, die Besucher werden mit Bussen zum Eingang gefahren. Und ein Anziehungspunkt ist das Eden Project in der Tat! In einer ehemaligen Abraumsenke für die Kaolinförderung stehen drei **gigantische Gewächshäuser,** jeweils bestehend aus mehreren riesigen Kuppeln, in denen der Umweltpionier Tim Smit drei Klimazonen der Welt simuliert. In den **Bioms,** eine Abkürzung aus *Bio Domes,* wachsen wachsen mehr als 1 Mio. Pflanzen. Es gibt spezielle Kinder- und Erwachsenenprogramme, mit denen man die Natur erkunden kann,

Events rund um die Pflanzen des Monats und ein Café, Shops bis hin zu den „Eden Sessions“ (www.edensessions.com), einer sommerlichen Konzertreihe.

The Eden Project liegt einen Steinwurf nordöstlich von St. Austell entfernt und ist in weitem Umkreis ausgeschildert (geöffnet ab 29. März tgl. 9.30–18 Uhr, im Winter 9.30–16.30 Uhr; Eintritt 23 £, Kinder 5–16 J. 9,50 £; www.edenproject.com). Bei Online-Buchung gibt es Prozente auf den normalen Eintrittspreis. Das Eden Projekt wird von etlichen Urlaubsorten in den Nähe mit öffentlichen Bussen angefahren. Infos bei den örtlichen Touristen Informationen.

Die Gewächshäuser des Eden Project

024co se

The Lost Gardens of Heligan

Zwischen St. Austell und Mevagissy liegen nicht nur zahlreiche Holiday- und Caravanparks, sondern auch diese sehenswerte Gartenanlage. Von St. Austell folgt man der B 3273 in Richtung Süden und biegt kurz vor Mevagissy nach Westen ab (ausgeschildert). April–Ende Sept. tgl. täglich 10–18, im Winter 10–17 Uhr geöffnet, Eintritt 10 £, Kinder 5–16 J. 6 £, www.heligan.com.

Bis zu Beginn des Ersten Weltkrieges war dieser Garten einer der schönsten nicht nur Cornwalls, sondern ganz Südenglands. Aufgrund der Wirren des Ersten und Zweiten Weltkrieges verkamen das Herrenhaus und der im viktorianischen Stil des 19. Jh. angelegte Garten. Dann, 1990, machte sich der Botaniker *Tim Smit* daran, das einstige Juwel wieder in seiner ursprünglichen Schönheit zum Leben zu erwecken. Heute kann man auf **über 32 Hektar** formale Blumengärten, vier (vor Wind und Wetter geschützte) ummauerte Gärten, einen Obst- und Gemüsegarten, je einen japanischen und italienischen Garten, einen exotischen Dschungel, Wald, Weiden, Moore, Gewächshäuser, eine Wildtier-Beobachtungsstation und vieles mehr bewundern. Seit seiner Eröffnung im Jahre 1995 strömen pro Jahr rund 200.000 Besucher in diese **grüne Oase,** und die renommierte Zeitschrift *Country Life* hat Heligan einen ihrer begehrten Preise verliehen. Neben den ebenfalls in diesem Buch vorgestellten Gärten von *Trengwainton* und *Trelissick* sollten Freunde der Flora auch diesem Park unbedingt einen Besuch abstatten.

Mevagissey

Angenehmer als Polperro und vergleichsweise weniger überlaufen, wenngleich im Sommer natürlich auch nicht gerade menschenleer, ist Mevagissey, ein weiteres typisch cornisches Fischerdorf.

Seinen Namen bekam Mevagissey nach den beiden aus Irland und Wales stammenden Heiligen *Meva* und *Itha*. In früheren Tagen waren die Werften des Örtchens bekannt für ihre **schnellen Segler,** die sowohl den **Fischern** als auch den **Schmugglern** dienten. Auch hier war der Schwarzhandel eine beliebte Methode, die bei den nicht gerade reichen Fischerfamilien für ein ordentliches Zubrot sorgte. Haupteinkommensquelle in Mevagissey waren aber die Sardinenschwärme. Wenn die Lugger einliefen, standen die Frauen bereit, um die Fische in kleinen Gräben aus Salz einzulagern. Gepresst gingen sie dann in den Export. „Food, Heat and Light, all in one night", hieß es in Mevagissey in jenen Tagen, denn die **Sardinen** sorgten nicht nur für eine kalorienreiche Mahlzeit, sondern ihr Öl speiste auch die Lampen und das Feuer.

Der innere Hafen des Örtchens wurde 1774, der äußere 1888 angelegt. Schon drei Jahre später wurden die Schutzwälle des äußeren Hafens in einem großen Sturm weggewaschen und konnten erst 1897 neu angelegt werden. 1998 wurden schließlich 1,25 Mio. £ in die Sanierung der Kaianlagen investiert.

Der Hafen ist noch immer in Betrieb, wenngleich sich heute nicht mehr wie noch um 1900 Hunderte von Booten darin drängeln. Vorbei an Hummerreusen und Netzen flanieren die Besucher den Pier entlang und schauen zu, wie Lobster, Krabben und Fische für die Restaurants der Gegend entladen werden.

Am Ende des East Quay befindet sich das **Mevagissey Folk Museum** (Ostern–Okt. tgl. 11–17 Uhr, Eintritt frei), das in einem Haus aus dem Jahr 1795 untergebracht ist. Mit vielen Fotos und weiteren Exponaten erzählt es die Geschichte der Stadt, der Seefahrt und des Schmuggels.

Freunde der Modelleisenbahn folgen der Beschilderung zur **Mevagissey Model Railway,** die als eine der schönsten in Südwest-England gilt (www.model-railway.co.uk).

George Bernard Shaw verbrachte zusammen mit seiner Frau die Sommer der Jahre 1906 und 1907 in Mevagissey; hier schrieb er an seinem Theaterstück „The Doctor's Dilemma" (dt. „Der Arzt am Scheideweg"), in dem er die Kommerzialisierung der Medizin kritisierte und sich für einen nationalen Gesundheitsdienst einsetzte. Als Vorbild für die weibliche Protagonistin diente *Shaw* das Eheschicksal von *Karl Marx'* Tochter *Eleonore.*

Praktische Tipps

Tourist-Information

- **Country Kitchen,** St. Georges Square, Mevagissey, Tel. 01726-844440.
- www.mevagissey-cornwall.co.uk

⊠ Am Hafen von Mevagissey

Unterkunft

Hotel

■ **Tremarne,** Polkirt Hill, Tel. 01726-842213, www.tremarne-hotel.co.uk. Haus mit Blick über die Landschaft und das Meer, DZ ab 59 £.

B & B

■ **The Ship Inn,** Fore Street, Tel. 01726-843324. B & B in einem alten Gasthof im Zentrum des Hafendörfchens, fünf Zimmer *en suite,* DZ ab 70 £.

Essen und Trinken

Restaurants

■ **Sharksfin,** unmittelbar am Hafen gelegen, fangfrische Fische und Meeresfrüchte, Lamm- und Geflügelgerichte ab 10 £.

■ **The Wheel House Restaurant,** am Hafenbecken, unten im *Lower Deck* ein einfaches Familienlokal mit Gerichten zwischen 5 und 9 £, im ersten Stock, dem *Upper Deck,* ein À-la-Carte-Restaurant mit höheren Preisen.

Pubs

■ **The Ship Inn,** Fore Street, uralter gemütlicher Pub mit niedrigen Decken in einem Bruchsteinhaus, das in der elisabethanischen Ära erbaut wurde, sehr heimelig, gute *Bar Meals,* jeden Freitag in der Saison Livemusik.

■ **Rising Sun Inn,** Portmellon Cove, *Free House, Bar Meals.* Eine sehr atmosphärereiche Kneipe aus dem 17. Jh. am Strand von Portmellon, einen Steinwurf südlich von Mevagissey auf der Fahrt an die Veryan Bay (s.u.). Vor dem Pub ein *Slipway,* auf dem Boote ins Meer gelassen werden.

026co se

Veryan Bay

Vom Dodman Point im Osten bis zum Nare Head im Westen erstreckt sich die **halbkreisförmige Veryan Bay** über eine Strecke von rund 8 km. Die Weiler und Dörfchen hier sind nur über enge, einspurige, von hohen Hecken gesäumte und kurvenreiche Straßen, die so genannten *Single Track Roads,* erreichbar, welche in Abständen Ausweichstellen – *Passing Places* – haben.

Am **Dodman Point** strandeten in den vergangenen Jahrhunderten Abertausende von Schiffen. Von der Spitze des Vorgebirges hat man einen weiten Blick auf die See und auf die anbrandenden Wellen, die sich an den Felssplittern im Meer brechen. 1896 errichtete ein lokaler Pfarrer ein großes granitenes Kreuz als Landmarkierung auf den Felsen, und nahebei finden sich die Reste einer eisenzeitlichen Befestigung. Westlich vom Dodman Point zieht sich der sandige und sommertags beliebte **Hemmick Beach** entlang, daran anschließend liegt **Porthluney Cove.** Da hier die Wellen sacht auslaufen, zieht es vor allem Familien mit Kindern hierher.

Einen Steinwurf im Hinterland liegt inmitten eines wunderschönen Gartens das turm- und zinnenbewehrte **Caerhays Castle,** das 1808 von dem Londoner Architekten *John Nash* erbaut wurde. Während der kurzen Besichtigungsperiode (März–Ende Mai, tgl. 10–17 Uhr; Garten: Eintritt 7,50 £, Kinder 5–16 J. 3,50 £; Schloss: Mo–Fr nur mit Führungen um 12, 13.30 und 15 Uhr. Kombi-Eintritt 12,50 £, Kinder 5–16 J. 6 £; www.caerhays.co.uk) ist die „Burg" besonders für diejenigen interessant, die auf der 45-minütigen Führung etwas über den *Hitchcock*-Film „Rebecca" (nach dem gleichnamigen Roman von *Daphne du Maurier*) erfahren möchten – der wurde nämlich hier gedreht. Den **Garten** kann man bis Ende Mai besichtigen; er ist weltweit berühmt für seine **Magnolien, Karmelien und Rhododendren.**

Knapp 5 km weiter westlich liegt das Puppenstubenörtchen **Portloe** mit seinem winzigen Hafen, auf dessen *Slip* die Boote hochgezogen werden. Im Hinter-

land sollte man **Veryan** einen Besuch abstatten. Dorthin locken die kuriosen weißen Häuser, die vor über 200 Jahren *Reverend Jeremiah Trist* anlegen ließ, um das Örtchen vor dem Teufel zu schützen. Der – so glaubte man – verbarg sich in den Ecken und stellte den Gläubigen nach – jedoch nicht so in Veryan, denn hier gibt es keine Ecken, und zudem steht auf jedem Dach der strohgedeckten Häuser als zusätzlicher Schutz ein Kruzifix. Von dem Örtchen aus bringt ein schmaler Weg Badelustige zum dünengesäumten **Pendower Beach.**

Unterkunft

B & B

■ **Elerkey House,** Veryan, Tel. 01872-501261, www.elerkey.co.uk. 4 Zimmer *en suite,* DZ ab 60 £.

Camping

■ **Sea View International Caravan & Camping Site,** beim Weiler Boswinger, Tel. 01726-843358, www.seaviewinternational.com. Auf der B 3273 von St. Austell in Richtung Mevagissey, vor der Einfahrt in den Ort Boswinger rechts ab, hier den braunen Touristenschildern folgen. Dieser Campingplatz ist einer der schönsten der Region, mit hervorragenden Aussichten über die Veryan Bay, mehrfach von der *Automobile Association (AA)* ausgezeichnet.

Essen und Trinken

Pub

■ **The New Inn,** Veryan, eine hervorragende Dorfkneipe mit Charakter aus dem 16. Jahrhundert.

Truro

Über den Truro River ist die Stadt mit den Carrick Roads verbunden. Sie war in früheren Tagen einmal ein **geschützter inländischer Hafen,** von dem aus Zinn und Kupfer zum Kontinent und nach Wales verschifft wurden. Im 17. Jh. ging es dann ökonomisch bergab, denn der Fluss versandete. Mit der Eisenbahn, die 1859 bis nach Truro verlegt wurde, und der Erlangung des Stadtstatus im Jahr 1877 kam wieder wirtschaftliches Leben in den Ort. Heute ist Truro die **Verwaltungshauptstadt** Cornwalls.

1910 wurde die mächtige, im neogotischen Stil gehaltene **Kathedrale** fertig gestellt, für die der Architekt *John Loughborough Pearson* verantwortlich zeichnete. Das große Gotteshaus besitzt eine Reihe von schönen viktorianischen Glasfenstern.

Auf keinem Fall sollte man sich das **Royal Cornwall Museum** (Mo–Sa 10–16.45 Uhr, Eintritt (ab 9. Juni) 5 £, Kinder frei; www.royalcornwallmuseum.org.uk) an der River Street entgehen lassen, das Besucher mit der Vergangenheit von Englands westlichstem County bekannt macht sowie eine Mineraliensammlung und Bilder der *Newlyn School* zeigt. Die *Bonython Gallery* macht mit der Naturgeschichte bekannt und die *Rashleigh Gallery* informiert über die geologischen Verhältnisse. Die *Egyptian Gallery* zeigt Mumien aus dem Pharaonenreich und die *Philbrick Gallery* hat cornische Kunst in ihrem Angebot. Die

◁ Die runden Häuser von Veryan

De Pass Gallery schließlich stellt alte Meister aus ihrem Bestand aus und die *Link Gallery* zeigt Textilien und Kostüme. In der *Café Gallery* kann man sich nicht nur stärken, sie zeigt auch das ganze Jahr über wechselnde Ausstellungen sowie im August die Werke der *Truro Art Society's Summer Exhibition.*

Wer von der Stadtbesichtigung durstig geworden ist, der kann sich eine **Brauereibesichtigung bei Skinners** gönnen. Skinners – in Familienbesitz – ist in Sachen Größe beispielsweise gegenüber der St. Austell-Brauerei nur ein kleines Licht, dafür leuchtet es umso heftiger: Die Ales konnten in den letzten Jahren zahlreiche Preise abräumen. Und in die Töpfe kommt nur Gutes aus heimischem Anbau (Newham Road, Führungen Ostern–Okt. tgl. 14.30, Juli/Aug. zusätzl. 12 Uhr, Eintritt 7,50 £. Gruppen können auch eine Abendtour buchen, www.skinnersbrewery.com).

Vom Town Quay aus verkehrt nur in den Sommermonaten eine **Fähre nach Falmouth;** bei Ebbe legt sie von Malpas ab.

028co se

Praktische Tipps

Tourist-Information

- **Municipal Building,** City Hall, Boscawen Street, Tel. 01872-274555.
- www.truro.gov.uk

Veranstaltungen

- **Art in the City,** Anfang April, buntes Künstler- und Familien-Festival zum Frühlingsanfang, www.enjoytruro.co.uk.
- **Truro & Penwith College Fal River Festival,** Anfang Juni, rund 150 Events von Musik bis Wanderungen in der Region. Auch die alte King Harry's Ferry über den Fal wird in Szene gesetzt, www.falriverfestival.co.uk.
- **Cornwall Pride Parade,** Ende August, Parade für Freiheit und Gleichheit, jedes Jahr gibt es ein neues Motto, 2012 z. B. „Hollywood", www.cornwallpride.com.

[<] Die Kathedrale von Truro

Unterkunft

Hotels

■ **Carlton,** Falmouth Road, Tel. 01872-272450, www.carltonhotel.co.uk. Familiengeführtes Haus nahe beim Zentrum, DZ ab 77 £.

■ **Mannings,** Lemon Street, Tel. 01872-270345, www.manningshotels.co.uk. Stylishes Hotel mitten in der Stadt, das bekannte Restaurant ist angeschlossen, DZ ab 79 £.

B & B

■ **Bissick Old Mill,** Ladock, Tel. 01726-882557, www.bissickoldmill.co.uk. Unterkunft in einer 300 Jahre alten Mühle, vier Zimmer *en suite,* DZ ab 75 £.

■ **Bay Tree Guest House,** 28 Ferris Town, Tel. 01827-240274, www.baytree-guesthouse.co.uk. Kleines, freundliches B & B, nur 5 Minuten Fußweg vom Zentrum. DZ ab 55 £.

Essen und Trinken

Restaurants

■ **Pizza Express,** Boscawen Street, in der imposanten *Coinage Hall,* einem ansprechendem Tudor-Gebäude, neben dem *Municipal Building (City Hall)* mit der Tourist-Information. Lokal mit essbaren, preiswerten Pizzen und Pasta zwischen 5 und 8 £.

■ **Saffron,** Quay Street, Tel. 01872-263771, freundliches kleines Lokal mit Snacks zwischen 4 und 7 £, Hauptgerichten zwischen 9 und 11 £. Gute Fisch- und Fleischgerichte.

■ **Archie Brown's,** Kenwyn Street, Tel. 01872-278622, Truros Eldorado für Freunde vegetarischer Mahlzeiten. Hauptgerichte zwischen 5 und 15 £.

■ **Indaba**, Tabernacle Street, Tel. 01872-274700, www.indabafish.co.uk, gilt für manche das das beste Fischrestaurant der Region, von Rick Stein einmal abgesehen. Hauptgerichte zwischen 15 und 20 £.

Pubs

■ **Old Ale House,** Quay Street, laut eigener Aussage ein *olde-worlde establishment,* mit Sicherheit eine der besten Tavernen von Truro mit einer reichen Palette an *Ale*-Bieren und *Bar Meals.*

■ **William the Fourth,** Kenwyn Street, sehr gemütlicher Pub mit Biergarten, Wintergarten, guten *Bar Meals, a*bendliche Livemusik während der Saison. Ebenfalls einer der besten Pubs von Truro.

■ **Bunters Bar,** Kenwyn Street, der Treffpunkt der jungen Menschen aus Truro und Umgebung. Es gibt hier nichts zu Essen, also einfach selbst etwas mitbringen.

St. Mawes und die Roseland Peninsula

Das sympathische Örtchen St. Mawes an der Mündung des *River Percuil* und gegenüber den *Carrick Roads* ist auch im Sommer wenig überlaufen. Die Besucher, die mit der Personenfähre von Falmouth herüberkommen, interessieren sich fast ausschließlich für das kleine, unspektakuläre **St. Mawes Castle,** das am nördlichen Ende des Dorfes liegt (Apr.–Juni und Sept. tgl. 10–17, Juli/Aug. 10–18, Okt.–März 10–16 Uhr; Eintritt 4,40, Kinder 2,60 £; www.stmawes.info). Zwischen 1539 und 1543 erbaut, ging das *Round Castle* auf Entwürfe des deutschen Militärarchitekten *Stefan von*

Haschenberg zurück, der die Bauausführung allerdings nicht beaufsichtigte. Die runde Festung entstand im Zuge des Küstensicherungsprogramms von *Heinrich VIII.*, der eine französische Invasion fürchtete. Wie **Pendennis Castle** gegenüber in Falmouth, sicherte die Festung die *Carrick Roads,* die Einfahrt in den Hafen von Falmouth.

Von St. Mawes aus kreuzen **Fußgängerfähren** zum Hafen von Falmouth. Wer die nur sommertags verkehrende Fähre über den Percuil River nimmt, erreicht nach einer kurzen Wegstrecke östlich von St. Mawes **St.-Anthony-in-Roseland,** eine kleine pittoreske Kirche aus dem 12. oder 13. Jh., die durchaus einen Besuch wert ist. *Sir Nikolaus Pevsner,* der in England geadelte deutsche Kunsthistoriker, nannte sie „das beste Beispiel im Land, wie eine **Pfarrkirche** im 12. oder 13. Jh. ausgesehen haben mag".

Von gleicher Qualität ist das leichter zu erreichende Gotteshaus **St.-Just-in-Roseland** (nördlich von St. Mawes an der A 3078), das ebenfalls aus dem 12. oder 13. Jh. datiert, am Ufer eines Seitenfjordes der Carrick Roads liegt und von einem wunderschönen **subtropischen Garten** umgeben ist. Im 19. Jh. pflanzte der Pfarrer des Gotteshauses viele exotische Pflanzen rund um seine Kirche, und die Kombination aus altem Gemäuer, Meeresgestade und blühendem Garten ist wirklich sehr ansehnlich. Es heißt, dass St. Just die **meistfotografierte Kirche Englands** ist.

[>] Die Kirche St.-Just-in Roseland

Unterkunft

Hotel

- **The Idle Rocks Hotel,** Harbourside, St. Mawes, Freephone 0800-243020, www.idlerocks.co.uk. Am Ortseingang direkt an der Wasserfront, DZ ab 140 £.

B & B

- **The Rising Sun,** The Square, am Ortseingang, gegenüber des *Idle Rocks Hotel,* Tel. 01326-270233, www.risingsunstmawes.co.uk. „Quality Food, Luxury Bedrooms, Traditional Ales" lautet die Eigenwerbung des Pubs (s.u.) mit angeschlossenem B & B. 9 Zimmer in einem ehemaligen Fischer-Cottage aus dem 17. Jh., DZ ab 120 £.

Camping

- **Trethern Mill Touring Park,** Tel. 01872-580504. Von Tregony A 3078 Richtung St. Mawes, 3,5 km durch Trewithian, dann ausgeschildert.

Essen und Trinken

Pubs

- **The Victory Inn,** Victory Hill, *„Seafood Pub of the Year for the West Country 2002",* das ist doch ein gutes Qualitätssiegel für eine Dorfkneipe, die sich ihre Atmosphäre bewahrt hat. Hier trinkt es sich gut, und die *Bar Meals* mit ihren Meeresfrüchten sind vom Feinsten. Im oben gelegenen Restaurant speist es sich gut bis hervorragend.
- **The Rising Sun,** The Square. Eine nette gemütliche Kneipe mit angeschlossenem B & B (s.o.). Sommertags sitzt man vor dem Haus auf dem Rasen und hat die Hauptdurchgangsstraße im Blick; gute *Bar Meals.*

029co se

Trelissick Garden

Wer von St. Mawes aus mit dem Auto nach Falmouth will, muss die Carrick Roads auf der B 3289 umfahren und kann dann mittels der King Harry's Ferry den River Fal überqueren. In rund 10 Min. zieht die 20-minütig verkehrende und fast schon historische Fähre ihre Last an zwei Ketten durch den Fluss (5 £ einfache Fahrt, 8 £ hin und zurück). Direkt am anderen Ufer lockt der zwischen Truro und Falmouth gelegene Trelissick Garden, **einer der schönsten cornischen Parks** an der Mündung des River Fal, die Gartenfreunde an. Die Park- und Waldwege von rund 6 km bieten immer wieder gute Aussichten auf die Carrick Roads und der ruhige formale Garten mit seinen Hortensien, Magnolien, Rhododendren, Karmelien und den japanischen Kirschbäumen im Zentrum ist im Frühjahr und im Sommer ein Augenschmaus erster Güte (Mitte Feb.–Okt. Mo–So 10.30–17.30 Uhr, Nov.–Mitte Feb. 11–16 Uhr; Eintritt 7,20 £, Kinder 3,60 £; www.nationaltrust.org.uk/trelissick-garden).

Falmouth

Mit dem Bau von **Pendennis Castle** in der elisabethanischen Ära entwickelte sich Falmouth zu einer bedeutenden Hafenstadt im Südwesten des Inselreiches. Dazu trugen die geographischen Verhältnisse bei, denn der **natürliche Tiefseehafen** konnte große Schiffe aufnehmen und war darüber hinaus durch seine enge Einfahrt leicht zu verteidigen – ein wichtiges Argument der von steten Invasionsängsten geplagten Engländer. *Sir John Killigrew,* ein Mitglied der lokalen Kaufmannsfamilie, die über lange Zeit das ökonomische Leben in Falmouth bestimmte, ergriff beim Bau der Kaianlagen die Initiative. 1688 avancierte der Hafen zur Basis des „Packet Service" und rund 40 schnelle Segler verteilten von hier aus die **Post** im gesamten **Britischen Empire.**

Mit dem Aufkommen der Dampfschiffe verlor Falmouth diese wirtschaftlich so bedeutende Rolle an das näher an London gelegene Southampton. 1863 aber kam dann die Eisenbahn bis nach Falmouth, und die Stadt entwickelte sich zu einem der ersten **Fremdenverkehrsorte** im Südwesten. Dabei ist es bis heute geblieben.

Allererste Attraktion für den Besucher ist das hoch über den Kaianlagen und der Stadt gelegene **Pendennis Castle** auf dem Pendennis Point (1. April–20. Juni tgl. 10–17, 1. Juli–31. Aug. tgl. 10–18, 1.–30. Sept. 10–17 Uhr; Eintritt 6,50 £, Kinder 5–15 J. 3,90 £, www.pendenniscastle.com), von dem aus man weite Ausblicke über die Region hat. Zusammen mit der Festung im gegenüber gelegenen St. Mawes schützte dieses Fort die Carrick Roads, die Einfahrt in den natürlichen Tiefwasserhafen von Falmouth – der immerhin der drittgrößte der Welt ist. Ursprünglich hatte Pendennis die gleiche Form und Größe wie St. Mawes Castle, allerdings sind in den folgenden Jahrhunderten zusätzliche Gebäude hinzugekommen, während an St. Mawes nicht mehr gebaut wurde. Beide Castles wurden auf Geheiß von *Heinrich VIII.* errichtet.

Nach dem Aufzug der Spanischen Armada und der Attacke der Spanier 1595 in Penzance gab *Elisabeth I.* den Auftrag zu weiteren Verstärkungen und Modifikationen. Ein halbes Jahrhundert später wurde die Festung im **Bürgerkrieg** für fünf Monate von den Parlamentstruppen belagert; die Besatzung wurde erst aufgegeben, als die Hälfte der Verteidiger den Tod gefunden hatte und eine Hungersnot hinter den Mauern und Bastionen ausbrach.

Der zentrale Bergfried zeigt eine Sammlung von Kanonen und diente früher als Unterkunft für die hier stationierte Garnison. Einer der früheren Bewohner war der 16-jährige *Prinz Charles,* der spätere *König Charles II.* Während sich sein Vater mit den Parlamentstruppen herumschlagen musste, wurde der blaublütige Spross im Juli 1646 auf Pendennis Castle versteckt, floh von dort aus zu den Isles of Scilly und schließlich auf den Kontinent. Er verließ Pendennis gerade rechtzeitig, denn nur wenige Wochen

> Pendennis Castle in Falmouth

später begann die verheerende Belagerung der Burg. Auch während der beiden **Weltkriege** des 20. Jh. waren hier die Offiziere untergebracht.

In der aus dem 15. Jh. datierenden **Gunshed** kann der Besucher sein Morsealphabet aufbessern. Der **Sally Port** führt in einem System von Tunneln hin zu der verborgenen **Half Moon Battery,** erbaut 1795 und für die folgenden 150 Jahre die bedeutendste Kanonenplattform der Festung. Im 19. Jh. wurde die Geschützbastion modifiziert und bekam ein paar mächtige „disappearing guns", so genannte verschwindende Kanonen. Die Geschütze waren nur im Moment des Feuerns sichtbar, danach fuhren sie sofort zurück in ihre verborgene Stellung. Während der beiden Weltkriege war die Half Moon Battery die Hauptverteidigungsbasis der Festung. Die Geschütze hier sind mittlerweile Modelle. Vom **Battery Observation Point** hat man einen guten Blick über die See, von hier aus wurden früher die Kanonen dirigiert. Eine Ausstellung zeigt, wie der Ort während des Zweiten Weltkrieges ausgesehen hat.

Am **Pendennis Point,** genauer gesagt am Castle Drive, hat die Küstenwache, *Her Majesty's Coast Guard,* ihr Operationszentrum für den südwestlichen Teil Englands; von hier aus werden alle Rettungseinsätze für Cornwall koordiniert.

031co se

Falmouth

Westlich von Pendennis Point erstrecken sich noch im Stadtgebiet von Falmouth eine Reihe von kleinen Buchten, jeweils mit schönen Sandstränden versehen. Einer davon ist **Gyllyngvase Beach,** doch versichern die Bewohner dem Besucher, dass der benachbarte **Swanpool Beach** noch angenehmer ist, möglicherweise wegen seines im Hinterland gelegenen kleinen Sees. Erreichbar sind die Strände über die Cliff Road.

Am östlichen Ende der Seafront unten am Hafen gibt es einen großen Parkplatz, von dem aus man über die Grove Street und ihre Verlängerungen Arwenack Street, Church Street, Market Street und High Street entlang der Kaianlagen flanieren kann. Gleich am Anfang des Hafengebietes, am Discovery Quay, macht das hochinteressante **National Maritime Museum** mit der Geschichte der Seefahrt in Großbritannien bekannt

– schöner Rundumblick auf Stadt und Hafen inklusive. Das Museum glänzt mit weiteren Attraktionen wie einem Gezeitenaquarium und hält einen deutschsprachigen Informationsprospekt bereit (tgl. 10–17 Uhr; Eintritt 9,50 £, Kinder 6–15 J. 6,50 £; www.nmmc.co.uk).

Am Custom House Quay ragt das 1820 erbaute **Custom House** auf; eine interessante Kuriosität nahebei ist **The King's Pipe,** ein Kamin, in dem in früheren Tagen die Zöllner Schmuggelgut verbrannten.

Dort, wo die Market Street in die Verlängerung High Street übergeht, verläuft nach links die Killigrew Street und bringt den Besucher zum zentralen Platz **The Moor,** der heute teilweise als Busbahnhof genutzt wird.

Vom *Prince of Wales Pier* kreuzen **Fähren** hinüber nach St. Mawes und nach Truro. Im Sommer verkehrt auch eine Fähre vom Custom House Quay nach St. Mawes.

Falmouth besitzt seit 1867 eine **RNLI Station** mit einem Seenotrettungskreuzer der Severn-Klasse. Die *Richard Cox Scott liegt* im Hafen vor Anker *(afloat).*

Wer sich von Falmouth aus auf den Weg macht Richtung Lizard-Halbinsel, sollte **Trebah Garden** nicht verpassen. Die subtropische Gartenanlage gehört zu den 80 schönsten der Welt und glänzt mit Farnen, Wasserfällen und einem eigenen Strandabschnitt am Helford River (tgl. 10–16.30 Uhr, Eintritt 8,50 £, Kinder 5–15 J. 2,50 £, www.trebahgarden.co.uk).

Praktische Tipps

Tourist-Information

- 11 Market Strand, Prince of Wales Pier, Tel. 0905-3254534.
- www.falmouth.co.uk

Veranstaltung

- Anfang Oktober findet ein dreitägiges **Austern-Festival** statt.

030co se

Unterkunft

Hotels

■ **Falmouth Hotel,** Castle Beach, Tel. 01326-312671, www.falmouthhotel.com. Ein *Grand Victorian Hotel* mit zwei Hektar Garten unterhalb von Pendennis Castle, DZ ab 140 £.

■ **St. Michael's Hotel & Spa,** Gyllyngvase Beach, Seafront, Tel. 01326-312707, www.stmichaelshotel.co.uk. Am gleichnamigen Strand gelegen, mit gutem Seeblick, DZ ab 200 £.

B & B

■ **Gayhurst,** 10 Pennant Road, Tel. 01326-315161. Acht Zimmer *en suite,* DZ ab 70 £.

■ **Ivanhoe,** 7 Melville Road, Tel. 01326-319083, www.ivanhoe-guesthouse.co.uk. Vier Zimmer *en suite,* zwei Zimmer ohne Bad, DZ ab 70 £.

Camping

■ **Maen Valley Holiday Park,** Blickland Water Road, Tel. 01326-312190. Von der A 39 am Hillhead Roundabout der Penryn-Umgehungsstraße den Hinweisschildern Maenporth und *Industrial Estate* folgen, nach 2 km erreicht man rechter Hand den Platz.

Essen und Trinken

Restaurants

■ **Bistro de la Mer,** Arwenack Street, Tel. 01326-316509, freundliches kleines Lokal mit frischen Seafood-Gerichten bis 18 £.

■ **Da Vinci,** 35 High Street, Tel. 01326-312277, alteingesessene Pizzeria, Pizzen 6–8 £, Pasta 7–9 £.

■ **Thai Orchard,** High Street, Tel. 01326-311028, preiswerte thailändische Küche zwischen 7 und 9 £.

■ **King's Pipe Pasties,** Custom House Quay, Tel. 01326-318111, selbstgemachte Pasties ab 2 £ mit großer Auswahl an Geschmacksrichtungen – für den kleinen Hunger zwischendurch.

■ **Cribbe – Caribbean Restaurant,** 33 Arwenack Street, Tel. 01326-210000, mal eine etwas andere Geschmacksrichtung, ab 7 £.

■ **Rick Stein's Seafood Bar and Takeaway,** Discovery Quay, Tel. 01841-532700, www.rickstein.com, hervorragende Fish'n'Chips ab 11,50 £.

Pub

■ **The King's Head,** am Übergang von der Arwenack in die Church Street, alter charaktervoller Pub.

■ **The Grapes Inn,** Church Street, freundliche, blumengeschmückte Kneipe, zur Mittagszeit auch Lunch-Gerichte.

◁ Blick über die Kaianlagen von Falmouth

Britische Nationalsymbole

Das höchste Nationalsymbol der Briten ist bei der jahrhundertealten monarchistischen Tradition natürlich die Krone (Crown), die den Herrscher und damit auch gleichzeitig den Staat symbolisiert; die Regierung wiederum erhält ihre Legitimität „im Namen der Krone".

Der Löwe (Lion) ist ein ebenfalls jahrhundertealtes Symbol der Kraft und steht als König der Tiere symbolisch für die Macht des Herrschers.

Oft findet sich beim Löwen das Einhorn (Unicorn), das als Sinnbild der Reinheit gilt und sowohl im englischen als auch im schottischen Wappen erscheint. Viele Pub-Namen wie etwa Red Lion oder Lion and Unicorn haben hier ihren Ursprung.

Die Figur des John Bull wurde erstmals Anfang des 18. Jh. in einer Satire als ehrlicher Leinenhändler dargestellt. Danach, vor allem ein Jahrhundert später, wird er vielfach variiert – mal als dummer August, mal als kluger Brite. Er trägt häufig eine Weste im Union-Jack-Look und hat eine Bulldogge zu seinen Füßen.

Die Bulldogge (Bulldog) steht für die militärische Stärke Großbritanniens und dient potentiellen Aggressoren als Warnung.

Die Britannia, eine sitzende Frau, die mit Dreizack und Helm über die Meere herrscht, ist die Personifizierung des Landes; der Besucher kann sie auf der 50-p-Münze bewundern.

Der Union Jack ist die Landesfahne und zeigt das rote Kreuz des Hl. Georgs, des Schutzpatrons Englands, sowie die zwei diagonalen weißen Streifen auf blauem Grund, dem Kreuz des Hl. Andrew, Schutzpatron Schottlands, und das rote Kreuz von St. Patrick, dem Schutzheiligen Irlands.

An Pflanzensymbolen stehen Leek und Daffodil (Lauch und Narzisse) für Wales, die Thistle, die Distel, für Schottland und die Rose für England.

Überblick | 49
Entlang des Helford River | 50
St. Keverne | 52
Die Goonhilly Downs
und Coverack | 53
Lizard | 55
Mullion und Poldhu | 62
Porthleven | 63
Helston | 65

www.fotolia.com © ian woolcock

Die Lizard Peninsula

Das soziale Zentrum ist Helston, ein nicht gerade von Schönheit verwöhntes Örtchen, das aber eines der wichtigsten Feste Cornwalls feiert: den Furry Dance. Ein interessantes Folk Museum dokumentiert zudem diesen jahrhundertealten Brauch.

HIGHLIGHTS

Besondere Tipps*:

- **National Seal Sanctuary:**
  S. 51
- **Wanderung 1:**
  Lizard Point, Kynance Cove und das Fischerörtchen Cadgwith:
  S. 56
- **Leuchttürme in Cornwall:**
  S. 66

***Diese Tipps erkennt man im Buch an der gelben Hinterlegung im Kapitel.**

Vorherige Seite:
Kynanace Cove an einem sonnigen Tag

032co se

GROSS-BRITANNIENS SÜDLICHSTE REGION

Das Plateau der Lizard-Halbinsel, ein vergleichsweise einsames Gebiet, ragt wie ein Finger in den Englischen Kanal hinein und markiert Großbritanniens südlichste Region.

Überblick

Die südlichste Stelle des britischen Inselreiches ist der **Lizard Point.** Der Name leitet sich ab von dem keltischen „Lys Ardh", was so viel wie „Hoher Punkt" bedeutet und dann über die Jahrhunderte zu „Lizard" (= Eidechse) verballhornt wurde. Wer einen ruhigen Urlaub verbringen möchte, der findet ihn auf dieser Halbinsel.

Das soziale Zentrum ist **Helston,** ein nicht gerade von Schönheit verwöhntes Örtchen, das aber eines der wichtigsten Feste Cornwalls feiert: den *Furry Dance.* Ein interessantes Folk Museum dokumentiert zudem diesen jahrhundertealten Brauch.

Von Helston führt die A 3083 schnurgerade gen Süden zu jenem Weiler, der nur kurz **„The Lizard"** genannt wird, und weiter bis Lizard Point. Westlich dieser Tangente liegen kleine bis winzige, unspektakuläre Örtchen wie **Mullion** mit seiner nahe gelegenen Bucht samt kleinem Hafen, oder **Poldhu** und **Pollurian** mit ihren bei Surfern beliebten Stränden. **Kynance Cove,** einen Steinwurf westlich vom Lizard Point, ist die beliebteste Badebucht von Bewohnern und Besuchern gleichermaßen, daher in der Hochsaison leider sehr überfüllt. Eine attraktive, im Folgenden sehr detailliert beschriebene **Wanderung** führt vom Lizard Point entlang des Küstenpfades zu dieser Badebucht und biegt in einem Bogen ins Hinterland ab, gelangt wieder an die Küste und zurück zum Ausgangspunkt.

Im Osten der Halbinsel erstrecken sich die **Goonhilly Downs** mit einer

Satellitenstation und kleinen Örtchen – wie etwa **Coverack**– entlang der Küste.

Den **Helford River,** der sich mit seinen zahlreichen Seitenarmen weit ins Land erstreckt, können geneigte Urlauber auf Kanufahrten entlang der Ufer erkunden.

Wer die vergleichsweise einsame und sehr ruhige Lizard-Halbinsel zu seinem Urlaubsziel erkoren hat und hier ein **Ferienhaus** mieten möchte, der wird im Internet unter www.cornishcottagesonline.com fündig; im Angebot finden sich *Holiday Homes* aller Preislagen und Größen.

Weitere **Informationen** zu den Orten und Attraktionen der Lizard-Halbinsel findet man ebenfalls im Internet unter www.thelizard.co.uk.

Entlang des Helford River

An der nordöstlichen Seite der Lizard-Halbinsel, der Peninsula der Eidechse, zieht sich in Richtung Westen der Helford River tief ins Land. An seiner südlichen Seite verläuft der **Frenchman's Creek,** der *Daphne du Maurier* zu ihrem gleichnamigen Roman inspirierte (dt. „Die Bucht des Franzosen"). Ihre Einschätzung ist nach wie vor gültig: „... still and soundless, surrounded by the trees, hidden from the eyes of men." Frenchman Creek, in früheren Tagen ein Versteck der Schmugglerschiffe, erreicht man auf einem Fußpfad vom sympathischen Weiler **Helford** aus (ausgeschildert von dem Pub *Shipwright Arms*). Am Ortseingang muss das eigene Fahrzeug abgestellt werden, die Straße bis zum Fluss ist für den Verkehr gesperrt (Parkplatz 1 £ für 2 Std.). Von der Kneipe *Shipwright Arms* hat man einen guten Ausblick auf den Helston River und sommertags kann man im Biergarten mittägliche *Lunches* essen, oder nur ein *Lager* oder *Bitter* trinken.

Von Helford aus verkehrt eine nur saisonal operierende **Passagierfähre** (1. April–31. Okt., im Sommer 9.30–21.30 Uhr, auf Anforderung, hin und zurück 5,50 £, einfach 4 £, www.helford-river-boats.co.uk) über den Mündungstrichter des Flusses nach Helford Passage. Dort kann man an der Kneipe *Ferryboat Inn* nicht nur zum *Lunch* oder zum Bier einkehren, sondern auch **Kanus** für eine Erkundung des Helford River mieten. Da es nur eine Personenfähre gibt, müssen Autofahrer auf schmalen unklassifizierten Straßen den tief ins Land einschneidenden Helford River in weitem Bogen umfahren, um von Falmouth nach Helford am südlichen Ufer des Helford River zu gelangen.

Südlich des Helford-Flusses liegt nahe dem Nest **Mawgan** das **Trelowarren House,** seit 1427 das Heim der Familie *Vyvyan* (Tel. 01326-221224, www.trelowarren.com). Das Haus bietet neben Unterkunft ein großes Freizeitangebot wie beispielsweise ein Craft Centre mit einer Töpfer- und Weberwerkstatt, auch starten von hier aus verschiedene Wanderungen. So führt ein Fußweg zu dem eisenzeitlichen **Hallgye Fogou.** Fogou werden unterirdische Kammern genannt, die einst als Siedlungen dienten. Rund 40 m an unterirdischen Gängen kann man erkunden, eine Taschenlampe ist dabei hilfreich.

Essen und Trinken

Pubs

- **Shipwrights Arms,** Helford, weithin bekannte, alte reetgedeckte Kneipe direkt am Wasser des Helford River, Biergarten auf Terrassen gesäumt von Palmen, gute Seafood-Gerichte.
- **Ferryboat Inn,** Helford Passage, historischer Pub am Fähranleger zum Boot nach Helford, zeitweise Hauptquartier von *General Montgomery of Alamein* im Zweiten Weltkrieg, Biergarten, Kanuvermietung.

Der Pub Shipwrights Arms in Helford

National Seal Sanctuary

Am westlichsten Zipfel des Helford River beim Örtchen **Gweek** sollten Eltern mit Kindern auf einen Besuch des **National Seal Sanctuary** nicht verzichten (ausgeschildert; tgl. ab 10 Uhr, Eintritt 14,40 £, Kinder 3–14 J. 12 £, www.sealsanctuary.com). Im Winter 1958 fand *Ken Jones* am Strand ein nur wenige Stunden altes Seehundbaby und päppelte es in seinem Garten auf. Fortan machte er sich in den folgenden Jahren auf die Suche nach weiteren Heulern, die er in einem einzigen Becken aufzog. Auch durch Tankspülungen verölte Seevögel

033co se

wurden von *Jones* gereinigt und gepflegt. 1975 wechselte das Schutzgebiet nach Gweek über. Seit der Gründung konnten mehr als 2900 Seehunde gerettet werden. In mehreren Becken werden heute die Seehunde gehalten, in einem „Krankenhaus" versorgt und wieder in die Natur entlassen, wenn sie gesund und stark genug sind. Zum täglichen Programm gehören öffentliche Fütterungen, auch ein Café gibt es auf dem Gelände.

Pub

- **The Gweek Inn,** freundliche Dorfkneipe nah am *Seal Sanctuary,* idealer Rastplatz vor oder nach dem Tierbesuch.

St. Keverne

Ein wenig im Hinterland liegt der Weiler St. Keverne, dessen Häuser überragt werden von der oktogonalen Kirchturmspitze **von St. Akeveranus.** Diese war und ist in früheren Zeiten ebenso wie heute eine Landmarkierung für die Seefahrer und Fischer. Auf dem herrlich verwunschenen Friedhof drum herum liegen „mit Fernblick" die Seeleute begraben, deren Schiffe an den Felsen von **Manacle Point** strandeten. So etwa das Massengrab von 106 Crew-Mitgliedern und Passagieren der „Mohegan", die 1898 mit Volldampf auf die Klippen lief. Ein Glasfenster in dem Gotteshaus erinnert an die Tragödie. Ein Gedenkstein markiert die letzte Ruhestätte von fast 200 cornischen Auswanderern, die ebenfalls in der rauen See ertranken, als ihr Schiff vor den **Manacles** auf ein Riff lief.

Beliebt ist der steinige Strand von **Porthoustock,** von dem aus man bei klarem Wetter die etwa 4 km vor der Küste liegenden Felsen der Manacles erkennen kann. **Porthallow,** ein Stückchen nördlich, besteht aus einem kleinen grau-sandigen Strand und einigen wenigen Cottages um den winzigen Hafen herum.

Unterkunft

B & B

- **Old Temperance House,** The Square, Tel. 01326-280986, www.oldtemperancehouse.co.uk. Sympathisches, renoviertes B & B direkt am Dorfplatz, also mitten im Ort, DZ 85 £.

Essen und Trinken

Pub

- **The White Hart,** The Square. Auch der Geist von *Mrs. Plummer,* der seit über 300 Jahren in dem alten Gemäuer herumspuken soll, kann den Gästen in dieser charaktervollen Kneipe nicht den Genuss beim Trinken verderben. Biergarten und gute *Bar Meals.*

[>] Der Hafen von Coverack

Die Goonhilly Downs und Coverack

Der östliche Teil der Lizard-Halbinsel wird von den Goonhilly Downs eingenommen, durch welche die B 3293 führt. Schon von weitem sichtbar sind die in der Heidelandschaft futuristisch anmutenden **Satellitenschüsseln** der *Goonhilly Earth Station* sowie der nahe gelegene **Windturbinenpark.** Aus der Ferne sehen die Antennenschüsseln klein aus, kommt man näher, so werden sie immer gewaltiger. Die größte, *Merlin* genannt, hat einen Durchmesser von 32 m und wiegt – da aus Aluminium erbaut – nur 390 t. Die erste Satellitenschüssel auf dem Areal wurde 1962 errichtet, trägt den Namen *Arthur,* wurde aus Stahl errichtet, hat einen Durchmesser von 29 m und wiegt mehr als 1100 t. Insgesamt befinden sich über 60 Satellitenschüsseln auf dem ausgedehnten Areal. Somit ist die *Goonhilly Earth Station* die **weltgrößte Funkstation,** sie ist in der Lage, Millionen von Telefon-, Fax- und E-Mail-Verbindungen sowie Fernseh- und Hörfunkprogramme gleichzeitig zu verarbeiten.

Der Fischerhafen **Coverack** war in früheren Zeiten ein beliebter Umschlagplatz für Schmuggelgut und ist mit seinen reetgedeckten alten Häuschen recht nett anzusehen. Die Bewohner behaupten voller Stolz, dass viele der Häuser einst geheime Keller für die Lagerung von Konterbande besaßen. Vom kleinen Hafen aus operieren noch einige Fischkutter. Hier finden sich auch Cafés und kleine Restaurants. Das Hotel Paris am Kai ist benannt nach einem amerikanischen Schiff, das im Mai 1899 vor Coverack sank; alle 700 Passagiere und Besatzungsmitglieder konnten gerettet seinerzeit werden.

034co se

035co se

Unterkunft

Hotel

■ **Hotel Paris,** Coverack, im Ortszentrum am Hafen mit guten Ausblicken über die See, Tel. 0 326-280258, www.pariscoverack.com. DZ ab 75 £

Jugendherberge

■ **Parc Behan,** School Hill, Coverack, Tel. 0845-3719014, www.yha.org.uk. 38 Betten, Räume mit vier bis sechs sowie acht Betten, 200 m westlich vom Dorfzentrum, einzige JH auf dem Lizard.

Goonhilly Earth Station, die weltgrößte Satellitenstation für die Telekommunikation

Camping

■ **Little Trevothan Caravan Park,** Trevothan bei Coverack, Tel. 01326-280260, www.littletrevothan.com. Von der A 3083 links ab in dieB 3293, Ausschilderung Coverack, nach ca. 3 km geht es hinter der *Goonhilly Earth Station* rechts an der *Zoar Garage* in eine unklassifizierte Straße, dann die dritte Straße links ab. Der Platz liegt nach 750 m auf der linken Seite.

Essen und Trinken

Restaurant

■ **Liveboat House Restaurant,** am Pier, Tel. 01326-281212. Meeresfrüchte im alten Bootshaus des einstigen Seenotrettungskreuzers, frische Fisch- und Seafood-Gerichte ab 11 £ aufwärts.

Lizard

Großbritanniens südlichster Ort ist nicht gerade von Atmosphäre verwöhnt: Es gibt einen großen Parkplatz, Shops und ausreichend Andenkenläden. Und doch ist auch nicht er die Attraktion, sondern der nahe gelegene **Lizard Point,** der Punkt der Eidechse, „the most southerly point". Am 29. Juli 1588 wurde von hier aus die **Spanische Armada** erstmals gesichtet. Der 19 m hohe Leuchtturm auf den 50 m hohen, steil ins Meer abfallenden Klippen konnte 1762 fertig gestellt werden, vorher sicherte schon ein anderes Leuchtfeuer die Küste. Bei klarem Wetter reicht der rettende Lichtfinger 50 km weit auf die See hinaus. Von Ostern bis Oktober kann man sich die Technik bei einer Besichtigung erklären lassen.

Die Attraktionen östlich und westlich vom Lizard Point sollte man dann auf der unten beschriebenen Wanderung erkunden.

Unterkunft

Hotels

- **Housel Bay Hotel,** Housel Cove, Tel. 01326-290417, www.houselbay.com. Grandiose Aussicht auf die südlichste Küste Englands, DZ ab 150 £.
- **Penmenner House Hotel,** Penmenner Road, Tel. 01326-290370, www.penmennerhouse.com. Fünf Zimmer *en suite,* ein Zimmer ohne Bad, DZ ab 70 £.

Essen und Trinken

Pubs

- **The Top House Inn,** Lizard, seit einem halben Jahrhundert im Besitz der *Greenslade*-Familie, eingerichtet mit Rettungsboot- und Schiffwracks-Memorabilien, *Bar Meals* mit Seafood ab 10 £.
- **The Lizard Snack Shack,** am Parkplatz, nicht zu verfehlen. Ordentliche Pastries und Sandwiches zu guten Preisen.

038co se

[>] Lizard Point

Wanderung 1: Lizard Point, Kynance Cove und das Fischerörtchen Cadgwith

- **Länge:** 13 km, Rundwanderung;
- **Dauer:** 4–5 Stunden;
- **Karten:** *Ordnance Survey-Karte Landranger 203 (Land's End,* 1:50.000) oder *Pathfinder 103* (The Lizard, 1:25.000).

Diese Wanderung sollte man nicht unternehmen, wenn es in den vergangenen Tagen ordentlich geregnet hat. Teile des Geländes können dann sehr matschig sein und den Wanderspaß nachhaltig beeinflussen. Zwischen Falmouth und Penzance ragt die Lizard-Halbinsel rund 20 km weit nach Süden in den englischen Kanal hinein. An der Spitze der Peninsula sorgt am **Lizard Point,** dem südlichsten Punkt Großbritanniens, seit dem Jahr 1619 ein **Leuchtturm** für Sicherheit – hier kann man den Wagen parken. Vom Parkplatz (bis 18 Uhr 2,50 £/Std. Parkgebühr, im Ort kostenlos) hält man sich halbrechts, kommt ein

Stückchen unterhalb zu einem Café und biegt hier rechts gen Westen in den Küstenpfad ein. Nach wenigen Minuten Fußweg ist **Pistol Meadow** erreicht, diese Küstenregion gehört zu den Besitzungen des *National Trust*. Schaut man von hier zurück, so hat man einen guten Blick auf den Leuchtturm mit dem Lizard Point; im hellen Sonnenlicht schimmern und glänzen überdies die Klippen der Küste. Im anbrandenden Meer liegen einige kleine Felsensplitter, die so seltsame Namen wie *Man of War, Shag Rock* oder *Barges Rock* haben. Eine ganze Reihe von Schiffen ist in den vergangenen Jahrhunderten hier auf Grund gelaufen.

Die bisher **größte Katastrophe** ereignete sich im November 1720, als die *Royal Anne* im Sturm auf den Shag Rock auflief und kenterte; 207 Menschen ertranken, sie alle wurden auf Pistol Meadow zur ewigen Ruhe gebettet. 50 Jahre später strandete ein kanadischer Segler ebenfalls am Shag Rock, doch die Mannschaft hatte mehr Glück und konnte sich retten. Wie die Überlieferung berichtet, trieb ein Matrose an Land, der sich an ein Rumfass geklammert hatte, ein anderer hielt sich an einem lebenden Schwein fest. Als alle die rettende Küste erreicht hatten, gesellte sich auch die Schiffskatze wieder dazu, die unter Verlust ihres halben Schwanzes ebenfalls mit dem Leben davongekommen war. Die Crew marschierte zum nächsten Örtchen, kehrte stracks in die Kneipe ein, und zusammen mit den Dörflern wurde das lebensrettende, neun Gallonen Rum fassende Fass auf den glücklichen Ausgang der Katastrophe geleert. Das als Rettungsfloß dienende Schwein ging in die Hände des Wirtes über, der dafür der Mannschaft die Fahrt nach Falmouth bezahlte; auch die Katze blieb als neues, Glück bringendes Maskottchen der Taverne treu, wo sie sich noch viele Jahre eines langen Lebens erfreute. Solcherart sind die Geschichten, die man sich hier erzählt.

Angenehm spaziert man hoch über dem Meer, sehr häufig auf weich federndem Torfuntergrund, am Klippenrand entlang, blickt auf eine eindrucksvolle Felsenlandschaft im türkisblauen Meer, dann auf den **Pentreath-Strand** (Achtung: nicht zum Strand hinuntersteigen, sondern oberhalb davon auf einem Stile einen Zaun überqueren und weiterwandern, hier auch ein gelber Pfeil) und schneller als erhofft sieht man vor sich **Kynance Cove,** eine traumhaft schöne Bucht. Man passiert den Parkplatz der Kynance Cove, der wie auch die Bucht im Besitz des *National Trust* ist; hier kann man beim Parkplatzwächter für 50 Pence ein kleines Heftchen über die Flora und Fauna der Region erstehen. Der Parkplatz selbst kostet 4,50 £/Tag bis 18 Uhr. Steil geht es nun auf Stufen und Felsblöcken hinunter ans Wasser. Unmittelbar am Strand gibt es ein Ausflugslokal mit Toiletten und Duschen.

Kynance Cove ist ca. 300 m breit und von 60 m hohen Klippen eingerahmt, die vor dem kalten nördlichen Wind schützen. Exakt ausgerichtet nach Süden, ist die Bucht – wie es im Info-Heftchen des *National Trust* heißt – eine veritable Sonnenfalle. Seltene Flechten, Moose und Riedgräser – so etwa Storchschnabel und Rebendolde – wachsen in der Bucht und auf den steilen Klippen; im grasigen Hinterland haben Ökologen neun vom Aussterben bedrohte Spinnenarten gezählt; hier vergnügt sich auch eine Waldlaus, die sonst nur im warmen Spanien vorkommt. Selbst das in der Gegend wachsende **Heidekraut** ist eine selten vorkommende Art; *Erica vagans* färbt im Spätsommer die Natur in Lila, Pink und Weiß ein. Dazwischen huscht die langschwänzige, spitzmäulige Feldmaus durchs Gebüsch, aus der Luft schon wahrgenommen vom Mäusebussard, der charakteristisch flügelschlagend in der Luft steht, bis er in den Sturzflug übergeht und nach unten stößt.

Im vergangenen Jahrhundert war Kynance Cove ein **beliebtes Ausflugsziel** für die viktorianischen *Excursionists*, die sich um eine intensivere Naturerfahrung bemühten. 1846 kam *Prinz Albert, Königin Viktorias* Ehemann, mit den Kindern von der königlichen Yacht an Land, um Kynance Cove zu besichtigen; der lokale Volksmund spottet bis heute, dass Seine Hoheit seekrank war. Zwei Jahre später besuchte auch Hofdichter *Tennyson* die Bucht und begann flugs reimende Sentenzen zu produzieren. Die Viktorianer haben auch den Felssplittern im Meer ihre Namen gegeben – was um alles in der Welt mögen sie sich bei *Asparagus Island* gedacht haben? An der Namensgebung der vielen miteinander verbundenen **Höhlen im Westen** der Bucht waren sie ebenfalls beteiligt. Da gibt es *The Ladies Bathing Pool, The Drawing Room, The Devil's Letterbox* und *The Devil's Bellows.*

Es geht nun weiter vorbei an dem kleinen Café und ein Hinweisschild zeigt die Richtung an: „Return path to car park avoiding steps". Man spaziert auf einem breiten Schotterweg einen leicht anstei-

Kynance Cove

genden Pfad hoch. Kurz bevor der Parkplatz für Kynance Cove in Sicht kommt, geht es an einer Abzweigung nach links in einen steinigen Pfad. Nach einigen Metern Weg sieht man rechter Hand den Parkplatz liegen. Hier wandert man nun oberhalb des Tals durch eine **Heidelandschaft,** wo die eben erwähnte, seltene *Erica vagans* in der Sonne leuchtet. Irgendwann verliert sich der Pfad im Heidekraut; in Richtung Nordosten erkennt man in der Ferne eine mäßig befahrene Straße und eine Reihe von drei Häusern, dies ist unser nächstes Etappenziel. Besonders nach schweren Regenfällen können auf diesem Teilstück etliche schlammige Passagen die Wanderung recht unerquicklich gestalten. An der Straße vor den Häusern geht es nach links gen Norden; am Ende der Häuserreihe führt gegenüber einer Tankstelle ein Pfad rechts ab.

036co se

Ein Hinweispfeil mit der Aufschrift „Public Bridle Way“ erhöht die Orientierungssicherheit. Dieser Pfad wird rasch sehr schmal und ist an manchen Stellen von Bäumen und Büschen ziemlich zugewachsen. Auch hier kann es nach Regenfällen auf einem Teilstück von etwa 200 m unerfreulich sumpfige Stellen geben. Der Weg lässt den Wanderer dann auf eine Heidekrautebene (hier ein blauer Pfeil) hinaus und in der Ferne sieht man den Kirchturm der **St. Grade's Church,** mit vollständigem Namen St. Grada of the Holy Cross. Man überquert die kleine Wiese und gelangt in einen weiteren Pfad, der schließlich auf einer Straße endet. Hier geht es rechts ab. Nach wenigen Minuten Fußweg erreicht man eine kleine Kreuzung, an der es geradeaus weitergeht. 300 m weiter lässt linker Hand ein Gatter den Wanderer zur kleinen normannischen St. Grade's Church, die in der Regel unverschlossen ist.

Nach der Besichtigung des alten Gotteshauses geht es zurück zum Sträßlein und wir folgen weiter der ursprünglichen Route. Rechts der Straße passiert man nach einiger Zeit **Gwavas Farm** und folgt unermüdlich weiter dem Straßenverlauf, bis man an eine T-Kreuzung gelangt. Hier geht es rechts ab und einige Meter weiter an der folgenden Kreuzung marschieren wir geradeaus weiter. In diese Richtung weist auch ein Straßenschild mit der Aufschrift „Cadgwith“. Schnell ist linker Hand ein großer Parkplatz erreicht. Wir folgen nun nicht mehr der Straße, sondern nehmen vom Parkplatz den kleinen *Public Footpath,* der annähernd parallel zur Straße verläuft, und sind schon nach wenigen Minuten, vorbei an reetgedeckten Häuschen, am Hafen und damit im Ortszentrum von **Cadgwith.** Hier sind die Fischerboote auf den kurzen Kieselstrand gezogen, die Männer sitzen in einer langen Reihe auf einer Bank in der Sonne und in einem kleinen Pub – dem *Cadgwith Cove Inn* – kann man sich mit einem *Ploughman's Lunch* stärken, auch der Krabbensalat ist gut. Während der Saison gibt es in der Kneipe am Sonntagmittag Livemusik mit Jazz oder Folk. Die großen Zeiten von Cadgwith sind schon lange vorbei, seit die *Pilchard*-Schwärme ausbleiben. Es heißt, dass im 19. Jh. an einem einzigen Tag einmal 1,3 Mio. Sardinen gefangen wurden. Heute konzentrieren sich die wenigen Fischer auf Krabben und Hummer für die Restaurants der Region.

Wer nicht in der Taverne einkehren möchte, biegt dort, wo der Weg vom Parkplatz auf den Hafen mündet, rechts ab, spaziert durch das Dorf und schon nach wenigen Metern weist in einer Rechtskurve über einem Papierkorb ein kleiner Hinweispfeil mit der Aufschrift „Coast Path" geradeaus hoch. Man kommt an einer Straße heraus und es geht links durch ein Tor weiter in das **Anwesen Hillside.** In den Büschen versteckt weist wieder ein Pfeil mit der Aufschrift „Coast Path, Devil's Frying Pan" die Richtung. Ist man aus dem Garten von Hillside heraus, so geht es sofort links ab; vorbei an einem steinernen Cottage trifft man nach wenigen Metern auf das Zeichen des *National Trust* und hier ist **The Devil's Frying Pan** erreicht, eine tief unten liegende kleine Bucht mit einem Felsentor, durch das bei Flut die Wellen hereinlaufen und herumspritzen wie kaltes Wasser in einer heißen, fettgefüllten Bratpfanne.

Wir befinden uns nun wieder auf dem Küstenpfad, der rechts und links von hohen Gräsern gesäumt ist, und die weitere Orientierung ist einfach. Man hat schöne Ausblicke aufs Meer und die Steilküste. An manchen Stellen ist der Pfad mannshoch mit Farnen und Gräsern aller Art bewachsen, dazwischen leuchten gelb die Butterblumen. Immer wieder blickt man in kleine Buchten, von denen die grasbewachsenen Klippen steil hochsteigen, die Wellen laufen ein, Gischt spritzt hoch und gleichmäßig rauscht das Meer. Man passiert ein kleines Kirchlein, das der davorliegenden Bucht den Namen **Church Cove** gegeben hat, dieses Areal ist wieder im Besitz des *National Trust.* Einige Minuten weiter kommt man an einigen kleinen, zu mietenden Feriencottages vorbei, die recht einsam am Meer liegen.

Nächster Anlaufpunkt ist eine Station der **Royal National Lifeboat Institution (RNLI),** das britische Gegenstück zur *Deutschen Gesellschaft zur Rettung Schiffbrüchiger (DGzRS).* Vom Ausguck oben führt ein Fahrstuhl nach unten in die Bucht; dort liegt in einem schützenden Bootshaus der Seenotrettungskreuzer der Tyne-Klasse, *David Robinson,* der über eine Rampe *(Slipway)* schnell zu Wasser gelassen werden kann. Das 14,5 m lange Boot hat sechs Mann Besatzung, erreicht eine Höchstgeschwindigkeit von 18 Knoten (33 km/h) und hat einen Aktionsradius von 120 nautischen Meilen (222 km). Seit 1859 gibt es auf dem Lizard eine RNLI Station.

Hier biegt der Weg nun nach Westen ab und schnell ist eine **Küstenwachstation** erreicht. Der Ausguck ist besetzt, allerdings nicht mehr von staatlich besoldeten Angestellten der *Coast Guard* ihrer Majestät, denn das wurde der Regierung zu teuer. Also haben Freiwillige diese Aufgabe übernommen, halten hier 365 Tage im Jahr die Station in Betrieb und schauen nicht nur nach Schiffen oder Seglern aus, sondern auf dem Küstenpfad auch nach Wanderern in Not oder nach verirrten Tieren. Die Unterhaltung des *Coast-Guard-Look-Out* kostet 2400 £ im Jahr und wird nur durch Spenden betrieben. Werfen Sie einen Obolus in die Spardose! Hinter dem Ausguckturm befindet sich eine **alte Signalstation von Lloyd's.**

Die nächste Attraktion ist die **Lizard Wireless Station** (Mai–Sept. So, Di, Mi, Do 13–15 Uhr, www.lizardwireless.org). 1901 richtete die *Marconi International Marine Communications Company Limited* auf den windumtosten Klippen von Bass Point eine **drahtlose Funkstation** ein. Seit 1894 hatte *Guglielmo Marconi* (1874–1937) mit drahtlosen Funkverbindungen experimentiert und sechs Jahre später konnten seine Signale über eine Entfernung von 70 Meilen gesendet werden. Doch die Öffentlichkeit interessierte sich unverständlicherweise nicht für seine Erfindung. Also ließ *Marconi* im gleichen Jahr acht Sendestationen an der südenglischen Küste errichten, um einen Funkverkehr mit den im Kanal verkehrenden Schiffen zu ermöglichen.

Entgegen den Erwartungen der Skeptiker, die nicht daran glaubten, dass seine drahtlosen Funksignale die Erdkrümmung überwinden könnten, empfing *Guglielmo Marconi* in der Lizard Station am 23. Januar 1901 um 16.30 Uhr klare Morsesignale, die von der Isle of Wight gesendet wurden. Über eine Strecke von 196 Meilen wurden die Zeichen übertragen. Die gelungene Transmission wurde fortan als „*Marconi's first great miracle*" gefeiert.

Bald kommt wieder der Leuchtturm von Lizard in Sicht. Zuvor aber gilt es eine weite Bucht, die **Housel Bay,** zu umrunden – wo man sich bei Bedarf im *Housel Bay Hotel* stärken kann.

Schließlich erreicht man wieder den Ausgangspunkt dieser Wanderung. Der **Leuchtturm** ist in der Regel täglich ab 12 Uhr zu besichtigen.

037co se

Mullion und Poldhu

Im nahezu unspektakulären Örtchen **Mullion** des küstennahen Hinterlands Cornwalls reihen sich die alten Häuser in den ruhigen Straßen rund um die aus dem 15. Jahrhundert datierende Kirche St. Mellanus.

2 km westlich und ausgeschildert findet sich der kleine **Hafen** von Mullion Cove, der auch „Porthmellion" genannt wird und hinter dessen dicken Kaimauer noch eine Handvoll Fischerboote liegen. Der kleine und schöne Hafen mit den dramatisch aussehenden, vorgelagerten Felskegeln im Meer gehört dem National Trust, der von 1990 bis 2000 rund 500.000 £ in die Renovierung und Erhaltung der Kaianlagen gesteckt hat.

Einen guten Kilometer nördlich liegt der bei Windsurfer beliebte **Strand von Polurrian** und einen Steinwurf weiter nördlich befindet sich das Gestade von **Poldhu.** Wer den Küstenpfad von Polurrian nach Poldhu nimmt, der stößt auf das Marconi Monument, einen 1937 errichteten Obelisken, der jenen Ort markiert, von dem aus Guglielmo Marconi am 12. Dezember 1901 die erste drahtlose transatlantische Funkverbindung nach Neufundland in Kanada herstellte. Von da an war Poldhu bis 1932 eine kommerziell genutzte Funkstation; während des Ersten Weltkrieges kam die Anlage unter staatliche Kontrolle. In Poldhu informiert das Marconi Centre (www.marconi-centre-poldhu.org.uk) über die erste Funkverbindung nach Amerika. 1908 erhielt Guglielmo Marconi für seine Erfindung den Nobelpreis.

An der Straße nach Mullion Cove zeigt die **Trenance Chocolate Factory,**

042co se

wie Schokolade hergestellt wird (tgl. 10–17 Uhr, www.mullionmeadows.co.uk).

Unterkunft

Hotel

Mullion Cove Hotel, Mullion, Tel. 01326-240328, www.mullioncove.com. Spektakuläre Lage hoch über der Küste und dem Hafen mit weiten Ausblicken, DZ ab 80 £.

Essen und Trinken

Pub

The Old Inn, Mullion, sehr charaktervolle reetgedeckte Kneipe im Ortszentrum, bei schönem Wetter sitzt man vor dem Haus auf Bänken, viele gute *Bar Meals* zur Lunch-Zeit, einer der schönsten Pubs auf dem Lizard.

Porthleven

Das kleine, pittoreske Porthleven – 5 km südwestlich von Helston gelegen – war in früheren Tagen ein geschäftiger Hafenort, von dem aus Zinn verschifft wurde. Heute dient der **südlichste Hafen Großbritanniens** nur noch den Fischern und den Hobbyseglern. Der Hafen ist in drei Sektionen eingeteilt und das innere Becken kann bei Sturm abgeriegelt werden. Auf der äußeren Hafenmole befinden sich einige alte Kanonen, die von der *HMS Anson* stammen, die 1807 an Loe Bar strandete. Über 100 Seeleute verloren damals ihr Leben. Diese **Loe Bar** ist der Riegel, der sich im 13. Jh. bildete und den größten Süßwassersee Cornwalls, **Loe Pool,** vom Meer abschließt.

Ca. 4 km nordwestlich von Portleven erstreckt sich um **Rinsey Head** ein schöner Strand. Im Süden zieht sich an Loe Bar ein Gestade entlang, doch wird hier wegen der Strömungen vom Schwimmen abgeraten. Wer über genügend Zeit verfügt, kann den **Loe Pool** auf einem Wanderweg umrunden. Die Leute der Region behaupten, dass *König Artus'* Schwert *Excalibur* hier im Loe Pool versenkt wurde. Die Bewohner im Bodmin Moor sind da ganz anderer Ansicht (siehe dort). Für den Hofdichter *Alfred Lord Tennyson* jedenfalls war Loe Pool jener sagenumwobene See, an dem er sein Epos „The Passing of Arthur" ansiedelte.

The Old Inn in Mullion

Unterkunft

B & B

■ **Porthleven Holiday Cottages,** Tel. 01326-574270, www.porthlevenholidaycottages.co.uk. Mit einem Büro direkt am Hafen eine gute Adresse für Unterkünfte in der Gegend.

Essen und Trinken

Restaurants

■ **Blue Haze Restaurant,** gegenüber vom Harbour Inn und neben dem Ship Inn (s.u.) gelegen, Tel. 01362-564424. In dem einfachen Lokal wird der von den Fischern des Ortes gefangene Fisch tagesfrisch auf den Tisch gebracht, Preise um 15 £.

■ **Amelies At the Smokehouse,** am Hafen auf der gegenüberliegenden Kai-Seite vom Harbour Inn. Pizza, Pasta und Frisches aus dem Meer ab 10 £

Pubs

■ **The Harbour Inn,** direkt am Hafen gelegen, sehr ambientereiche Kneipe, sommertags sitzt man im Biergarten direkt am Kai und schaut den Fischern und Hobbyseglern zu, reiche Palette an *Bar Meals.*

■ **The Ship Inn,** charaktervoller Pub auf der gegenüberliegenden Hafenseite vom Harbour Inn, *Free House,* in die Klippen hineingebaut. Der Familienraum ist in einer ehemaligen Schmiede eingerichtet, guter Blick vom Biergarten auf das Treiben im Hafen, leckere *Bar Meals* wie Ziegenkäse auf Pesto-Toast oder Seebarsch mit frischem Gemüse.

■ **Roland's Happy Plaice,** in der Gasse neben der Apotheke, von der Zeitung „Times" zu einem der besten 30 Orte Großbritanniens für Fish'n'Chips ernannt.

Am Hafen von Porthleven

Helston

Helstons großer Tag ist der **8. Mai** (fällt dieser auf einen Sonntag oder Montag, dann wird am vorherigen Samstag gefeiert), an dem der **Furry Dance** (oder auch *Flora Dance*) begangen wird. Schon Monate vorher zieht das Ereignis die Bewohner in seinen Bann, und allerorten werden die Vorbereitungen getroffen. Wenn es dann so weit ist, präsentiert sich das Örtchen über und über mit Blumen geschmückt und schon um sieben Uhr morgens beginnen die Tänze, wobei die Akteure in Gewänder aus der elisabethanischen Zeit gekleidet sind. Gegen zehn Uhr tanzen die Kinder des Ortes, der Haupttanz findet mittags statt und zu den Rhythmen der Flora-Dance-Melodie, gespielt von der *Helston Brass Band,* bewegen sich die Tänzer dann ein letztes Mal um 17 Uhr. Das Ereignis mit seiner karnevalsmäßigen Atmosphäre geht auf einen vorchristlichen Fruchtbarkeitsritus zurück; ursprünglich, so nimmt man an, wurde dieser im Wald gefeiert, von dem aus sich die Teilnehmer anschließend tanzend zurück ins Dorf begaben. Alle Fragen zum *Furry Dance* beantwortet das **Helston Folk Museum** (Mo–Sa 10–13 Uhr, Eintritt frei), das in einem ehemaligen Marktgebäude an der Church Street untergebracht ist.

120co sb

Vor etwa 1000 Jahren war Helston übrigens noch ein geschäftiger Binnenhafen, dessen Schiffe über den River Cober die offene See erreichen konnten. Im 13. Jh. dann schob sich eine Sand- und Kieselbank aufgrund ungünstiger Meeresströmungen vor die Küste und so entstand der **Loe Pool,** Cornwalls größter See.

Der „Helston Town Trail“ ist ein lohnenswerter Rundgang durch den Ort.

Wer die A 3083 nach Süden zum Lizard Point nimmt, der kommt wenige Kilometer hinter Helston am **RNAS Culdrose Airfield** vorbei, Europas größter militärische Hubschrauberbasis. Hier ist auch die Station der *Cornwall Air Sea Rescue Helicopters* untergebracht (Busrundfahrten Di, Mi, Do, 14 Uhr; Familienkarte 25 £).

Praktische Tipps

Tourist-Information

- Meneage Street, Tel. 01326-565431.
- www.aboutbritain.com

Unterkunft

Hotel

■ **The Gwealdues,** Falmouth Road, Tel. 01326-572808. Familiengeführtes Haus am Stadtrand, DZ ab 70 £.

B & B

■ **Colvennor Farmhouse,** Cury, Tel. 01326-241208, www.cornwallonline.co.uk/colvennor. Zwischen Helston und Poldhu Cove gelegen, drei Zimmer *en suite,* DZ ab 65 £.

Essen und Trinken

Pub

■ **Blue Anchor Inn,** Coinagehall Street, eine der ältesten Pubs von England, reetgedeckt, datiert aus dem 15. Jh. und war einmal eine Raststation für Mönche. Es wird noch immer eigenes Bier gebraut, gute *Bar Meals.*

⊡ Der Leuchtturm Tater-du

Leuchttürme in Cornwall

Neun Leuchttürme sichern die schroffe Küste Cornwalls und sorgen für einen sicheren Seeweg auf einer der meistbefahrenen Routen der sieben Weltmeere.

Trevose Head Lighthouse steht an der nördlichen Küste nahe bei Padstow. 1847 erbauten Thomas und Jacob Olver of Falmouth den Turm, der anfangs zwei weiße Lichter in die Nacht schickte, kein Nebelhorn besaß und eine Besatzung von zwei Männern in wechselnden Schichten hatte. 1882 wurde das Leuchtfeuer umfassend restauriert, bekam dabei ein rotierendes weißes Licht und die Crew wurde auf drei Männer aufgestockt. 30 Jahre später kam eine weitere Modernisierung hinzu und der Turm sandte nun ein rotes Blitzlicht in die Nacht. Heute zeigt das Leuchtfeuer alle fünf Sekunden ein weißes Blitzlicht, das 25 Meilen weit zu sehen ist. Bei diesigem Wetter ertönt alle 30 Sekunden zweimal das Nebelhorn.

Godrevy Lighthouse erhebt sich auf der Insel The Stones rund eineinhalb Meilen vor der Küste inmitten der See und ist von St. Ives aus gut zu sehen. Während der alljährlichen Sommerfrische sah die junge Virginia Stephen (die spätere Virginia Woolf) des Abends von ihrem Kinderzimmer im Talland House den beruhigenden Lichtfinger. Jahre später schrieb sie ihren Roman „To the Lighthouse" (dt. „Die Fahrt zum Leuchtturm"). Über die Jahrhunderte waren immer wieder Schiffe auf das Riff gelaufen. Berühmt bis heute ist die Geschichte, die besagt, dass hier nach der Exekution von Karl I. ein Segler mit seinen königlichen Besitztümern strandete und die royalen Kostbarkeiten sehr zur Freude der Anrainer an die Küste geschwemmt wurden.

Im Dezember 1854 rauschte der Passagierdampfer The Nile auf die Felsen von The Stones und sank; kaum jemand konnte sich retten. Nach langen Diskussionen wurde 1858 mit dem Bau des oktogonalen, knapp 26 m hohen Leuchtturmes begonnen und ein Jahr später schien das erste Licht über die See. Das originale Leuchtfeuer war ein rotierendes weißes Licht samt einem permanent leuchtenden roten Signal unter dem Hauptfeuer. Dieses rote Warnlicht war nur dann zu sehen, wenn ein Schiff nahe genug an die Riffe kam und Gefahr lief, dort zu kentern. Heute ist dieses rote Warnfeuer im Hauptlicht integriert. Alle fünf Sekunden ertönte das Nebelhorn. Anfangs war der Turm in wechselnden Schichten von zwei, ab 1925 von drei Männern besetzt. Schon 1934 wurde Godrevy Lighthouse automatisiert, heute wird es durch regelmäßige Hubschrauberanflüge gewartet. Das Nebelhorn ist nicht mehr aktiv; alle 10 Sek. zeigt sich das weiße/rote Licht, wobei das rote nach wie vor nur dann sichtbar ist, wenn ein Schiff den Riffen zu nahe kommt. Der Lichtfinger erreicht eine Weite von 12 Meilen.

Pendeen Lighthouse wurde 1900 von der Firma Arthur Carkeek of Redruth erbaut, ist 17 m hoch und steht auf einer rund 42 m hohen Klippe über dem Meer. Die originale, 2,5 Tonnen schwere Linsenkonstruktion ist nach wie vor in Betrieb und wurde 1926 von Ölbefeuerung auf Elektrizität umgestellt. Ein Notstromaggregat sorgt für die Sicherung bei Stromausfall. Das Licht reicht 28 Meilen weit und zeigt vier Blitze alle 15 Sekunden. Das Nebelhorn, eines der stärksten in Großbritannien, bläst einmal alle 20 Sekunden.

Longships Lighthouse steht auf Felsen inmitten der See 1,25 Meilen vor Land's End und ist von dort gut zu erkennen. Es ist bereits das zweite Leuchtfeuer auf diesen Riffen, das erste wurde 1795 in Dienst gestellt, von einem gewissen Lieutenant Henry Smith privat finanziert und von Trinity House (der britischen Leuchtturminstitution) für einen Zeitraum von 50 Jahren gemietet. Doch schon kurz nach der Fertigstellung sah sich Smith außerstande, das Leuchtfeuer permanent aufrechtzuerhalten und Trinity House übernahm die Kontrolle. Dieser Leuchtturm wurde auf der Spitze des größten Felsbrockens rund zwölf Meter über NN erbaut, der Turm war noch einmal zwölf Meter hoch. Bei winterlichen Stürmen brandeten die Wellen derart heftig an, dass die hochspritzende Gischt das Licht fast unsichtbar machte. Also wurde zwischen 1870 und 1873 ein neuer und höherer Leuchtturm erbaut.

Das stoppte die Katastrophen aber nicht; in einer sternklaren Nacht des Jahres 1898 rauschte die Bluejacket direkt unterhalb der Leuchtturmtür auf die Klippen. Das folgenschwerste Desaster trug sich am 18. März 1967 zu. An diesem klaren Tag mit weiter Sicht dampfte der Tanker Torrey Canyon in voller Fahrt mit 17 Knoten auf den Pollard Rock des Seven Stones Reef nahe des Longships Lighthouse. Die gesamten 120.000 Tonnen Rohöl liefen aus, verseuchten

040co se

039co se

die englische und französische Küste und töteten in weitem Umfang jedes maritime Leben. Es war der erste Unfall eines Supertankers und niemand wusste geeignete Maßnahmen zu ergreifen. Tonnenweise wurden Chemikalien ausgebracht, um den Ölschlick zu binden, doch diese erwiesen sich als noch giftiger als das Öl selbst. Mehr als eine Woche nach der Katastrophe ließ die britische Regierung den Tanker bombardieren. Der damalige Premierminister Harold Wilson sah sich das Unternehmen von St. Mary's aus an, der größten der Isles of Scilly.

Longships Lighthouse strahlt ein zehnsekündiges helles und für weitere zehn Sekunden ein dunkleres Licht aus. Ein rotes Licht ist landwärts gerichtet. Das Leuchtfeuer reicht 19 Meilen weit und das Nebelhorn bläst alle zehn Sekunden.

Wolf Rock Lighthouse liegt acht Meilen südlich von Land's End auf einem Felsen im Wasser, der für die Schifffahrt schon immer ein tödliches Hindernis darstellte. Bei klarem Wetter ist der Leuchtturm von Land's End aus zu sehen. Seinen Namen bekam der Felsen im Wasser vom Heulen des Sturmes, das die Seeleute an Wölfe erinnerte. Zwischen 1795 und 1850 wurden viele Versuche unternommen, ein permanent unterhaltenes Feuer auf dem Riff zu installieren. Von 1862 bis 1870 ging man dann den Bau eines Leuchtturmes an. Das war nicht so einfach, denn selbst bei gutem Wetter überspülen die Wellen das Riff. Im März 1862 begannen die Arbeiten, doch konnten in diesem ersten Jahr die Arbeiter nur 22-mal auf dem Felsen anlanden. 1000 Tonnen an Steinblöcken wurden allein für die Basis des Turmes verbraucht, weitere 3300 Tonnen für den Rest. Wolf Lighthouse hat eine Höhe von rund 35 m, das einst ölgespeiste Licht wird seit 1955 durch einen elektrischen Generator betrieben. Der Lichtfinger reicht etwa 23 Meilen weit und zeigt alle 15 Sekunden einen hellen weißen

Lizard Lighthouse, der Leuchtturm am Lizard Point, dem südlichsten Punkt Großbritanniens

Blitz, ein Nebelhorn ertönt wiederholt einmal alle 30 Sekunden.

Gerne wird in Cornwall die Geschichte eines deutschen U-Boot-Kapitäns erzählt, der bei seiner ersten Feindfahrt mit Volldampf am Leuchtturm des Wolf Rock aufrauschte und das U-Boot dabei versenkte.

Tater-du Lighthouse liegt an der Südküste der Penwith Peninsula ein Stückchen nordwestlich von Mousehole und wurde 1965 erbaut. Den Ausschlag dafür gab die Havarie des spanischen Küstenmotorschiffes Juan Ferrer, das am 23. Oktober 1963 am nahe gelegenen Boscawen Point auflief. Elf Menschen ertranken. Die Newlyn and Mousehole Fishermen's Association wurde daraufhin bei Trinity House vorstellig und forderte die Errichtung eines Leuchtturmes. Viele Tragödien, so die Fischer, seien nur durch ihren rechtzeitigen Einsatz verhindert worden. Für 600.000 £ wurde Tater-du an der Küste unterhalb der Rosemordres-Klippen errichtet. Von Anfang an war der Leuchtturm automatisiert. Tater-du zeigt drei weiße Lichtblitze alle 15 Sekunden, die Reichweite beträgt 23 Meilen. Ein fixiertes rotes Licht leuchtet über der Linie des Runnelstone Rock. Das Nebelhorn tutet zweimal alle 30 Sekunden.

Lizard Point Lighthouse an der südlichsten Spitze Englands wurde 1762 erbaut. Von 1619 bis 1623 sicherte ein privat finanzierter Leuchtturm schon einmal die Spitze des Lizard. Das neue, kohlebetriebene Leuchtfeuer ließ Trinity House errichten und vermietete es für 61 Jahre an Thomas Fonnerau. 1812 wurde die Kohle durch Ölbefeuerung abgelöst, 1878 dann übernahm ein Generator die Energieversorgung. Bis 1903 hatte Lizard Lighthouse ein fixiertes Licht, seitdem macht es durch ein Blitzlicht, das 25 Meilen weit reicht, alle drei Sekunden auf sich aufmerksam. Das Nebelhorn gibt alle 60 Sekunden zwei laute Töne von sich.

St. Eddystone Lighthouse steht mit 49 m Höhe auf einem Riff, ungefähr zehn Meilen vor Cornwalls Rame Head. Dieser Leuchtturm, erbaut 1882, gehört zu den bekanntesten der Welt. Schon 1698 wurde hier den Schiffen heimgeleuchtet. Erst seit 1980 wird die Anlage automatisch gesteuert.

St. Anthony's Head Lighthouse steht an der östlichen Einfahrt zum Hafen von Falmouth und warnt die Schiffe vor dem Black Rock, der im Zentrum der Passage zu den Kaianlagen liegt, sowie vor den sich westlich vor der Küste hinziehenden Manacles Rocks. Zum ersten Mal erschien das Licht im April 1835. Bis 1954 war das Leuchtfeuer ölbetrieben, ab dann übernahm Elektrizität die Energieversorgung. Alle 15 Sekunden erscheint ein 22 Meilen weithin sichtbarer Lichtblitz, der einen roten Sektor für die Manacles besitzt. Alle 30 Sekunden bläst das Nebelhorn.

Die Kontrolle über die Leuchttürme Großbritanniens hat Trinity House, die Institution wartet 72 Leuchttürme, 13 bewegende Haupthilfsmittel (Leuchtschiffe), 18 Leuchtfeuer, 429 Bojen, 48 Radarfeuer und sieben DGPS-Bezugsstationen. Wer mehr über diese Einrichtung erfahren möchte, findet Informationen im Internet unter www.trinityhouse.co.uk.

Einen Besuch im National Lighthouse Museum von Penzance (siehe Kapitel Penwith Peninsula) sollte man ebenfalls nicht versäumen.

Als Urlaubslektüre bietet sich der folgende Band von Bella Bathurst an, der deutsche Titel „Leuchtfeuer“ verschweigt allerdings eine wichtige Information. Im englischen Original heißt das Buch „The Lighthouse Stevenson“; es beschreibt die Familie des Schriftstellers Robert Louis Stevenson, dessen Großvater, Vater und Onkel fast 100 Leuchttürme an die Küsten des Inselreiches setzten und damit Pioniere einer sicheren Seefahrt wurden. Die drei erfanden alles, was es auf diesem Sektor zu entwickeln gab. Nur Robert Louis wollte nicht Ingenieur werden, dafür hat er uns Geschichten und Romane hinterlassen, die noch heute gelesen werden.

Überblick | 73
Marazion und St. Michael's Mount | 74
Penzance | 76
Newlyn | 82
Mousehole | 83
Lamorna Cove | 88
Porthcurno und das Minack Theatre | 96
Land's End | 105
St. Just-in-Penwith und Cape Cornwall | 111
Zennor | 114
St. Ives | 120

Die Penwith Peninsula

Hier häufen sich die landschaftlichen Sehenswürdigkeiten, die kleinen, typisch cornischen Hafenörtchen, die dramatisch anzusehenden Küstenlinien und die attraktiven Strände und Buchten.

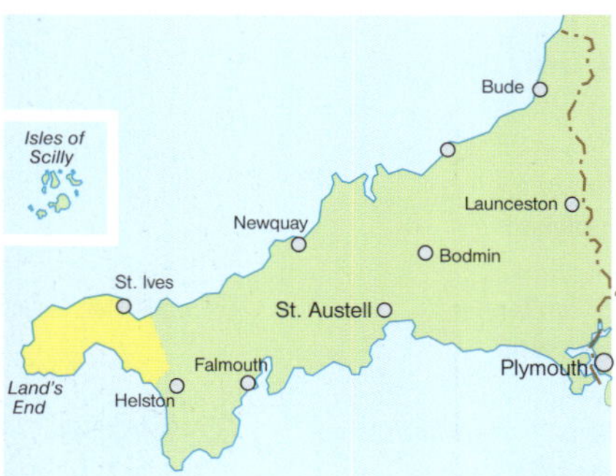

DAS TOURISTISCHE HERZ CORNWALLS

Die Penwith-Halbinsel, auch West Penwith oder Land's End Peninsula genannt, ist das touristische Herz Cornwalls und sitzt wie ein großer Zeh am westlichen England.

HIGHLIGHTS

Besondere Tipps*:

- **Wanderung 2: Lamorna Cove und die Merry Maidens:** S. 89
- **Wanderung 3: Die Örtchen Porthcurno, Porthgwarra, das Minack Theatre und St. Levan's Church:** S. 101
- **Wanderung 4: Land's End von Sennen:** S. 107
- **Geevor Tin Mine und Levant Beam Engine:** S. 113
- **Wanderung 5: Von Zennor auf dem Tinner's Way:** S. 115

***Diese Tipps erkennt man im Buch an der gelben Hinterlegung im Kapitel.**

045co se

St. Michael's Mount

Vorherige Seite: gefährliche Kliffs bei Land's End

Überblick

Der Hauptort der Penwith-Halbinsel heißt **Penzance;** dies ist der wichtigste Verkehrsknotenpunkt der Region. Selbst im hochsommerlichen Trubel hat man nicht den Eindruck, dass die kleine Metropole überfüllt wäre. Es gibt genügend Unterkünfte aller Art, und von hier aus sind alle touristischen Ziele schnell und gut erreichbar. **Newlyn,** der größte Fischerort der Halbinsel, ist mit Penzance zusammengewachsen. Die Besucher können das Städtchen schnell zu Fuß bei einem Spaziergang über die Seepromenade erkunden.

Ebenfalls nur einen Steinwurf entfernt ragt einige hundert Meter vor der Küste beim Örtchen Marazion der **St. Michael's Mount** aus den Fluten – bei Ebbe aus dem Sand –, ein Burgberg, der dem französichen Mont St. Michel verblüffend ähnlich sieht.

Auf keinen Fall sollte man eine Aufführung im **Minack Theatre** versäumen, einem Freilichttheater, das in die Klippen oberhalb des Meeres geschnitten worden ist.

Das atmosphärereiche **Mousehole,** das winzige **Lamorna** am Ende eines bewaldeten Tales, die geschichtsträchtige Steinformation **Logan's Rock** und der Fischerweiler **Penberth** sind weitere Stationen bei der Erkundung der Penwith-Halbinsel.

Land's End ist der südwestlichste Punkt Englands und daher immer voll mit Besuchern. Ruhiger und ohne Rummelplatzatmosphäre geht es hingegen an **Cape Cornwall** zu, das nur wenige Kilometer nördlich liegt und dessen Küstenlinie an Dramatik absolut nicht hinter Land's End zurücksteht.

Der unter Fremdenverkehrsgesichtspunkten wichtigste Ort der Penwith Peninsula, ja, das touristische Zentrum von ganz Cornwall, ist **St. Ives,** die ehemalige Künstlerkolonie mit dem von den Malern so gerühmten mediterranen Licht. Für Besucher ist das einstige Fischerörtchen hervorragend erschlossen; viele Hotels, Bed & Breakfast-Unterkünfte, einige gute Restaurants, gemütliche Pubs, drei weiße Sandstrände und die Galerie Tate St. Ives sowie das Atelier und der Skulpturengarten der Bildhauerin *Barbara Hepworth* machen den Aufenthalt im Dorf zu einer kurzweiligen Angelegenheit. Cornwall ist hier verdichtet wie sonst nirgendwo!

Wer dem hochsommerlichen Trubel auf der Penwith-Halbinsel für einige Zeit entgehen möchte, der sollte auf dem **St. Michael's Way** von St. Ives zum St. Michael's Mount wandern. Weitere vier **Wanderungen** auf der Penwith-Halbinsel sind im Folgenden detailliert beschrieben.

Marazion und St. Michael's Mount

Marazion ist die älteste Stadt Cornwalls, 1257 räumte ihr *König Heinrich III.* dieses Recht ein. Schon rund 200 Jahre vorher wurden zwei Märkte in dem Ort abgehalten, die auf Cornish „Marghas Bygghan“ (= kleiner Markt) und „Marghas Yow“ (= Donnerstagsmarkt) genannt wurden; durch Verballhornung des Letzteren entstand der heutige Stadtname.

Das sympathische Städtchen wird von den Besuchern oft gar nicht richtig wahrgenommen, denn rund 400 m vor der Küste erhebt sich auf einer Insel **St.**

047co se

▷ Blick vom St. Michael's Mount auf das Örtchen Marazion

Michaels's Mount, eine der großen Attraktionen Cornwalls.

Um das Jahr 495 soll den Fischern hier auf der Insel der Erzengel Michael erschienen sein und so bauten die gläubigen Männer eine kleine granitene Kapelle an dem nun heiligen Ort. Innerhalb der nächsten drei Jahrhunderte siedelten sich keltische Mönche auf der Berginsel an. Im 11. Jh. dann übergab *König Edward der Bekenner* die Insel den Benediktiner-Mönchen der bretonischen Abtei *Mont St. Michel* und die errichteten ab 1135 auf der cornischen Insel das genaue Gegenstück ihres französischen Klosters. Fortan diente St. Michael's Mount als **Station** des irisch-schottisch-englisch-französisch-spanischen **Pilgerwegs bis nach Santiago de Compostela.** *Heinrich VIII.*, der nach seinem Bruch mit Rom alle katholischen Klöster im Lande schließen ließ, machte den Burgberg im Rahmen seines Küstenverteidigungsprogrammes zu einer Festung. Nach dem Bürgerkrieg erwarb Mitte des 17. Jh. die Familie *St. Aubyn* die Insel samt Gebäude und richtete sich hier einen angemessenen Landsitz ein. 1954 fiel der Burgberg an den *National Trust.*

Von Marazion kann man bei Ebbe über einen steinigen **Damm nach St. Michaels's Mount** hinüberspazieren, bei Flut bringen den Besucher Boote hinüber, deren Fährleute zu bezahlen sind (2 £, Kinder 1 £). Bis heute befindet sich der kleine Hafen von Marazion in der geschützten Bucht des Burgberges (April–Nov. Mo–Fr 10.30–17, im Sommer bis 17.30 Uhr, auch an vielen Sonntagen zwischen April und Sept. geöffnet, Eintritt: 7,50 £, Kinder 3,75 £, www.stmichaelsmount.co.uk).

Zwischen Marazion und Penzance erstreckt sich der lange Strandabschnitt der **Marazion Marsh,** ein Feuchtareal, in dem viele Vögel überwintern und auch brüten. Die *RSPB*, die *Royal Society for the Protection of Birds,* hat hier ein Schutzgebiet eingerichtet.

Unterkunft

Hotels

■ **Godolphin Arms,** Tel. 01736-710202, www.godolphinarms.co. Altes Hotel am Damm direkt gegenüber St. Michael's Mount, DZ ab 125 £. Seit 2012 gibt es auch Holiday Cottages, die Woche ab 550 £.

■ **Mount Haven,** Turnpike Road, Tel. 01736-710249, www.mounthaven.co.uk. Eine ehemalige Kutschstation am Dorfrand, DZ ab 130 £.

Wandern auf dem St. Michael's Way

Vom St. Michael's Mount, respektive von Marazion, verläuft der Wanderweg St. Michael's Way nach Norden bis nach St. Ives. Der Weg ist in beide Richtungen ausgeschildert und der Pfad ist ein Teil der Pilgerstrecke, den die Wallfahrer nahmen, um dann vom St. Michael's Mount auf den Kontinent überzusetzen und weiter auf dem Jakobsweg bis nach Santiago de Compostela in der spanischen Provinz Galicien zu ziehen.

Die Tourist-Information in St. Ives hält für den Wanderer Blätter mit einer Wegbeschreibung bereit. Die Route verläuft von St. Ives entlang der Carbis Bay und dann nach Süden bis Ludgvan; dort gabelt sich der Pfad auf und führt entweder in südwestliche Richtung über Gulval nach Marazion und zum St. Michael's Mount oder gen Südosten über Crowlas und Gwallon nach Marazion. Die erste Route ist 20,5 km lang, die zweite 19,5 km, und die Tour lässt sich von einem durchschnittlich trainierten Wanderer an einem Tag zurücklegen, die Strecke ist flach und ohne Steigungen. Hilfreich ist auf alle Fälle eine der folgenden Wanderkarten, die es im Buchladen von St. Ives in der Fore Street zu kaufen gibt: Landranger Map Nr. 203, Land's End (1:50.000) oder Pathfinder Map 102 (1:25.000), Land's End.

Penzance

Penzance ist der **Verkehrsknotenpunkt** auf der Penwith-Halbinsel. Hier liegt nicht nur der Endpunkt der Eisenbahn, die Stadt besitzt einen **Fährhafen** zu den Isles of Scilly und einen *Heliport* genannten **Hubschrauberflughafen,** von dem aus ebenfalls die Scillys angeflogen werden. Seinen Namen hat die kleine Metropole von dem cornischen „Pen Sans" bekommen, was so viel wie „heiliges Vorgebirge" bedeutet.

Hauptstraße ist die Market Jew Street, benannt nach dem cornischen „Marghas Yow", dem Donnerstagsmarkt. Das *Market House,* erbaut 1863, markiert das Zentrum der „Metropole", davor findet sich die überlebensgroße Statue von *Humphrey Davy* (1778–1829), dem großen Sohn der Stadt und einem der führenden Wissenschaftler des 19. Jh. So entdeckte er beispielsweise das Lachgas, das fortan als Betäubungsmittel bei Operationen eingesetzt wurde; auch baute er für die Bergleute Sicherheitslampen, die keine schlagenden Wetter auslösen konnten. Seine Statue trägt eine dieser Lampen in der Hand. Von *Humphrey Davy* aus verläuft zur Seafront die Chapel Street, an der sich das 1830 erbaute **Ägyptische Haus** befindet, das mit Stilelementen aus pharaonischer Zeit geschmückt ist und ursprünglich einmal die Exponate des Geologischen Museums aufnehmen sollte. Außerdem kann man hier in den beiden **ältesten Pubs von Penzance** einkehren, dem *Turk's Head* und dem *Admiral Benbow.* In der Chapel Street von Penzance wurde übrigens *Elizabeth Branwell* geboren, die Mutter der *Brontë*-Schwestern.

Im Hafen von Penzance legt am **Lighthouse Pier** die *Scillonian III.* an, die 1975 in Dienst gestellte **Personenfähre** zu den Isles of Scilly. Die Überfahrt bis nach Hughtown auf St. Mary's dauert zwei Stunden und 40 Minuten. Die Fähre verkehrt täglich und man kann einen Tagesausflug nach St. Mary's mit der Möglichkeit, auch zu dem subtropischen Garten auf Tresco übergesetzt zu werden, verbinden.

Eine Attraktion an der Promenade ist der **Jubilee Pool,** eines der wenigen erhaltenen Freibäder aus den Zeiten des Art Déco der 1930er Jahre. Neben Badevergnügen glänzt es mit einem unverbaubaren Blick auf St. Michael's Mont (Juni–Sept. tgl. 10.30–18 Uhr, Eintritt 4,30 £, Kinder 3,20 £, www.jubileepool.co.uk).

In einer viktorianischen Villa aus dem Jahr 1865 ist in der Morrab Road die **Penlee House Gallery and Museum** untergebracht, die sich den Künstlern der Newlyn School rund um den Iren Stanhope Forbes widmet. Um die Wende zum 20. Jh. ließen sich in diesem Örtchen viele Maler nieder. Neben der sehr sehenswerten Dauerausstellung der Newlyn-Maler finden regelmäßig Wechselausstellungen statt (Ostern–Sept. Mo–Sa 10–17, Okt.–April 10.30–16.30 Uhr, Eintritt 4,50 £, Kinder unter 18 J. freier Eintritt. www.penleehouse.org.uk).

Praktische Tipps

Tourist-Information

- Vor dem Bahnhof am Parkplatz, Tel. 01736-335530.
- www.penzance.co.uk
- **Tickets für die Fähre zu den Isles of Scilly** gibt es im Büro am Hafen.

Veranstaltung

- **Golowan,** Festival, zwei Wochen ab Mitte Juni mit großem Programm – von Comedy bis „Cornish Story Telling", von „afternoon tea dance" bis zur „Happy Night", www.golowan.org.

Das Ägyptische Haus von Penzance

049co se

Penzance

0
200 m
Saint Clare Street
Tolver Road
Taroveor Penwith Mount
Clarence Street
Causewayhead
Penalverne Drive
Humphrey Davy Statue
Markt
Alverton Street
Alverton Road
Penlee House Gallery and Museum
Egyptian House
Penlee Memorial Park
Queen Street
Morrab Gardens
Morrab Road
Alexandra Road
Larriggan River
Alexandra Gardens
Promenade
Wherry Rocks
Promenade
South West Coast Path
Art Gallery
Übernachtung
1 Jugendherberge Castle Horneck
2 Bone Valley Caravans & Camping Site
3 YMCA Penzance Hostel
4 Penzance Backpackers, The Blue Dolphin
5 B & B Westbourne Guest House
6 B & B Pendennis
7 B & B Treventon Guest House
8 Queen's Hotel
9 B & B Chy-an Mor
16 Hotel Penzance

Essen und Trinken
10 Admiral Benbow und The Turk's Head
11 Docker's Rest & Café
12 Harris's
13 The Star Inn
14 The Trewenwhere Pub & Freehouse
15 Fish'n Chips-Shops

Unterkunft

Hotels

■ **Queen's Hotel,** The Promenade, Tel. 01736-362371, www.queens-hotel.com. Großes viktorianisches Haus an der Seafront, ein wenig in die Jahre gekommen, DZ ab 77 £.

■ **Hotel Penzance,** Britons Hill, Tel. 01736-363117, www.hotelpenzance.com. Hoch am Hang inmitten eines subtropischen Gartens gelegen, mit Ausblicken über die Bucht bis hin zum St. Michael´s Mount, individuell, sehr stilvoll eingerichtete Zimmer, das hauseigene Bay Restaurant ist exzellent, DZ ab 135 £.

B & B

Die Alexandra Road ist eine gute Adresse für B & B, die alle in einem ähnlich günstigen Preissegement angesiedelt sind, z. B.

■ **Westbourne Guest House,** Alexandra Road, Tel. 012736-350535, www.westbourneguesthouse.co.uk. Freundliche Familienpension, DZ ab 55 £.

■ **Pendennis,** Alexandra Road, Tel. 01736-363823, www.thependennis.co.uk. Acht Zimmer, davon sieben *en suite*, DZ ab 60 £.

■ **Treventon Guest House,** Alexandra Road, Tel. 332730, www.penzance-bed-and-breakfast.co.uk. Sieben Zimmer, davon vier *en suite,* DZ ab 69 £.

■ **Chy-an Mor,** Regent Terrace, Tel. 01736-363441, www.chyanmor.co.uk. An der Promenade mit prominentem Blick aufs Meer, DZ ab 60 £.

Jugendherbergen

■ **Castle Horneck,** Alverton, Penzance, Tel. 0845-3719653, www.yha.org.uk/hostel/penzance. Die Jugendherberge hat 80 Betten, Räume mit vier bis zehn Betten in einem alten georgianischen *Manor House.* A 30, Umgehungsstraße von Penzance, kurz vor dem *Roundabout,* der die Straßen A 30 nach Land's End und die A 3071 nach St. Just verteilt, rechts ab.

■ **YMCA Penzance Hostel,** The Orchard, Alverton Road, Tel. 01736-365016, www.cornwall.ymca.org.uk. 80 Betten, nahe beim Ortszentrum.

■ **Penzance Backpackers, The Blue Dolphin,** Alexandra Road, Tel. 01736-363836, www.pzbackpack.com, nahe beim Ortszentrum. Ab 16 £ pro Person.

Camping

■ **Bone Valley Caravan & Camping Site,** Heamoor, Tel. 01736-360313, www.bonevalleyholidaypark.co.uk. Auf der A 30 Richtung Land's End, am zweiten *Roundabout* rechts in Richtung Heamoor, nach 300 m rechts in Joseph's Lane, dann erste Straße links, Platz 50 m weiter linker Hand.

Essen und Trinken

Restaurant

■ **Harris's,** 46 New Street, Tel. 01736-364408. Eine kleine Gasse neben dem Pub Star Inn, geht gegenüber vom *Market House* ab, gutes Restaurant, frischer Fisch und Meeresfrüchte in anglo-französischer Zubereitung, Hauptgerichte zwischen 15 und 30 £, preiswertere Lunch-Gerichte zur Mittagszeit, dann ab 15 £.

Pubs

■ **Docker's Rest & Café,** The Quay. Der richtige Platz, um mit den Dockarbeitern von gegenüber ein Käffchen zu trinken und dabei auf den Hafen zu schauen.

■ **The Turk's Head,** 49 Chapel Street. Viel von dem Gebäude wurde zerstört, als die Spanier im 16. Jh. in Penzance einfielen, das was damals übrig blieb,

048co se

reicht heute immer noch für ambientevolles Trinken, mit Biergarten.

- Daneben befindet sich ebenfalls in 46 Chapel Street die Kneipe **Admiral Benbow,** ein ebenso traditioneller Pub für gemütliches Bechern.
- **The Star Inn,** Market Jew Street, gegenüber vom *Market House.* Großer Pub im Stadtzentrum mit *Bar Meals* zur Mittagszeit.
- **The Trewenwhere Pub & Freehouse,** Market Jew Street, gegenüber vom *Market House.* Bei den Einheimischen beliebter Pub mit kleinem Biergarten.
- Am oberen Ende des Causewayhead befinden sich ein paar **Fish'n'Chips-Shops,** die sich in Sachen Qualität und Frische der Ware nichts schenken. Fish'n' Chips geht ab rund 2,50 £ über die Theke.

^ Im Trengwainton Garden bei Penzance

< Der Hafen von Penzance

Trengwainton Garden

Einen Steinwurf nördlich von Penzance in Madron liegt an einer unklassifizierten Straße *Trengwainton Garden* mit exotischen Bäumen, Riesenfarnen, einem blumenbepflanzten Bachlauf und einem *Walled Garden,* in dem Pflanzen und Blumen sprießen, die sonst kaum in Großbritannien wachsen (Feb.–Okt. Mo–Do, So 10.30–17 Uhr; Eintritt 6,10 £, Kinder 3 £, www.nationaltrust.org.uk/trengwainton-garden).

Schon im späten 16. Jh. gab es ein repräsentatives Anwesen auf dem Gelände des heutigen **Trengwainton.** 1867 kaufte *T. S. Bolitho,* wohlhabender Bankierssprössling einer alten cornischen Familie, das Haus mitsamt großem Grundstück. 30 Jahre später baute sein Sohn, *Thomas Robins Bolitho,* den Adelssitz zu seinem derzeitigen Stand aus und ließ auch den breiten Auffahrtsweg entlang des plätschernden Baches für seine Kutschen anlegen. Nach seinem Tod 1925 fiel Trengwainton an seinen Neffen *Lt. Col. Edward Bolitho*. Er verließ daraufhin die Armee, avancierte zu einem hohen Verwaltungsbeamten in Cornwall und wurde 1952 für seine Verdienste geadelt. Schon kurz nach Antritt seines Erbes ließ *Sir Edward* mit der Anlage des Gartens beginnen und beauftragte den herausragenden Landschaftsarchitekten *Alfred Creek* mit den Arbeiten. Am 24. Mai 1931 öffnete *Sir Edward* seinen Park für die Öffentlichkeit und notierte am Abend in sein Tagebuch: „Hundreds came and the conduct of the people was entirely satisfactory." Während des Zweiten Weltkriegs wurde das Parkareal dazu benutzt, Nahrungsmittel anzubauen, danach ging *Sir Edward* sofort wieder die Gestaltung eines neuen Gartens an. 1961 ehrte ihn die *Royal Horticulture Society* mit der *Victoria Medal of Honour* und im gleichen Jahr übereignete er Trengwainton Garden samt den umgebenden Ländereien von rund 40 Hektar dem *National Trust*. Seine Nachkommen wohnen noch immer in dem alten Herrensitz inmitten des Parks; verständlicherweise ist das Areal um das Haus herum Privatbesitz und nicht zu besichtigen – der große, wirklich wunderschöne Park entschädigt dafür aber auf ganzer Linie.

[>] In den Gassen von Mousehole

Newlyn

Fast zusammengewachsen mit Penzance und über einen kurzen Spaziergang entlang der Seafront in Richtung Westen erreichbar, ist Newlyn, **Cornwalls größter Fischerhafen** und eine wichtige Markt- und Verteilungsstadt für Meeresfrüchte. Man mag kaum glauben, dass hinter den beiden Piers die bedeutendste Fischerflotte von ganzCornwall ihren Liegeplatz hat, denn der Hafen überrascht nicht mit sonderlich großen Dimensionen.

Um die Wende zum 20. Jh. ließen sich in Newlyn einige **Maler** nieder, deren Werke in der Penlee House Gallery and Museum in Penzance (s.o.) ausgestellt sind. Die Künstlertradition von damals hält die **Newlyn Art Gallery & The Exchange** an der New Road aufrecht, die zeitgenössische Arbeiten der lokalen Maler zeigt (Sommer Mo–Sa 10–17, Winter Di–Sa 10–17 Uhr, Eintritt frei, www.newlynartgallery.co.uk).

Im Frühjahr 1937 verbrachte der walisische Dichter *Dylan Thomas* mehrere Wochen in Newlyn und wohnte damals zusammen mit *Caitlin Macnamara* bei dem Maler *Augustus John*. Dieser schuf ein Portrait des Dichters für seine Geschichten- und Gedichtsammlung „The Map of Love". Am 12. Juli 1937 heiratete *Dylan Thomas Caitlin* auf dem Standesamt in Penzance. Trotz vielerlei Schwierigkeiten hielt die Ehe bis zum frühen Tod des Dichters.

Für über 400 Jahre war Cornwalls ökonomisches Rückgrat die Jagd auf die *Pilchards*, die **Sardinenfischerei,** und bis heute wird in den Markthallen alltäglich der frische Fang versteigert. Gegenüber lädt *The Smuggler,* ein gutes, unprätentiöses Fischrestaurant zum abendlichen Dinner.

Unterkunft

Hotel

■ **Higher Faugan Country House,** Chywoone Hill, Newlyn, Tel. 01736-351648, www.higherfaugan.co.uk. Hotel in dem ehemaligen Haus des Malers *Stanhope Forbes* inmitten eines schönen Gartens, DZ ab 95 £.

Essen und Trinken

Restaurant

■ **The Smuggler Restaurant,** Fore Street, Tel. 01736-331501. Schräg gegenüber von den Fischmarkthallen und dem Hafen, gutes Fischrestaurant ohne Schicki-Micki mit einem vernünftigen Preis-Leistungsverhältnis, Hauptgerichte um 15 £.

Mousehole

Erstens ist Mousehole – 4 km südlich von Newlyn – nicht der richtige Name des freundlichen **Fischerörtchens** und zweitens wird der noch zum permanenten Ärger der Bewohner falsch ausgesprochen. Eigentlich heißt der Ort „Porth Enys", Hafen der Insel, was sich auf **St. Clement's Isle** bezieht, ein flaches steinernes Riff einige hundert Meter vor der Einfahrt zu den Kaianlagen. Und ausgesprochen wird der heutige Name nicht wie Mauseloch, sondern „Mousel".

Rund um den kreisrunden Hafen stehen in schmalen Gassen die weiß gekalkten oder aus granitenem Bruchstein errichteten, blumenbewachsenen alten Fischerhäuser, von denen allerdings heutzutage die meisten als Ferienwohnungen dienen. Etwas oberhalb des Hafens, am Keigwin Place, befindet sich **Keigwin House,** das älteste Gebäude des

051co se

Örtchens, das im 14. Jh. errichtet wurde. Als einziges überstand die damalige Kneipe dem berüchtigten **Angriff der Spanier,** die am 23. Juli 1595 bei Mousehole landeten, die Bewohner hinmetzelten und den Ort niederbrannten. Vier Galeonen mit etwa 200 Männern hatten die Spanier bei ihrer Strafexpedition aufgeboten.

Etwa einen Kilometer im Hinterland, auf dem „Gipfel" des Mousehole Hill, ragt die **St. Paul's Church** in den Himmel, deren Kirchturm bis heute als Landmarkierung für die Fischer dient. Auf dem umgebenden Friedhof erinnert ein Gedenkstein an die 1777 angeblich im Alter von 102 Jahren verstorbene *Dolly Pentreath.* Die Dame – so heißt es – war die Letzte, die die cornische Sprache noch beherrschte.

Am südlichen Ortsausgang von Mousehole verläuft in Richtung der Lamorna Cove die Straße Raginnis Hill, hier gibt es seit 1928 das von den Schwestern *Dorothy* und *Phyllis Yglesias* gegründete **Mousehole Bird Hospital and Sanctuary** (www.mouseholebirdhospital.org.uk). Das Vogelkrankenhaus verarztet Vögel aller Art und entlässt sie nach erfolgreicher Behandlung zurück in die Freiheit. Große und kleine Piepmätze, die zu verletzt sind, um ein ungebundenes Leben führen zu können, werden hier bis zu ihrem Tod gefüttert und gepflegt. Pro Jahr müssen rund 1500 Vögel behandelt werden. Bekannt wurde das Bird Hospital, als im Jahr 1967 der Tanker *Torrey Canyon* vor Land's End auf ein Riff lief und Tausende Tonnen Rohöl das Meer und die Küste verseuchten. Damals wurden in wenigen Tagen rund 8000 Seevögel von der schmierigen Masse gereinigt. Vier hauptamtliche Mitarbeiter kümmern sich 365 Tage im Jahr um ihre gefiederten Freunde. Der Besuch ist kostenlos, ein kleiner Laden sorgt für die immer unsichere Finanzierung. Bedenken Sie bei Ihrem Besuch die Pflegestelle mit einer großzügigen Spende!

Mousehole von der Seeseite mit der St. Paul's Church

052co se

Eine Tragödie in Mousehole – Der Untergang der Solomon Browne

Wenn sich Wolfgang Hildesheimer auch nicht entsinnen kann, „daß so etwas wie Seenot jemals die Trinkstunde unterbrochen hätte", so geschah dies doch am 19. Dezember 1981. Der 1400 Tonnen-Frachter Union Star rollte mit Motorschaden antriebslos in den Riesenwellen und drohte auf eine Klippe geworfen zu werden. Das Schiff, in Dublin registriert, war nagelneu und befand sich auf seiner Jungfernfahrt von Ijmuiden in Holland nach Arklow in Irland. Der Maschinenschaden ereignete sich acht Meilen östlich des Wolf-Rock-Leuchtturmes und die Crew funkte SOS. Der Seenotrettungskreuzer Solomon Browne von Mousehole lief mit acht sehr erfahrenen Seeleuten bei schwerster Brandung und orkanartigen Böen aus. Es herrschte Windstärke 12 (= Windgeschwindigkeit laut der Beaufort-Skala mit über 64 Knoten) und die Sturmspitzen aus Südost lagen bei 90 Knoten; die Wellen erreichten eine Höhe von 18 m. Es war einer der schlimmsten Stürme, die bis dahin je an Cornwalls Südküste gewütet hatten. Am Havaristen angekommen versuchte die Solomon Browne längsseits zu gehen, was auch gelang, und konnte in mehreren Anläufen vier der acht Besatzungsmitglieder des Frachters übernehmen. Einem Hubschrauber der Küstenwache war es aufgrund der schweren Sturmböen und trotz vielfacher Versuche unmöglich, eine Leine auf die Union Star herunterzulassen. Der Helikopter-Pilot sah, wie die Solomon Browne zweimal von den Wellen auf das Deck des Frachters geworfen wurde und jedes Mal mit dem Heck zurück in die kochende See rauschte. Dann kollidierte das Rettungsboot mit der Union Star, doch hatte Coxswain William Trevelyan Richards danach das Boot offensichtlich noch unter Kontrolle – wie der Coastguard-Pilot beobachtete. Bei einem neuerlichen Versuch, die restlichen vier Männer des Frachters zu retten, brach der Funkkontakt mit dem Rettungskreuzer ab. Eine gigantische Welle muss die Salomon Browne mit ungeheurer Wucht auf die Union Star geworfen und zerschmettert haben. Von Sennen Cove lief daraufhin der Rettungskreuzer Vincent Nesfield aus und von St. Mary's (Isles of Scilly) sowie vom Lizard Point machten sich zwei weitere Boote auf den Weg. Hubschrauber der Küstenwache stiegen erneut auf und auch Fischerboote beteiligten sich an der Suche nach den Vermissten – doch vergebens.

Die acht Mann Besatzung des Seenotkreuzers sowie auch die Matrosen der Union Star ertranken. Einige Leichen konnten nie gefunden werden. Im Mai des folgenden Jahres wurden die Retter von Mousehole posthum geehrt. In einer Feierstunde in der Londoner Royal Festival Hall bekamen die Witwen und Eltern der Ertrunkenen die Medaillen überreicht, die RNLI zahlte an die Familien Pensionen aus und eine Sammlung in Cornwall erbrachte die Summe von 3 Mio. £ für die Angehörigen. Am Abend des Desasters befanden sich viele der freiwilligen RNLI-Männer im British Legion Club von Mousehole und spielten Dart und Billiard, als Leuchtkugeln (Maroons) den Notfall meldeten. Alle Freiwilligen hasteten zur Rettungsstation, wo Coxswain Charlie Richards seine sieben Crew-Mitglieder auswählte. Er nahm nur einen aus jeder Familie.

Ganz Großbritannien – und dies ist hier keine rhetorische Wendung – trauerte tief um die acht mutigen Männer aus Mousehole. Das Inselvolk mit der großen maritimen Vergangenheit hat die Erfahrungen der See kollektiv verinnerlicht.

Eine Plakette am Pub Ship Inn erinnert an die Tragödie.

Coxswain – so wird der Kapitän eines Seenotrettungskreuzers genannt – ist übrigens ein altes Wort und stammt aus den „Kindertagen“ der Seenotrettung, als die Boote noch gerudert wurden. Der Coxswain war der erste der Ruderer und damit der Bootsführer. Der Begriff kommt von dem Mittelenglischen „cokswayne“, setzt sich aus „cok“ = kleines (Ruder-)Boot und „swayne“ = Diener zusammen.

Seit 1913 war nahe Mousehole an der Penlee Station ein Seenotrettungskreuzer stationiert; die 1981 gesunkene Solomon Browne lag in einem Bootshaus und wurde über einen Slipway zu Wasser gelassen. Heute versieht die Mabel Alice ihre Aufgabe, ein Boot der Arun-Klasse, das vor Anker (afloat) im Hafen von Newlyn liegt. Es wurde im Mai 1983 in Dienst gestellt, als Ersatz für die Solomon Browne.

Drei Tage nach der Tragödie 1981 spendete der Millionär David Robinson die 450.000 £ für einen neuen Seenotrettungskreuzer. Das Boot wurde auf den Namen seiner Frau getauft. Der derzeitige Coxswain der Mabel Alice ist natürlich ein Mann aus Mousehole; es ist der Sohn eines der Crew-Mitglieder der Solomon Browne, die bei der Tragödie ums Leben kamen.

Am Hafen von Mousehole sorgt der Pub **The Ship Inn** für Speis und Trank. Lesen wir, was der Maler und Schriftsteller *Wolfgang Hildesheimer* (1916–1991) uns in seinem Buch „Zeiten in Cornwall“ zu Mousehole im Allgemeinen und zum Ship Inn im Besonderen zu sagen hat: „So beginnt der Tag unter meinem Fenster in Mousehole. Das Zimmer gehört dem Ship Inn, einem alten Gasthaus, in dem ich früher noch war als in Portquin und Port Isaac: vor dem Krieg. Monatelang stand ich jeden Abend in der Gaststube in der Nähe der Theke auf dem Sägemehl und trank mein „mild and bitter“. Damals war es eine Fischerkneipe. Das ist es heute noch, aber es ist mehr, und es ist weniger. Der Fußboden ist nicht mehr mit Sägemehl bestreut, Messing, Zinn, Kupfer, an den Wänden verteilt, damals noch stumpfes Alltagsgerät, glänzt jetzt und hängt, das Holz ist poliert, auf den Bänken liegen gemuster-

053co se

[>] Der Pub Ship Inn am Hafen von Mousehole

te Kissen. Die Seemannsrequisiten waren damals jederzeit verfügbar, den Rettungsring konnte man zu einer eiligen Aktion vom Haken nehmen, die Öllampe, immer gefüllt, draußen am Kai schwenken, obgleich ich mich nicht erinnere, daß so etwas wie Seenot jemals die Trinkstunden unterbrochen hätte. Jetzt präsentieren sich die Dinge als Kuriositäten, entfremdet und beschämt über Glanz und Putz, sie sind in den ewigen Ruhestand versetzt. Im Ruhestand sind auch die Mehrzahl der habitués. Zwar stehen da noch tätige Dorfbewohner, Fischer oder Händler, aber vor allem stehen Oberstleutnants, die rechtzeitig ihren Lebensabend begonnen haben, um es in ihren Hobbys noch zu etwas zu bringen, wohlerhaltene Staatsbeamte in Pension, die hier ihre Neigungen und Abneigungen leben, anstößig gesund, Verfechter des outdoor-life, es stehen Pfeiferaucher mit roten Schnauzbärten furchterregender Ausmaße, als seien sie zu Wettbewerben gezüchtet, in alten, an den Ellbogen mit Leder verstärkten Jacken, dazu, in Tweed- und Schottenmuster, ungraziös und sachlich, ihre Damen, die Geranien züchten, oder black-and-tan Terrier oder andere Tiere. Und dazwischen hier und dort, wie Inseln, die der Einheimische zu umfahren weiß, ohne sie so recht wahrzunehmen, Irrgäste, Vertreter oder Paare aus London, älter und ehrbarer oder jünger und ehrbar oder jünger und schräg, auch älter und schräg, oder er älter, sie jünger, ehrbar und schräg zugleich, denn diese Kategorien gelten wohl, wenn überhaupt noch, nur in Mousehole und ähnlichen Fluchtpunkten, Cornwall war schon immer eine berüchtigt verschwiegene Zufluchtsregion für das gestohlene und verlängerte Wochenende, the naughty weekend, und die weekends sind ja immer länger und entsprechend naughtier geworden.“

Jährlich findet am 23. Dezember im Ship Inn der **Tom Bawcock's Eve** statt, eine Fressorgie mit *Starry Gazy Pie,* einem Gericht, bei dem den Hungrigen Fischköpfe aus der Pastete entgegenstarren. Das Fest geht auf den gleichnamigen Fischer zurück, der angeblich bei Wind, Wetter und hohen Wellen ausfuhr, um sein Netz auszuwerfen und mit seiner Ladung die hungernden Bewohner zu versorgen. Die Fischer nämlich konnten wegen der stürmischen See seit Tagen nicht ausfahren, und es gab nichts mehr zu essen. Zur Feier ziehen die Kinder in einer Lichterprozession durch das Städtchen, begleitet von Musikanten und Tänzern.

Unterkunft

Hotel

■ **Old Coastguard Hotel,** The Parade, Tel. 01736-731222, www.oldcoastguardhotel.co.uk. Komfortables Haus mit gutem Seeblick, DZ ab 110 £.

B & B

■ **The Ship Inn,** South Cliff, Tel. 01736-731234, www.shipinnmousehole.co.uk. Alte Taverne am Hafen mit einigen Fremdenzimmern, DZ ab 80 £.

Essen und Trinken

Pub/Restaurant

■ **The Ship Inn,** am Hafen, gemütliche Kneipe mit vielen *Bar Meals* und einem angeschlossenen Restaurant, hier Gerichte zwischen 8 und 13 £.

⮞ Lamorna Cove von der Seeseite

Lamorna Cove

Rund 6 km südlich von Mousehole liegt der winzige Pier von Lamorna Cove umgeben von einer Handvoll Häuser am Ende eines dicht bewaldeten Tals.

Auf der Fahrt dorthin passiert man den kurz vor dem Weiler liegenden **Pub Lamorna Wink,** bei dem man im Sommer sehr schön unter schattigen Bäumen draußen sitzen kann. Das Kneipenschild verdeutlicht, was es mit dem Namen auf sich hat, denn mit einem Blinzeln machte der Wirt in früheren Zeiten seine Gäste darauf aufmerksam, dass gerade flüssiges und hochprozentiges Schmuggelgut eingetroffen war. Die Mühle hinter dem Pub beherbergt heute ein **Craft Centre.** Am Kai von Lamorna gibt es ein kleines Café.

An der B 3315, einige Kilometer westlich von Lamorna Cove (ausgeschildert), findet sich der bronzezeitliche **Steinkreis der Merry Maidens;** die 19 Steine, so erzählt man sich, sind die zu Fels gewordenen 19 jungen Mädchen, die das

Tanzverbot am Sonntag missachteten. 300 m weiter kann der interessierte Besucher einen Blick in die **Tregiffian Barrow Burial Chamber** tun, eine bronzezeitliche Grabkammer. Ca. 1 km weiter nördlich, auf der anderen Seite der Straße, stehen auf einem Feld die **Pipers,** zwei 3,5 m hohe, ebenfalls aus der Bronzezeit datierende Steinsetzungen. Es heißt auch, dass die beiden „Pfeifer" an die endgültige Eroberung Cornwalls durch den sächsischen *König Athelstan* im 10. Jahrhundert erinnern oder dass sie sich auf den Friedensschluss zwischen *Athelstan* und dem letzten unabhängigen cornischen Herrscher *Howel* beziehen.

Diese drei „Attraktionen" passiert man auch auf der im Folgenden beschriebenen Wanderung (siehe Wanderung 2).

Der Schriftsteller *Ben Priestley* (1894–1984) verbrachte in den 40er Jahren einige Monate im *Royal Ocean Hotel* von Lamorna und schrieb dort an seinem Roman „Bright Day" (1946, dt. „Zauber früher Jahre" oder auch unter dem Titel „Heller Tag"). Er stellt darin einen Literaten vor, der sich in ein Hotel „auf einer hohen Klippe" in dem kleinen Seebad Talorna (= Lamorna) zurückgezogen hat, um ein Drehbuch zu vollenden. In dem Protagonisten des Romans erkennt man *Priestley* selbst, der zu seiner Zeit einer der meistgespielten Theaterautoren war.

055co se

Wanderung 2: Lamorna Cove und die Merry Maidens

- **Länge:** 14 km, die Kurzversion 8 km, Rundwanderung;
- **Dauer:** 4½–5 Stunden;
- **Karten:** *Ordnance Survey-Karten Landranger 203* (Land's End, 1:50.000) oder *Pathfinder 102* (Land's End, 1:25.000).

Einige Kilometer südwestlich von Penzance schmiegt sich rund um eine Bucht der nur wenige Häuser zählende Weiler Lamorna; direkt am Ufer von **Lamorna Cove** können wir den Wagen parken, spazieren dann nach rechts vorbei am Lamorna Cove Café und kommen auf den **Küstenpfad,** dem wir gen Westen folgen. Der Weg windet sich oberhalb des Meeres an der Abbruchkante der Klippen entlang, wie üblich ist die Aussicht prachtvoll. Der Pfad ist sehr steinig und häufig unterbrochen durch riesige Felsbrocken, die man überklettern muss. Am **Lamorna Point** halte man linker

Hand Ausschau nach einem schon recht verwitterten **keltischen Kreuz;** die Inschrift ist gerade noch lesbar: „Emma, March 13 1873". Fünf Jahre zuvor war die *Garonne of Bordeaux* an dieser Stelle im Sturm auf die Klippen geworfen worden, alle 16 Passagiere, darunter die junge *Emma,* ertranken und die Leichen wurden am nächsten Tag in die Bucht von Lamorna geschwemmt.

Der Weg wird nun besser, man steigt ein Stückchen weiter auf Treppenstufen hoch, umgeht eine große Felsformation und bald kommt der **Leuchtturm von Tater-du** in Sicht. An diesigen oder nebligen Tagen zerreißt es einem hier das Trommelfell, denn Tater-du ist gleichzeitig ein gigantisches Nebelhorn. Den Leuchtturm lassen wir links liegen, es geht durch ein grünes Gatter und unterhalb einiger weißer Cottages entlang.

Nachdem ein weiteres grünes Gatter passiert wurde, gabelt sich der Weg; der breite Pfad läuft rechts ab ins Landesinnere, wir folgen dem schmalen weiter entlang der Küste.

Prachtvoll ist der Ausblick, den man vom **Boscawen Point** in westlicher und gleichermaßen auch in östlicher Richtung hat. Ab dort dann verläuft der Pfad abwärts, bis **St. Loy's Cove** erreicht ist. Hier ist Vorsicht geboten, denn nun schreiten wir auf **riesigen, übereinander geschichteten runden Steinen** voran; wenn man nicht aufpasst und ausrutscht, sind schnell Fuß, Knöchel oder Unterschenkel gebrochen, auch sollte man darauf achten, dass alles fest verpackt ist, denn wenn hier etwas zu Boden fällt, ist es in den Steinspalten unwiederbringlich verschwunden. Zudem ist die Navigation an dieser Stelle nicht einfach.

Man halte sich so nah wie möglich entlang des Abhangs und spitze ausnahmsweise einmal die Ohren. Nach ca. 150 m hört man unter den großen runden Steinkugeln einen Bach rauschen, nun ganz zum Abhang hin: Hier findet man einen schmalen Pfad, der an dem **Bach in den Wald** führt. Diese Stelle ist nicht einfach zu finden, man lasse sich nicht entmutigen. Ein zusätzlicher Orientierungspunkt ist ca. 40 m vor dem Bach ein gut sichtbares **Gatter am Waldhang.**

Hat man den Pfad dann gefunden, so führt nach wenigen Metern eine **Brücke** über das Rinnsal und einige Schritte weiter weist ein Pfeil nach rechts in den Wald. Weiter geht es steil auf Treppenstufen bergauf.

Oben angekommen hilft ein Stile weiter, der Küstenpfad führt links ab, wir jedoch gehen nach rechts weiter hoch in den Wald. Nach einigen Schritten zeigt ein Pfeil nach rechts, wir kreuzen das Bächlein erneut und gehen dann, einem weiteren Hinweis folgend, nach links weiter.

Rechts und links ist der Pfad dicht bewachsen von Fuchsien, Farnen, Rhododendren, der Bach fließt links von uns. Nachdem ein rostiges Gatter passiert wurde, führt der Weg in einen schattigen Wald. Ist die Straße erreicht, geht es rechts ab.

Nach wenigen Minuten trifft man linker Hand auf ein **altes keltisches Steinkreuz** und einige hundert Meter weiter stößt man rechts auf die Reste des eisenzeitlichen megalithischen **Kammergrabes von Tregiffian,** das aus dem 3. Jh. v. Chr. datiert.

Wieder einige hundert Meter weiter weist ein Hinweispfeil rechts auf ein Feld, dort stehen die **Merry Maidens,** die fröhlichen Jungfrauen. Der Legende nach entstand dieser eisenzeitliche Steinring, als eine Reihe von Mädchen die Sonntagsruhe durch ihren Tanz störten; also wurden sie zu Stein verwandelt. Von dem Steinkreis geht es zur linken Ecke der Wiese und dort mittels einem Stile über ein Gatter. Der Pfad führt über eine weitere Wiese auf ein Haus zu und über einen Stile erreichen wir wieder die Straße. Rechts verläuft ein schmales

asphaltiertes Sträßchen, das mit einem Schild als Sackgasse gekennzeichnet ist und in das ein Hinweispfeil mit der Aufschrift „Menwinnion Country House" zeigt. Wir folgen dem Sträßchen und am **Menwinnion** – *Residence for the Elderly* – angekommen, führt ein *Public Bridle Way* in den Wald. Es geht abwärts, und unten angekommen, mündet der recht schöne Weg wieder auf der Straße und wir biegen hier rechts ab nach Lamorna.

Wer nur die Kurzversion dieser Tour machen möchte, läuft jetzt wenige Minuten geradeaus weiter bis zum Parkplatz an der Bucht.

Kurz vor dem **Pub Lamorna Wink** – hier sollte man rasten – geht es links ein Sträßlein herunter und wir passieren das **Post Office Cottage.**

Wenige Meter weiter kreuzt man einen Bach, passiert die **Old Mill** – hier ein *Craft Centre* – und folgt weiter der Straße. Ca. 100 m hinter der Mühle weist ein Pfeil mit dem Hinweis *Public Footpath* nach rechts.

Der ansteigende Weg ist von mannshohen Gräsern und Farnen bestanden. Oben angekommen hat man einen schönen Blick auf **Lamorna Cove.** Ein steinerner Stile lässt den Wanderer auf eine Wiese und es geht diagonal auf ein Haus zu. Ein gelber Hinweispfeil gibt die Sicherheit, auf dem richtigen Weg zu sein. Das Farmhaus bleibt links liegen, während man über den Hof geht. Der Wandersmann erreicht nun ein Gatter mit einem Stile und findet im Gebüsch verborgen einen weiteren gelben Hinweispfeil. Wir folgen einer Hecke über eine Wiese, an deren Ende ein Stile weiter lässt und dann geht es geradeaus auf ein Gatter zu, dahinter schließt sich erneut eine Weide an, die in Richtung einer Farm überquert wird. Auf der einen oder anderen Weide können Kühe grasen. Ein Stile führt aus dem grasigen Areal heraus, und ein Pfeil weist nach links. Wenige Schritte weiter geht es seitwärts an einem Gatter erneut auf eine Weide, hier wieder der Hinweis *Public Footpath,* der in Richtung eines weiteren Farmgebäudes zeigt. Dieser Teil der Wanderung besteht aus einer dauernden Überquerung von **Wiesen und Weiden.**

Entlang der Hecke geht es auf einen Stile zu, der den Wanderer zu einem sumpfigen Abschnitt bringt. Hält man sich hier rechts, so kann man auf ausgelegten Steinen die sehr feuchten Stellen problemlos überwinden. Wir erreichen ein **Farmgebäude,** ein Pfeil weist nach links; nach ca. 30 m zeigt ein weiteres Orientierungsschild nach rechts und auf vielen Stiles geht es zwischen einer ganzen Anzahl von Farmgebäuden hindurch.

Der Bauer von **Kemyel Drea** will damit wohl die Wanderer von seinem Vorderhof verbannen. Man gelangt auf ein Feld, wo ein *Standing Stone* aufragt, eine **megalithische Steinsetzung,** verlässt das Feld sofort wieder durch ein Stile, rund 100 m weiter passiert man über einen erneuten Stile ein Gatter und befindet sich nun wieder einmal auf einer Wiese, in deren Mitte ein weiterer *Standing Stone* an ganz frühe Zeiten erinnert. Wie meistens verläuft der Pfad entlang der Hecke, schaut man nach rechts, so erblickt man das Meer und die **Mount's Bay;** zum Küstenpfad ist es nun nicht mehr weit. Steinerne Stiles leiten auf die nächste Weide, die ebenfalls von einer Steinsetzung geschmückt wird, man peilt einen weiteren Stile an und kommt – langsam wird es fast langweilig – wie-

057co se

der auf eine Wiese. Hier beachtete man den folgenden Stile nicht, sondern überquert das grasige Areal diagonal in Richtung des Meeres, überklettert auf einem Leiterchen die Hecke und kreuzt die kommende Weide in Richtung eines Hauses. An einem Stile erkennen wir einen Pfeil, der nach rechts weist. Über ein Gatter ist ein Weg erreicht, der rechts ab geht. Wir sind nun auf dem **Küstenpfad,** wenngleich dies auf Anhieb nicht direkt erkennbar ist, da man doch ein ganzes Stück vom Wasser entfernt ist.

Wer das Örtchen **Mousehole** im Zuge dieser Wanderung erkunden möchte, der wende sich hier nach links.

Die weitere Orientierung bereitet ab jetzt keine Probleme mehr; in südlicher Richtung folgen wir nun dem Küstenverlauf. Der hier breite Weg ist rechts und links von Hecken eingefasst, ein Stückchen weiter verhindern hohe Bäume für kurze Zeit den Blick auf die See. Man passiert eine ehemalige **Ausguckstation der Küstenwache,** wo hüfthohe Gräser den Pfad säumen. Schnell marschiert man am grasbewachsenen Klippenrand entlang und hat aus einer Höhe von 60 m gute Ausblicke auf die von Möwen umschwärmten Fischerboote. Auf Stufen geht es dann abwärts, der behende Wandersmann hüpft über einen Bach, der Pfad steigt wieder an.

Nach weiteren Minuten Fußweg ist ein kleines Wäldchen erreicht, in das man an heißen Tagen gerne hineinspaziert und dort den Schatten genießt. Dieser Wald ist das **Kemyel Crease Nature Reserve** und wird vom *CTNC*, vom *Cornish Trust for Nature Conservation,* gehegt und gepflegt. Wieder einmal geht es dann steil bergauf, ein gelber Pfeil weist den Weg und schneller als man erwartet hat, ist **Lamorna Cove** erreicht, wo das kleine Café den Wanderer zum *Cream Tea* erwartet.

⌃ Lamorna Cove

Royal National Lifeboat Institution (RNLI)

054co se

Die Royal National Lifeboat Institution (RNLI) ist genauso wie die Deutsche Gesellschaft zur Rettung Schiffbrüchiger (DGzRS) eine gemeinnützige Organisation, die sich allein aus Spenden finanziert und seit dem Jahr 1824 mit überwiegend freiwilligen Helfern den Seenotrettungsdienst vor den Küsten Großbritanniens organisiert. Initiator war Sir William Hillary.

Die RNLI hat eine Vielzahl unterschiedlicher Seenotrettungskreuzer, die auf die Küstenbedingungen, die Art und Weise ihrer Hilfsleistungen und auf die Verbindung zu den Nachbarstationen zugeschnitten sind.

Die Boote kommen auf drei unterschiedlichen Wegen zum Einsatz. Ein kleinerer Teil liegt an einer Anlegestelle vor Anker (afloat) und die Crew rudert in einem Schlauchboot zum Kreuzer hinaus. Da Seewasser, die salzhaltige Luft, Wind und Regen den Booten natürlich zusetzen, sind die Kreuzer jedoch, soweit möglich, vor dem verderblichen Klima in einem schützenden Bootshaus untergebracht. Der Tidenhub in Cornwall beträgt bis zu sieben Metern und so fallen viele der einstigen Fischerhäfen bei Ebbe trocken. Ein Boot kann in solchen Regionen nur auf einem traktorgezogenen Wagen (Carriage) zu Wasser gelassen werden. Traktor und Boot auf dem Anhänger fahren dann vom Bootshaus über einen Slipway durch den trockenen Hafen bis hinaus ans Meer. Der Kreuzer wird vom Zugwagen so tief in die See geschoben, bis genug Wasser unter dem Kiel ist. Nach der Rückkehr wird das Rettungsboot per Winde wieder auf den Anhänger gezogen. Im Bootshaus von St. Ives (siehe Kapitel Penwith Peninsula) findet man so einen traktorgezogenen Bootswagen samt Seenotkreuzer huckepack und kann ihn während der Saison besichtigen. An steilen Küsten ohne Hafen und ohne Trockenfall bei Ebbe liegt der Rettungskreuzer ebenfalls in einem Bootshaus oberhalb des Wassers und schießt von dort über eine schiefe Ebene (Slipway) hinunter ins Meer – für Besucher eine sehr spektakuläre Angelegenheit. Nach der Rückkehr wird das Boot über eine Winde wieder in die Schutzhütte hochgezogen.

Sämtliche Boote sind selbstverständlich mit nautischen Gerätschaften auf neuestem Niveau ausgerüstet und verfügen über alle nur erdenkbaren medizinischen Geräte. Dazu zählen die beiden computergesteuerten Dieselmotoren, deren Daten auf einem Monitor im Steuerhaus angezeigt werden, Satellitennavigation, Nachtsichtgeräte, Radar, drei digital arbeitende Funksprechsender und -empfänger (darunter ein transportables Gerät), ein Beatmungsgerät und weitere umfangreiche Erste-Hilfe-Sets. Ein Platz für ein zusätzliches Crew-Mitglied (Jumper) oder für einen Arzt ist obligatorisch. Alle Sitze für die Mannschaft sind mit Sicherheitsgurten ausgestattet.

Die Propeller liegen in schützenden Röhren, sodass Grundberührung (Tapping) kein Problem darstellt. Alle Boote sind so konstruiert, dass sie sich einmal um ihre eigene Achse drehen können und sich dann wieder aufrichten – sie sind also kentersicher und durch Auftriebskörper in der Struktur „unsinkbar".

Bei stürmischer See finden rund 20 gerettete Personen in der vorderen und hinteren Kabine einen sicheren Platz. Bei gutem Wetter jedoch trägt so ein Boot weitaus mehr Passagiere. Berühmt geworden ist das Foto eines Rettungskreuzers der Tyne-Klasse aus Ramsgate, auf dem sich über 100 Passagiere festklammerten, nachdem eine Fähre im Englischen Kanal Feuer gefangen hatte.

Zu jeder Rettungsstation gehören 25 bis 35 Männer, fast alles Freiwillige, die 365 Tage im Jahr und 24 Stunden rund um die Uhr dafür sorgen, dass ihr Boot ständig einsatzbereit ist. Viele Stunden im Jahr trainieren und üben die Männer in ihrer Freizeit Erste-Hilfe-Maßnahmen und Rettungsunternehmen aller Art. Hinzu kommen viele weitere freiwillige Helfer, die an Land dafür Sorge tragen, dass der Rettungskreuzer sicher und schnell zu Wasser gelassen werden kann und nach einem Einsatz gereinigt und sofort wieder für einen Notfall gerüstet ist.

Die Royal Naval Air Station in Culdross, einen Steinwurf südlich von Helston und auf der Lizard-Halbinsel gelegen, operiert mit Air King Search and Rescue Helicopters und unterstützt die Helfer auf See.

Such- und Rettungseinsätze zu Wasser und in der Luft für den Südwesten Großbritanniens organisiert Her Majesty's Coast Guard Maritime Rescue Coordination Centre in Falmouth.

Die Boote der Severn-Klasse – 1996 eingeführt – sind die größten Rettungskreuzer der RNLI und liegen vor Anker (afloat). Huckepack tragen sie ein Schlauchboot.

- Länge: 17 m
- Breite: 5,9 m
- Gewicht: 41 t
- Reichweite: 250 nautische Meilen
- Crew: 6
- Geschwindigkeit: 24 Knoten

Das Arun-Class-Boot war das erste schnelle Rettungsboot des RNLI, wurde 1971 eingeführt und ist das meistbenutzte der Organisation. Auf dem Brückenhaus trägt es ein Schlauchboot.

- Länge: 16,55 m
- Breite: 5,43 m
- Gewicht: 31,5 t
- Reichweite: 230 nautische Meilen
- Crew: 6
- Geschwindigkeit: 18 Knoten

Die Tyne-Boote waren die ersten Kreuzer, die von einem Slipway aus eingesetzt werden konnten. Ein niedriges Brückenhaus sorgt dafür, dass es in die Bootshäuser passt. Dieser Typ ist seit 1982 im Einsatz.

⌃ Seenotkreuzer HRH The Princess Royal

- Länge: 14,3 m
- Breite: 4,48 m
- Gewicht: 26,5 t
- Reichweite: 240 nautische Meilen
- Crew: 6
- Geschwindigkeit: 17,6 Knoten

Seenotrettungskreuzer der Trent-Klasse werden seit 1994 eingesetzt und liegen ebenfalls vor Anker (afloat).

- Länge: 14,26 m
- Breite: 4,9 m
- Gewicht 27,5 t
- Reichweite: 250 nautische Meilen
- Crew: 6
- Geschwindigkeit: 25 Knoten

Universell einsetzbar sind die Boote der Mersey-Klasse, die ursprünglich für die Anfahrt auf einem Traktorwagen (Carriage) gestaltet wurden. Allerdings können sie auch vor Anker liegen oder aus einem Bootshaus über einen Slipway zu Wasser gelassen werden.

- Länge: 11,77 m
- Breite: 4 m
- Gewicht: 14 t
- Reichweite: 140 nautische Meilen
- Crew: 6
- Geschwindigkeit: 16 Knoten

Für strandnahe Rettungsaktionen hat die RNLI eine Reihe von unterschiedlichen Schlauchbooten (Inflatables) entlang der Küste stationiert.

Vielleicht möchte der deutsche Cornwall-Besucher ja nach seinen Ferien etwas über die bundesrepublikanische Schwesterinstitution der RNLI erfahren. Die Webseite der Deutschen Gesellschaft zur Rettung Schiffbrüchiger (DGzRS) im Internet lässt sich unter www.dgzrs.de aufrufen.

Porthcurno und das Minack Theatre

Rund 8 km westlich von Lamorna liegt der Weiler Porthcurno an einem der schönsten Küstenabschnitte Cornwalls. Beiderseits windgeschützt durch steil aufragende Felsen ist **Porthcurno Beach** ein enorm beliebter Sandstrand, der über einen kurzen Pfad vom Ortsparkplatz erreichbar ist. Er ist jedoch beileibe nicht die einzige Attraktion des kleinen Ortes, denn da gibt es noch das **Pothcurno Telegraph Museum,** das in Tunneln aus dem Zweiten Weltkrieg untergebracht ist (April–Nov. tgl. 10–17 Uhr; Eintritt 7,20 £, Kinder 4,20 £, www.porthcurno.org.uk). Das interessante Ausstellungsgebäude macht die Besucher mit der Technik der Unterwasserkabel für die Telekommunikation bekannt. 1870 wurde nämlich besagtes Unterwasserkabel verlegt, und dadurch gewann Porthcurno enorm an Bedeutung. Von hier aus verzweigten sich die Leitungen über ganz Großbritannien. An dem Küstenpfad zwischen Porthcurno und Logan Rock befindet sich auf halber Strecke eine weiße Pyramide, die den Ort markiert, an dem das Kabel einst anlandete.

Porthcurnos dritte Sehenswürdigkeit und einer der Gründe für Abertausende von Besuchern während der Saison ist das **Minack Theatre** (s. Exkurs), das direkt oberhalb des Meeres in den Fels geschnitten wurde. Ein Theaterstück in diesem Freilichttheater zu sehen, ist ein unvergessliches Erlebnis. Auch tagsüber ist das Minack Theatre zu besichtigen, umgeben von einem subtropischen Garten. Wer Glück hat, kann bei einer Besichtigung einer Theaterprobe lauschen (tgl. im Sommer 9.30–17 Uhr, außer bei Nachmittagsvorstellungen, Eintritt 4 £, Kinder 2 £, www.minack.com). Wer sich nicht dem Risiko aussetzen möchte, während der Ferien vor Ort womöglich keine Karte mehr für ein Theaterstück des Minack zu bekommen, der kann sich schon von zu Hause aus Website des Minack Theatres über das Jahrsprogramm informieren und auch Tickets buchen (Ticketpreis 9,50 £ zzgl. Versandkosten).

1922 übrigens kaufte *Bertrand Russell* in Porthcurno das Haus „Carn Voel", in dem die Familie fortan die Sommermonate verbrachte.

Am Strand von Porthcurno

Logan Rock und Penberth Cove

Ein oder zwei Kilometer östlich von Porthcurno sollte man einen Blick auf Logan Rock werfen (ausgeschildert von der B 3315, zehnminütiger Fußweg). Dies ist ein **großer runder Felsen auf einer Steinspitze.** Der riesige Kiesel von annähernd 70 Tonnen Gewicht ist so darauf ausbalanciert, dass er in früheren Tagen angeblich in Schwingungen geriet, wenn man nur kräftig an ihm ruckelte. 1824 kam ein gewisser *Leutnant Hugh Goldsmith,* ein Neffe des Schriftstellers *Oliver Goldsmith,* von London daher und warf mit seiner Bande von Nichtsnutzen den Felsen hinunter. Das ließen sich die ortsansässigen Bewohner nicht bieten und klagten auf Wiederherstel-

128co sb

Ein Theater am Meer – Das Minack Theatre

Die Sonne steht schon tief, und in nicht einmal zwei Stunden wird sie zur Freude der Urlaubsfotografen glutrot im Meer versinken. Auf einer Säule streiten sich zwei Möwen um den knappen Platz und rufen dabei krächzend ihren englischen Namen: „Kittiwake, Kittiwake!" In der Ferne zieht ein großer Frachter ruhig seine Bahnen durch die glatte, im Abendlicht spiegelnde See und fährt in den englischen Kanal ein. Leise plätschern die Wellen an den Felsen.

Nur einen Steinwurf von Englands westlichstem Punkt Land's End entfernt, ist in die Steilküste von Cornwall ein kleines Theaterhalbrund in den Felsen eingehauen – das Minack Theatre. Während der Sommermonate von Mai bis September finden mehrmals wöchentlich sowohl am frühen Nachmittag als auch abends Aufführungen unter freiem Himmel statt – und das seit mehr als 80 Jahren.

Man schrieb das Jahr 1929, und kulturelle Ereignisse im rauen Westen von Cornwall standen nur selten auf der Tagesordnung. Eine Gruppe von Laienschauspielern aus der Gegend um Land's End führte während der warmen Jahreshälfte 1929 Shakespeares „Sommernachtstraum" auf einer Wiese auf. Das Ereignis sprach sich schnell herum, und die Leute kamen von weither in ihren Kutschen angefahren; kaum ein Zuschauer hatte je eine Theateraufführung gesehen. Dem Ensemble war ein überwältigender Erfolg beschieden.

Rowena Cade, in jenen Tagen 35 Jahre alt, hatte die Kostüme sowie das Bühnenbild für das Shakespeare-Stück entworfen und arbeitete als Organisatorin für die Laiengruppe. Alle Akteure – von der Begeisterung der Zuschauer mitgerissen – planten nun weitere Stücke für die kommenden Sommer, und es galt, einen besseren Platz als eine feuchte Wiese zu finden. Rowenas kleines Anwesen – Minack House genannt – lag oberhalb der See, und ihr Garten fiel über eine Klippe steil zum Meer hinab. Mit Hilfe zweier Gärtner begann sie rund um ein kleines Plateau –die spätere Bühne –, Erde und Gesteinsbrokken wegzuschaffen und Terrassen für die Sitzplätze aus den Felsen zu schneiden. Dort, wo das nicht möglich war, „klebte" sie mit ihren Helfern Zementsitze an die Klippe. Jede kleinste Unebenheit wurde genutzt, und so hängen über einem Ende der Bühne gar zwei kleine Logen am Stein. Wenn diese Balkone nicht zum Bühnenbild gehören, dann sitzen bei vollem Haus auch dort Zuschauer.

Über zwei Jahre arbeitete Rowena an ihrem Theater und im Frühsommer des Jahres 1932 führte die Laienschar Shakespeares Märchenspiel „The Tempest" (dt. „Der Sturm") vor voll besetzten Rängen auf. Wieder strömten von nah und fern die Fischer, die Bauern und die Arbeiter der Zinngruben zusammen, hatten Spaß am Stück, lachten, schluchzten und applaudierten. So ging es bis in den Herbst hinein. In jeder freien Minute widmete sich Rowena ihrem Theater und versuchte, an den unmöglichsten Stellen noch Plätze aus dem Stein zu schneiden, damit so viel Leute wie eben nur möglich in das Theater kommen konnten. Heute fasst das Minack 800 Zuschauer.

Drei Jahre nach der Premiere schrieb die Times im fernen London einen langen und begeisterten Artikel über das Theater am Meer, und nun reisten auf dem Weg in die Sommerfrische gar die Hauptstadtbesucher an. Bis zum Kriegsausbruch brachte jede Saison Rowena und der Schauspieltruppe große Erfolge. Dann hatten die Briten – vor allem die Bewohner der Südküste – anderes zu tun, als sich der Schauspielerei zu widmen. Am Eingang zu Rowenas

058co se

Theater baute die Armee einen Beobachtungsposten, von dem aus Tag und Nacht das Meer und der Luftraum überwacht wurden. Das Halbrund verkam, Unkraut wucherte zwischen den Sitzplätzen. Auch nach Kriegsende ging es nicht sofort weiter, erst Ende der 1940er Jahre konnte sich Rowena wieder um ihr Lebenswerk kümmern. Aus der einstigen militärischen Beobachtungsstation entstand ein Ticket Office, die Bühne bekam ein Steingeländer, so dass die Schauspieler nun geschützter agieren konnten, und tief unten, unsichtbar für die Zuschauer, lehnten Garderobenhütten am Fels.

1952, 20 Jahre nach der Eröffnung, brachte Rowena auf den Tag genau wieder Shakespeares „Sturm" auf die Bühne – das Minack Theatre hatte seine neue Saison eröffnet. Im Laufe der Jahre und Jahrzehnte wurden immer mehr Feinarbeiten rund um diese einzigartige Spielstätte geleistet. Scheinwerfer und eine Lautsprecheranlage kamen hinzu, oberhalb des Theaters dokumentiert ein kleines Museum mit vergilbten Fotos die frühen Bauarbeiten ebenso wie die erfolgreichen Aufführungen, und nun versorgt sogar eine kleine Bar die Durstigen in den Pausen.

1982, zum 50. Jahrestag des Minack, wurde zum dritten Mal Shakespeares „Tempest" gegeben; Rowena, 89-jährig, saß wie immer auf ihrem Platz. Ein Jahr später, kurz vor Beginn der Spielzeit und nur wenige Wochen vor ihrem 90. Geburtstag, starb sie in ihrem Haus oberhalb des Theaters.

Pro Saison strömen 50.000 Besucher zusammen und erfreuen sich gleichermaßen an der grandiosen Naturkulisse wie auch am Stück. Eine Aufführung im Minack ist ein unvergessliches Theatererlebnis. Schon früh werden die Leute eingelassen, Platzreservierungen gibt es nicht und wer zuerst kommt, kann die besten Sitze mit Beschlag belegen. Und wie sie kommen! Selbst bei schönstem Sommerwetter tragen erfahrene Minack-Enthusiasten Regenjacken, dicke Pullover sind um die Hüfte verknotet, ein flauschiges Sitzkissen schützt vor dem kalten und harten Stein, eine Decke für die Beine ist immer gut. Und da man noch viel Zeit hat, gehören Sandwich-Pakete, ja, komplette Picknick-Körbe, zur weiteren Ausrüstung. Schnell hört man nun das gedämpfte Ploppen, wenn Korken aus dem Flaschenhals gezogen werden, murmelnd ergießt sich der Wein in die Gläser. Schon hält auch der fremde Besucher, der unversehens in einen Pulk bestausgerüsteter Briten geraten ist, rechts ein Weinglas und links eine Hähnchenkeule in den Händen und ist mit vollem

059co se

Mund in Gespräche über englische Literatur einbezogen – Theater als Gemeinschaftserlebnis!

Wie fast alle anderen britischen Schauspielhäuser auch, wird das Minack staatlich nicht subventioniert. Von dem Eintrittspreis verbleibt das meiste bei den Schauspielgruppen. Ehrenamtliche Helfer fungieren als Platzanweiser oder Beleuchter.

Gespielt wird alles: Shakespeare ist selbstverständlich, Komödien aller Art kommen auf die Bühne, Tragödien natürlich auch, und selbst Musicals gibt es ab und an; die englischen und irischen Klassiker sind ebenso vertreten wie avantgardistisches Theater. Wirtschaftlich erfolgreich aber müssen alle Stücke sein.

Nur selten wird eine Aufführung wegen schlechten Wetters abgesagt. Phillip Jackson, der Manager des Minack, erzählt, dass von über 100 Vorstellungen im Durchschnitt nur vier Veranstaltungen wetterbedingt ausfallen. Das Klima rund um die Küste Cornwalls ist angenehm und mild; schließlich umspült der Golfstrom die Gestade, sichtbar an den Palmen, die das Theater umstehen. Selbstverständlich wird bei einem normalen Regenguss weitergespielt – die Schauspieler heben die Stimme ein wenig, schlüpfen, als wäre es eine Regieanweisung des Autors, in die Wetterjacken, und die Besucher zurren ihre Kapuzen fest.

Viel unangenehmer als ein feuchter Schauer ist die mittägliche Sonne während der Matineen. „Auf Regen, Wind und Kälte sind sie alle eingestellt", erklärt Phil Jackson, „aber nur die erfahrenen Minack-Besucher haben auch Sonnenschutzmittel dabei." Krebsrot im Gesicht verlässt so mancher Theaterfreund eine frühe Vorstellung.

Ob denn schon einmal eine Riesenwelle auf die Bühne geschwappt ist? „Das nicht", so Phil, „aber vor einigen Jahren braute sich weit draußen auf dem Meer ein gewaltiges Gewitter zusammen. Wir sahen die Blitze und hörten den Donner. Schneller als erwartet hatte ein Sturm das Unwetter zu uns an die Küste geweht. Ein unglaublicher Wolkenbruch ging über unseren Köpfen los, Blitze zuckten um uns herum, der Donner war ohrenbetäubend. Wir lagen im Zentrum des Gewitters. Das Theater war vollbesetzt, und wir mußten so schnell wie möglich 800 Besucher evakuieren. Gott sei Dank wurde niemand verletzt, alles verlief glimpflich."

Den Einfluss des Wetters auf das Bühnenbild darf man nicht unterschätzen. Wenn man an einem klaren, warmen Abend vom Sitzplatz auf das blaue Meer schaut und von den wattigen Schönwetterwolken am Himmel gegrüßt wird, dann ist dies die beste Kulisse für Shakespeares „Mittsommernachtstraum". Liegt aber dichter Dunst über der See, so dass man kaum die Bühne erkennt und vom Meer her der klagende Ton des Nebelhorns gedämpft durch die weiße Watte herüberweht – das passt dann zu „MacBeth"! Im Minack verbinden sich Kultur und Natur.

Weitere Informationen, auch zu Preisen und Besichtigung ohne Besuch eines Theaterstücks, unter www.minack.com.

lung ihrer lokalen Sehenswürdigkeit. *Goldsmith* musste auf Befehl seines Admirals und auf eigene Kosten durch 50 Männer und ein ausgeklügeltes System von Seilwinden den Felsen wieder auf die Steinspitze wuchten lassen – doch seitdem liegt der Klotz fest darauf und ruckelt nicht mehr, wenn man an ihm rüttelt!

Das Areal rund um den **Logan Rock** ist heute im Besitz des *National Trust.* In neolithischer Zeit befand sich auf der unzugänglichen und gut zu verteidigenden Felsformation einst ein **Cliff Castle.**

Ebenfalls einen Steinwurf östlich von Porthcurno liegen in der winzigen **Penberth Cove** noch immer einige Fischerboote vor Anker. Der *National Trust* ließ hier die große hölzerne Seilwinde *(Capstan)* restaurieren, mit der in früheren Tagen die Boote auf den *Slipway* gezogen wurden.

Wanderung 3: Die Örtchen Porthcurno, Porthgwarra, das Minack Theatre und St. Levan's Church

- **Länge:** 6,5 km, Rundwanderung;
- **Dauer:** 2½–3 Stunden;
- **Karten:** *Ordnance Survey-Karte Landranger 203* (Land's End, 1:50.000) oder *Pathfinder 102* (Land's End, 1:25.000).

Der Weiler Porthcurno liegt ca. 3 km südlich von Land's End; hier kann am großen Strand-Parkplatz der Wagen abgestellt werden. Von den Stellflächen aus führt ein Fußweg zum Strand (am Toilettenhäuschen, Hinweispfeil „Porthcurno Beach" am *Coast Path*), der sich nach einigen Metern gabelt. Links geht es ans Meer, wir wandern rechts ab. Der Pfad steigt alsbald steil nach oben an und ver-

☐ Die alte Seilwinde (Capstan) für die Fischerboote in Penberth Cove

061co se

läuft weiter über Treppenstufen hoch zum **Minack Theatre.** Während man bergan steigt, dann ausruhend stehen bleibt, kann man einen Blick zurückwerfen und sieht den von Felsen eingefassten, schöngeschwungenen **weißen Sandstrand** von **Porthcurno** im türkisblauen Meer. Oben auf der Klippe angekommen, darf man auf einen Besuch im Minack Theatre nicht verzichten. (Ausführliches zum Minack siehe Exkurs.)

Gegenüber vom Haupteingang des **Freilufttheaters,** auf der anderen Seite des Parkplatzes, leitet uns ein *Kissing Gate,* ein Sicherheitsschwingtor, wieder auf den Wanderpfad. Dieser schlängelt sich erst nach unten, dann aber rasch wieder steil aufwärts. Nach einigen ausgreifenden Schritten erreicht man eine Kreuzung, hier folgen wir dem gelben Pfeil geradeaus (nicht rechts ab). Schnell ist die im Besitz des *National Trust* befindliche **Landspitze Rospletha Cliff** erreicht; der alte cornische Name lautet zungenbrecherisch „Pedn-mên-an-mere". Unnötig zu sagen, dass die Aussicht wieder einmal traumhaft schön ist. Rund 80 m hoch steht man hier über dem Meer.

Treppenstufen führen von der Klippe hinunter zu einem kleinen geschützten **Sandstrand,** der den Namen **Porthchapel** führt. Auf einer hölzernen Brücke überquert man einen in das Meer plätschernden Bach; hier befindet sich ein rotes Notfalltelefon, über das man mit der **Notrufnummer 999** jeweils Küstenwache, Polizei, Feuerwehr oder Krankenwagen alarmieren kann. Und ab hier geht es nun wieder steil aufwärts. An einer Kreuzung nimmt man die links hochgehenden Treppenstufen, ein gelber Pfeil dient der zusätzlichen Orientierungssicherheit. Oben angekommen

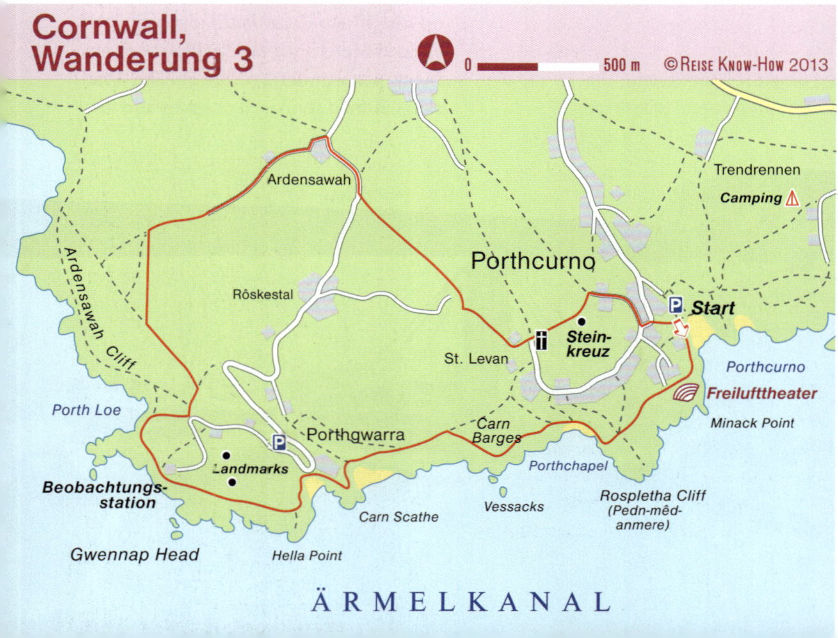

steht man auf der **Klippe Carn Barges** und genießt die bekannten prachtvollen Ausblicke. Schaut man ins Landesinnere, so erkennt man den Kirchturm von St. Leven.

Der Pfad folgt für einige hundert Meter hoch über dem Meer der Küstenlinie und führt dann nach unten zum Weiler **Porthgwarra.** Am 14. März 1905 wurde die *Khayber* im Sturm auf die Klippen von Porthgwarra geworfen. Von den 26 Besatzungsmitglieder konnten sich nur drei Matrosen retten; die unglücklichen Seeleute fanden auf dem Kirchhof der St. Levan's Church ihre ewige Ruhe.

Eine Telefonzelle markiert das Zentrum von Porthgwarra, hier weist eine Ausschilderung mit der Aufschrift „Coastal Footpath" den weiteren Weg. Treppenstufen führen nach oben und dort geht es vorbei am **Hella Point.** Zwei große *Daymarks,* **Landmarkierungen,** eine rote und eine schwarze, warnen die Schiffe auf dem Meer. Wenn es diesig ist oder Nebel aufzieht, dann hört man das kräftige Nebelhorn der 1,5 km vor der Küste im Meer verankerten **Runnel Stone-Boje.**

Der Weg gabelt sich nun; ist man mit Kindern unterwegs, so nimmt man die rechte Abzweigung, ansonsten spaziert man weiter entlang der Klippe und passiert dabei **Gwennap Head.** Ein Stückchen weiter kommt man an einem erschreckend tiefen Loch vorbei, dessen Gefährlichkeit man zuerst gar nicht erkennt; hier geht es 50 m tief in die See. Zwischen diesem **Kamin** rechts und dem Abgrund links verläuft fester Fels und so passiert man diese Stelle. Schnell ist nun eine Ausguckstation von *Her Majesty's Coast Guard* erreicht (hier treffen die beiden Pfade wieder zusammen),

The Countryside Code

- Guard against all risks of fire (Feuer vermeiden)
- Fasten all gates (Tore schließen)
- Keep dogs under proper control (Hunde unter Aufsicht halten)
- Keep to paths across farmland (ausgewiesene Wege nicht verlassen)
- Avoid damaging fences, hedges and walls (keine Zäune beschädigen)
- Leave no litter (keinen Abfall hinterlassen)
- Protect wildlife, wild plants and trees (Pflanzen- und Tierwelt schützen)
- Go carefully on country roads (Vorsicht auf Landstraßen)
- Respect the life of the countryside (die Natur respektieren)
- Never feed the moorland ponies (Moorland-Ponys nicht füttern)

The Seaside Code

- Sea bathing in coastal waters has special dangers of wind, currents and tides (Gefahr durch Wind, Strömungen und Gezeiten beachten)
- Take heed of all flags and notices (Flaggen und Hinweise beachten)
- Keep a constant eye on children (Kinder nicht unbeaufsichtigt lassen)
- Never use inflatable toys, airbeds or balls on the sea, they can float out (kein aufblasbares Spielzeug oder Luftmatratzen benutzen)
- Swim within your depth and parallel to the shore (nicht in tiefem Wasser schwimmen, sondern parallel zur Küste)
- Do not swim after your main meal (nicht nach dem Essen schwimmen)

von der man in Richtung Norden schauend die weißen Häuser von Land's End erkennt.

Weiter folgt man dem Weg um eine kleine, steinige Bucht und dann geht es steil bergauf. Nach einigen Minuten erreicht der Wandersmann einen Durchbruch in einer Mauer; weit in der Ferne grüßt der Glockenturm der **Kirche von Sennen.** Hinter der Mauer gabelt sich der Weg; geradeaus geht der Küstenpfad weiter nach Land's End und Sennen, wir biegen rechts ab.

Wenige Schritte nur und ein Felsen kommt ins Blickfeld, dessen oberer Teil einem Adlerkopf verblüffend ähnlich sieht. Der Weg strebt fort von der Küste und hinein ins Landesinnere. An einer Gabelung hält man sich an die rechte Abzweigung und sieht in der Ferne ein graues Haus, auf das dieser Weg zuläuft. Der Pfad ist rechts und links gesäumt von violettem Heidekraut. Linker Hand sieht man in einiger Entfernung eine Cottage-Ruine. Durch ein rostiges Gatter schreitend, spaziert man nun an dem grauen Haus vorbei, das schon aus der Entfernung unser Markierungspunkt war. Einen Steinwurf weiter ist die Farm *Ardensawah* erreicht, hier biegen wir links in einen Betonweg ab, der uns zu Asphaltstraße führt. An der Straße richten wir uns nach rechts; ein Schild mit der Aufschrift „To Porthgwarra Beach" erhöht die Orientierungssicherheit. Vorbei an der Farmgebäuden geht es auf Porthgwarra zu.

Ein Stückchen weiter die Straße herunter ist das Wort „Slow" auf den Asphalt gepinselt und wir folgen hier dem nach links weisenden Pfeil mit der Aufschrift „Public Footpath". Über einen Stone Stile gelangt man auf eine Wiese und spaziert entlang der Hecke, die man rechts von sich lässt. Auf die nächste Weide kommt man über ein Gatter mit Stile (auch hier ein gelber Pfeil), nun lässt man die Hecke linker Hand liegen. In der Ferne ragt der **Kirchturm von St. Levan's,** darauf halten wir zu. Über etli-

che Wiesen und Weiden, die man auf Stiles und durch Gatter betritt und auch wieder verlässt, erreicht man schließlich das kleine Gotteshaus mit dem Kirchhof drumherum. Im Rücken der heiligen Stätte passiert man ein *Cattle Grid* und ein Pfeil weist unmissverständlich geradeaus. Es geht über ein Feld, dann durch ein Holztor. Mitten auf der Wiese spendet ein **keltisches Steinkreuz** dem Gläubigen Trost, und man verlässt das Feld durch ein *Kissing Gate*. Es geht durch eine Häuseransammlung und dann rechts die asphaltierte Straße hinunter. Am Parkplatz des *Marina Lodge Hotel* samt Pub mit Biergarten, in dem man bei guter Aussicht seinen Durst löschen kann, kommt man heraus und schreitet die Straße nach links hinunter. Schon ist man wieder am Strandparkplatz von Porthcurno angekommen.

Küstenlinie hinter Gwennap Head

062co se

Land's End

Englands westlichster Festlandpunkt ist Land's End und es könnte hier ein Naturerlebnis ersten Ranges geben, wäre der Fleck nicht in Privatbesitz und müsste seinen Eignern somit Geld einbringen. Die Straße nähert sich dem Ticket-Kiosk, an dem man ordentlich zur Kasse gebeten wird (5 £ pro Fahrzeug), dann parkt man den Wagen und spaziert in eine Unterhaltungsanlage, in der **„Land's End – Experience It your Way"** mit aller Macht gezeigt wird (Frühling–Spätherbst, tgl. ab 10 Uhr, www.landsend-landmark.co.uk). Neben der besonderen Aussicht gibt es Küstenwanderungen, cornisches Handwerk wird vorgestellt, ein Shopping Center empfängt Kaufwillige, ein Streichelzoo lädt zum Streicheln ein. Nicht zu vergessen die Land's End Bar, das Land's End Hotel und natürlich das Land's End Restaurant. Wem das nicht reicht, der kann sich an der Suche nach dem Schatz des König Arthur beteiligen oder eine 4D-Vorführung mitmachen.

Lange Schlangen bilden sich während der Saison vor dem Fotografenstand; hier kann man sich vor einer Säule platzieren, welche die Richtung nach New York weist und die Entfernung angibt (3174 Meilen). Auch *John O'Groats*, Großbritanniens nordöstlichster Punkt, in Schottland gelegen, ist ausgeschildert (874 Meilen). Mit beweglichen Lettern wird dann noch der Heimatort desjenigen hineingesetzt, der sich nun vor dieser Säule fotografieren lassen will.

Das interessanteste Ausstellungsstück hier ist noch der **ehemalige Seenotret-**

063co se

tungskreuzer *The James and Catherine MacFarlane,* der einst auf der Lizard-Halbinsel stationiert war. Seinen ersten Einsatz hatte das Boot am 21. August 1968 und am 23. September 1987 wurde es außer Dienst gestellt. Der Fischtrawler *Confide* daneben unternahm seine Jungfernfahrt 1945 und warf seine Netze für die folgenden 50 Jahre aus. Seit 1995 kann man ihn hier besichtigen.

Völlig kostenlos hingegen kommt man nach Land's End, wenn man das erste Teilstück der folgenden **Wanderung** unternimmt; dabei erfährt man auch mehr über Großbritanniens westlichsten Festlandpunkt.

Weihnachten 1881 verbrachte *Henry James* bei Freunden „im bezaubernden Cornwall" und erlebte an Land's End zu Neujahr „einen milden, feuchten Morgen mit des großen Atlantiks sanften Wogen um den äußersten Punkt des guten alten Englands".

Zu besonderen Ehren kam Land's End am 19. Mai 2012: Hier betrat die **Olympische Flamme** britischen Boden und startete ihre Tour durch Großbritannien, um dann pünktlich zur Eröffnung der Olympischen Spiele am 27. Juli in London anzukommen.

Unterkunft

Hotels

- **Land's End Hotel,** inmitten des „Vergnügungsparks" unmittelbar oberhalb Englands westlichstem Punkt gelegen, Tel. 01736-871844, www.landsendhotel.co.uk. DZ ab 120 £.
- **Old Success Inn,** schönes Gasthaus in Sennen Cove in unmittelbarer Strandnähe, Tel. 01736-871232, www.oldsuccess.com. DZ ab 100 £.

Wanderung 4: Land's End von Sennen

- **Länge:** 8,5 km, Rundwanderung;
- **Dauer:** 2½–3½ Stunden;
- **Karten:** *Ordnance Survey-Karten Landranger 203* (Land's End, 1:50.000) oder *Pathfinder 102* (Land's End, 1:25.000).

Diese außerordentlich schöne Wanderung führt vorbei an Land's End, dem westlichsten Zipfel Großbritanniens, wo einige der schönsten Klippenformationen und eine grandiose **Steilküste** zu bewundern sind. Die Strecke ist überhaupt nicht anstrengend, jedoch nicht unbedingt für Kinder geeignet, denn es geht einmal ein Stückchen äußerst steil bergauf.

Einen Steinwurf nördlich von Land's End liegt der kleine Weiler **Sennen** (Ausschilderung Sennen und dann Sennen Cove folgen); man lässt den Parkplatz von Sennen Cove rechts liegen und fährt einige hundert Meter weiter zu den Stellplätzen des Sennen Harbour (1 £/ 2 Std.). Seit 1853 gibt es hier eine **RNLI Station,** die seit 1999 mit der *Norman Salvesen,* einem Rettungskreuzer der Tyne-Klasse, ausgerüstet ist. Das Boot wird über einen *Slipway* zu Wasser gelassen. Neben der *Norman Salvesen* sind auf der Penwith-Halbinsel Rettungskreuzer in St. Ives (Mersey-Klasse) und an der Penlee Station (Arun-Klasse) in Newlyn im Einsatz. Außerdem liegt ein RNLI Boot (Severn-Klasse) im Hafen von Hughtown der Insel St. Mary's (Isles of Scilly) vor Anker. **Vier Seenotrettungskreuzer** sorgen vor dem südwestlichsten Zipfel Großbritanniens für die Sicherheit auf See.

Am Toilettenhäuschen des Parkplatzes weist ein Schild in Richtung Süden: „Coast Path". Auf einigen Betonstufen geht es bergauf, oben auf dem Klippenplateau des **Mayon Rock,** an einem kleinen Look-Out-Türmchen des *National Trust,* hat man prachtvolle Ausblicke über den Strand von Sennen Cove und über das türkisblaue, tief unten anbrandende Meer.

064co se

Der weitere Weg ist nicht zu verfehlen. Dieser Klippenabschnitt bis kurz vor Land's End wird vom *National Trust* umsorgt und gehört mit zu den schönsten von ganz England. Tief unten im Meer ragt die **Irish Lady** aus den Fluten, ein großer Steinblock, der fragil auf einer Felsspitze sitzt. Kurz vor Land's End passiert man eine weitere Steinklippe im Meer, die auf den skurrilen Namen **Dr. Syntax's Head** hört und nahebei sieht man die weißen Gebäude von Land's End mit der Rummelplatz-Atmosphäre.

„The romance of Land's End has all but vanished under commercial pressure", beklagt ein englischer Reiseführer zu Recht. Vor wenigen Jahren wurde das Gelände zum Kauf angeboten, der *National Trust,* dem umliegendes Küstenareal gehört, bot mit, rief dann zu einer nationalen Spendenaktion auf, doch alles nützte nichts, Land's End fiel in die Hände von Finanzspekulanten und wurde weitestgehend kommerzialisiert.

Umso mehr nun freuen wir uns, ohne ein saftiges Eintrittsgeld bezahlt zu ha-

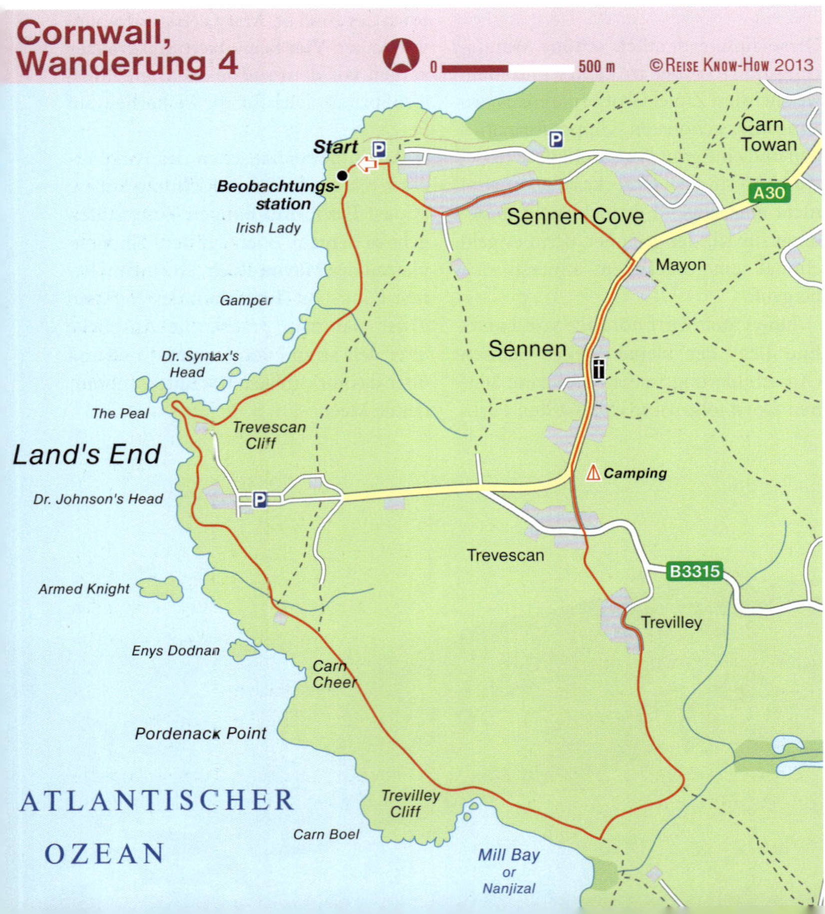

ben, auf dem Areal von Land's End angekommen zu sein – und das völlig legal, denn das am Autokiosk teuer erstandene Ticket gilt nur für die *Sound & Light Shows* oder die wenig sehenswerte Multimedia Show *The Last Labyrinth,* die überdies so kindererschreckend ist, dass alle Kleinen unter vier Jahren in kräftiges Weinen ausbrechen. Die Natur an Land's End dagegen ist kostenlos. So kann man beispielsweise von einer **Hängebrücke** in die **Nistplätze der Seevögel** an einer Steilklippe hineinschauen. Nahebei bieten Mitglieder der *RSPB* – das ist die *Royal Society for the Protection of Birds* – Besuchern mit ihren starken Teleskopen einen Blick auf die unermüdlich ihren Namen „Kittiwake, Kittiwake" rufende **Dreizehenmöve.** Freude kommt auf bei Groß und Klein, wenn der mit seiner roten Höckernase lustig aussehende **Papageientaucher** ins Blickfeld des Fernglases gerät, rasant fetzen **Tordalk** *(Razorbill),* die **Sturmschwalbe** *(Storm Petrel)* und der große **Sturmtaucher** *(Great Shearwater)* durch die Lüfte.

Auf einem **Spielplatz** können die Kleinen ein wenig in einem Piratenschiff spielen, während die Eltern auf der Terrasse der *Longship Bar* in Ruhe etwas trinken oder Snacks zum *Lunch* essen.

In der Ferne, in Richtung Amerika, erkennt man die **Longship-Klippen** mit dem gleichnamigen Leuchtturm, der den Schiffen den sicheren Weg in den englischen Kanal weist. Nahebei strandete 1967 der Öltanker *Torrey Canyon.* Das Schiff lief auf Grund, brach auseinander, und Tausende Tonnen Rohöl flossen aus und vernichteten die Flora und Fauna dieses Küstenstreifens.

Ein wenig lustig, vor allem aber nett und sympathisch, ist es anzusehen, wie aufgeregt die Engländer den westlichsten Punkt ihrer Heimat bestaunen und es eigentlich gar nicht fassen können, dass ihr schönes England hier ganz einfach zu Ende ist. Da stehen drei Generationen einer Familie zusammen, alle halten einen Arm ausgestreckt und weisen sich gegenseitig über das Wasser in die Ferne. Der abgeklärte kontinentale Besucher steht dabei und erlebt plötzlich eine Heiterkeit des Gemüts, die er schon lange nicht mehr verspürte.

Wir folgen nun weiter dem Küstenpfad und erreichen nach einigen Minuten Fußweg das weiße **Greeb Cottage;** hier grasen Schafe, Ziegen und Rindviecher. Ein Hinweisschild mit der Aufschrift „Coastal Path" weist am Beginn des Anwesens die Richtung, die auch ohne Wegepfeil leicht zu erkennen wäre.

Im Wasser halten der **Felsensplitter Armed Knight** und der **Bogen Enys Dodnan** stoisch dem Ansturm der Wellen stand, wirklich prachtvoll ist die Küstenlinie hier unter dem schäfchenbewölkten Himmel mit dem blauen, tief unten anbrandenden Meer. Man kann es nicht oft genug sagen, dies ist einer der schönsten Küstenstreifen Englands.

An der **Felsenklippe Carn Cheer** hat der Hobbyfotograf den besten Standort für ein Sonnenuntergangsfoto: Im Vordergrund steht der Torbogen **Enys Dodnan,** dann kommt die spitze Klippe **Armed Knight** und in der Ferne folgt **Longships** mit dem Leuchtturm, alles übergossen vom roten Licht des Sonnenuntergangs.

Vorbei am **Trevelley Cliff** erreichen wir die weite **Mill Bay.** Geradeaus sieht man auf einem Hügel ein weißes Haus. Während man dessen Besitzer um die unvergleichliche Aussicht beneidet, erreicht man einen Hinweispfahl. Ein Pfeil mit einer Eichel (dem Symbol für den *South West Coast Path*) weist nach links oben. Rechts unten erkennt man Treppenstufen (wenn man dort angekommen ist, ist man zu weit gelaufen), doch wir wenden uns dem Pfeil nach links oben zu und steigen linker Hand einen kaum sichtbaren, bis in Hüfthöhe von Gräsern überwachsenen Pfad anfangs sehr steil die Hügelschulter hinauf. Nach ca. 750 m endet der Pfad – hier weist ein gelber Pfeil geradeaus – an einem *Kissing Gate,* das auf ein Feld leitet, und vor sich sieht man in der Ferne den **Kirchturm von Sennen,** der uns schon bei Wanderung 3 ein verlässlicher Wegweiser war. Die weitere Richtung ist damit klar und größere Orientierungsschwierigkeiten liegen nicht mehr vor uns.

Wir überqueren die Wiese und halten auf die gegenüberliegende linke Ecke zu, wo eine Lücke in der Steinmauer auf die nächste Weide führt. Hier spaziert man auf die Hecke zu und gelangt an ein offenes oder geschlossenes Gatter. Nachdem dieses passiert ist, laufen wir nach halblinks – diagonal über das Feld – wieder auf eine Hecke zu und folgen dieser. Nach einigen Metern kommt wieder der Kirchturm von Sennen in Sicht, der zwischenzeitlich einmal aus dem Blickfeld verschwunden ist. Es geht durch einen Farmhof, kurze Zeit später durch einen weiteren Bauernhof, und dann gelangt man an eine dritte Farm.

Deren **Hof** betritt man, lässt das Farmgebäude links liegen und passiert auf Treppenstufen ein Gatter. Es geht geradeaus weiter am Wiesenrand entlang, rechts verläuft eine Mauer. Der Pfad führt entlang dieser Mauer, dann lässt uns ein steinernes Stile aus der Wiese heraus und wir laufen nun auf ein klei-

065co se

nes **Cottage** zu. Dort angekommen gehen wir durch ein *Kissing Gate* und durch den Garten des kleinen Häuschens, stehen schließlich auf der T-Kreuzung einer kleinen Straße und spazieren geradeaus weiter. Die Richtung ist ohnehin klar, erkennen wir doch nun zum Greifen nahe den Kirchturm des Örtchens **Sennen.** Wir passieren den **Pub Shipwrecker's Inn,** von 1620 (man darf sich hier ein durstlöschendes *Lager* gönnen, denn bis zum Endpunkt ist es nicht mehr weit) und erreichen die **Kirche,** deren Gründung auf das Jahr 520 zurückgeht.

Schließlich erreicht man rechter Hand ein kleines Lebensmittelgeschäft, gegenüber, nach links geht ein kleiner Pfad ab – ausgeschildert „Public Footpath Sennen Cove" – und bringt uns zurück nach **Sennen Harbour.** Während des Abstiegs hat man noch einen prachtvollen Blick auf die schön geschwungene Bucht von Sennen Cove und kommt direkt am Parkplatz von Sennen Harbour wieder an.

Land's End Airport

Auf halber Strecke zwischen Land's End und St. Just liegt an der B 3306 der Land's End Airport (www.landsendairport.co.uk), von dem aus man in einmotorigen Maschinen die Küstenlinie überfliegen kann. Von hier oben zeigen sich die Klippen und das Meer von seiner schönsten Seite. Auch Flüge auf die rund 50 km vor der Küste liegenden Isles of Scilly werden angeboten.

⊲ Steilküste bei Land's End

St. Just-in-Penwith und Cape Cornwall

Die größte Siedlung im Westen der Penwith-Halbinsel hört im Volksmund nur auf den Namen **St. Just** und war einmal eine **Minenstadt,** in deren Umgebung Zinn und Kupfer abgebaut wurden. Rund um den Marktplatz finden sich alle notwendigen Geschäfte sowie Pubs – wie etwa der *Star Inn,* der sich als stressfreie Zone dem Besucher anbiedert, da hier Kinder, Handys, Hunde und Kameras verboten sind – für mittägliche und abendliche *Bar Snacks.* Hinter dem zentralen Uhrenturm in der Nähe des Marktplatzes erstreckt sich das grasbewachsene **Plain-an-Gwarry** oder zu Deutsch der „Spielplatz", auf dem in spätmittelalterlichen Tagen cornische Mysterienspiele aufgeführt wurden. Heute finden in dem „Amphitheater", der wohl ältesten Spielstätte Großbritanniens, Konzerte und Theaterspiele statt. Eine Plakette an der Mauer klärt den Besucher auf: „An amphitheater used for the performing of medieval miracle plays until the early 17th century". Ein zweites Hinweisschild informiert über den **Ancient Monuments Act** von 1913 und 1931, also über das Gesetz zur Erhaltung alter Denkmäler: „Any person who injures or defaces this monument may be fined and ordered to pay the costs of repairs or be imprisoned." Vandalen sollten sich also fernhalten!

St. Just, das einstige Minendorf, hat zwar dank des Fremdenverkehrs in den letzten Jahren an Atmosphäre gewonnen, doch macht es immer noch einen etwas ruhigeren Eindruck.

Von St. Just verläuft eine Straße zum ca. 3 km entfernten **Cape Cornwall,** von dem man in früheren Tagen annahm, dass es der westlichste Punkt Englands sei. Erst genauere Messungen schlugen diesen wichtigen fremdenverkehrsfördenden Punkt Land's End zu. Nichtsdestotrotz ist die Küstenlinie hier genauso dramatisch anzusehen wie bei Land's End, und das noch ohne jeglichen Rummel. Die **Ruinen** der **Cape Cornwall Mine,** die bis ins Jahr 1870 in Betrieb war, erheben sich auf dem Vorgebirge. Cape Cornwall ist das einzige als „Kap" bezeichnete Vorgebirge Englands.

Mit „Cape" ist ein Landvorsprung gemeint, an dem sich zwei Meere oder Ozeane treffen; im Fall von Cape Cornwall der *St. George's Channel,* die Wasserstraße zwischen Großbritannien und Irland, und der Englische Kanal. Einen Steinwurf vor der Küste liegt der **Brison Rock,** an dem in den letzten Jahrhunderten viele Schiffe strandeten.

Unterkunft

Hotel

- **Wellington Hotel,** Market Square, Tel. 01736-787319, www.wellington-hotel.co.uk. Hotel in einem Gebäude aus dem 14. Jh. mitten im Städtchen am Marktplatz, fünf Zimmer im Haus, sechs Zimmer im Annex, alle *en suite,* DZ ab 70 £.

Jugendherberge

- **Letcha Vean,** St. Just-in-Penwith, Tel. 0845-3719643, www.yha.org.uk. 43 Betten, Räume mit acht, sechs, vier oder drei Betten, B 3306 von Land's End bis Kelynack, hier nach links über den Farmhof in die Straße mit der Bezeichnung „No access for motors" bis zur JH.

Essen und Trinken

Pubs

- **Star Inn,** Market Square, sehr gemütliche Kneipe mit guten *Bar Meals* und Seafood.
- **The King's Arms,** Market Square, ebenfalls eine charaktervolle Kneipe im Ortszentrum von St. Just.
- **Kegenteg Fair Kitchen,** Market Square, eine gute Adresse für Freunde leichter, gesunder und vegetarischer Snacks und Mahlzeiten. So geschlossen.

☑ Der Marktplatz von St.-Just-in-Penwith

066co se

Pendeen

Einige Kilometer nördlich von St. Just liegt der Weiler Pendeen und kurz vorher passiert man die Ruinen von zwei Maschinenhäusern einstiger Zinnminen. Im Weiler sollte man den Pfad nehmen, der rechts vom Boscawell-Geschäft mit „To the Lighthouse“ ausgeschildert ist. Auf dem Vorgebirge **Pendeen Watch** erhebt sich seit dem Jahr 1900 ein **Leuchtturm,** der auch besichtigt werden kann (Ostern–Sept. tgl. außer Sa 10–17 Uhr).

Bei diesigem Wetter ist hier Vorsicht angebracht, denn das Leuchtfeuer hat das mit Abstand lauteste **Nebelhorn** in ganz Großbritannien und produziert trommelfellzerreißende Töne. Der Turm hat eine Höhe von 17 m, sein rettender Lichtfinger von der hohen Klippe schweift in 59 m Höhe über die See und reicht etwa 28 nautische Meilen weit. Vier Lichtblitze kommen alle 15 Sekunden und das Nebelhorn tutet einmal in 20 Sekunden.

Vom Kap gelangt man nach einem kurzen Fußweg in die **Portheras Cove** mit einem schönen Sandstrand. Allerdings warnen Hinweisschilder davor, dass man beim Schwimmen von Metallteilen verletzt werden kann, die von der Sprengung eines Schiffswracks herrühren. 1963 war die 454 Tonnen schwere *Alacrita,* beladen mit Kohle und auf dem Weg vom walisischen Swansea nach Brüssel, vor Pedeen Watch gekentert. Zehn Jahre später lag das Wrack noch immer auf den Felsen und die maritimen Autoritäten entschieden sich dafür, das Schiff zu sprengen. Bis heute sind offensichtlich nicht alle Metallreste in die See gespült worden.

Geevor Tin Mine und Levant Beam Engine

Etwas südlich von Pendeen an der Straße nach St. Just befindet sich die **Geevor Zinnmine,** die als einzige der vielen Abraumstollen noch bis ins Jahr 1991 in Betrieb war (April–Okt. So–Fr 9–17 Uhr; Eintritt 10 £, Kinder 6 £; www.geevor.com). Hier kann man sich den überirdischen Maschinenpark ansehen *(Surface Tour)* und wird dann in einen Stollen *(Underground Tour)* geführt, in dem man mit der Gewinnung von Zinn vertraut gemacht wird. Das **Museum** gibt weitere Informationen und in einem Café kann man sich stärken. Nahebei liegt die **Levant-Mine,** die 1930 ihren Betrieb einstellte, und wo heute die funktions-

Die Geevor Zinnmine

129co sb

tüchtige *Levant Beam Engine,* Cornwalls älteste Dampfmaschine, besichtigt werden kann (April–Mai und Okt. Mi und Fr 11–17, Juni Mi–Fr und So 11–17, Juli–Sept. Di–Fr und So 11–17 Uhr; Eintritt 6,30 £, Kinder 3,10 £, www.nationaltrust.org.uk/levant-mine). 1919 kam es hier zu einem schweren Unfall, 31 Menschen kamen ums Leben und viele weitere wurden verletzt.

Zennor

Zennor ist ein uraltes Örtchen und im Inselreich bekannt dafür, dass sich hier im März 1916 *D. H. Lawrence* (1885–1930) und seine deutsche Frau *Frieda von Richthofen* erst im Dorf-Pub *Tinners Arms* niederließen und dann das Haus *Higher Tregerthen* mieteten (das man auf der folgenden Wanderung passiert). *Lawrence* begann hier mit den Arbeit an dem Werk „Women in Love" (1920, dt. „Liebende Frauen"). Der Aufenthalt war durch Sorgen getrübt, denn die Anwesenheit einer Deutschen mitten im Ersten Weltkrieg brachte die Behörden auf den Plan. Missgünstige und engstirnige Nachbarn hatten der Polizei vom Absingen deutscher Lieder erzählt und vermuteten, dass *Frieda* mit ihrer zum Trocknen aufgehängten Wäsche den deutschen U-Booten Zeichen geben wollte. Auch von nächtlichen Lichtsignalen war die Rede. In dem Kapitel „The Nightmare" seines Romans „Kangaroo" (1923) berichtet *Lawrence* detailliert über Verdächtigungen, Denunziationen, polizeiliche Vernehmungen und Hausdurchsuchungen.

Im **Wayside Museum** von Zennor wird der Besucher mit dem cornischen Leben seit prähistorischen Zeiten bekannt gemacht (April und Okt. 10.30–16.30, Mai–Sept. 10.30–17.30 Uhr, tgl. außer Sa; Eintritt 3,95 £, Kinder 2,75 £).

Das Wayside Museum von Zennor

130co sb

Unterkunft

Jugendherberge

■ **Zennor Backpackers,** The Old Chapel, Tel. 01736-798307, www.zennorbackpackers.net, 32 Betten, ab 18,50 £ pro Person.

Essen und Trinken

Pub

■ **Tinner's Arms,** charaktervolle, alte Dorfkneipe mit Biergarten und *Bar Meals.*

Wanderung 5: Von Zennor auf dem Tinner's Way

■ **Länge:** 14 km, Kurzversion 8 km, Rundwanderung;
■ **Dauer:** 4½–5 Stunden;
■ **Karten:** *Ordnance Survey-Karten Landranger 203* (Land's End, 1:50.000) oder *Pathfinder 102* (Land's End, 1:25.000).

Ausgangspunkt dieser sehr schönen, aber auch anstrengenden Wanderung ist das Örtchen Zennor, einige Kilometer südwestlich von St. Ives an der Küste gelegen. Dort gibt es neben dem Dorf-Pub *Tinner's Arms (Free House)* einen kleinen Parkplatz.

Alternative: Anstelle der Rundwanderung kann man auch eine sehr attraktive Streckenwanderung machen, die von Zennor nach St. Ives führt. Man nimmt hinter dem Pub den Weg zum **Zennor Head** (siehe Routenbeschreibung am Ende dieser Wanderung) und marschiert dann die Küste in nordöstlicher Richtung entlang; St. Ives ist nach ca. 11 km erreicht; per Anhalter oder mit den täglich verkehrenden Bussen von St. Ives in Richtung St. Just/Land's End geht es dann zurück nach Zennor.

Unser Pfad folgt weitgehend dem **Tinner's Way,** dem Weg, auf dem jahrtausendelang das gewonnene Zinn von St. Just nach St. Ives transportiert wurde. Bis in die Bronzezeit zurück kann man diesen Pfad datieren.

Vom Parkplatz gehen wir zum kleinen Gotteshaus von Zennor, das im 14. Jh. errichtet wurde; dort, am westlichen Ende des Kirchhofes, führt ein Mauerdurchbruch auf eine kleine Wiese, rechts steht ein Gatter, das man überklettern muss, und dann geht es links ab entlang einer Mauer. Man überwindet, leider noch ohne die Hilfe von Stiles, schnell hintereinander zwei kreuzende Steinmauern und gelangt dann weiter geradeaus gehend an ein steinernes *Cattle Grid.* Hier ist erstmals ein Weg erahnbar.

Für den ersten Teil der Wanderung verläuft die Strecke generell in nordöstlicher Richtung. Auch wenn kein Pfad erkennbar ist, hält man immer auf das nächste Farmhaus zu. Auf diese Art und Weise passiert man die *Tremedda*-Farm, die *Tregerthen-*, *Wicca-*, *Boscubben-*, *Trendrine-*, *Trevessa-*, *Treverga-*, *Trevalgan-* und die *Trowan*-Farm. Alle sind sie mehr oder weniger in Sichtweite, und selbst, wenn es querfeldein geht, ist die Orientierung nicht weiter schwierig. Da die Route über Wiesen und Weiden

verläuft, muss man schon einmal an einer Kuhherde oder an einigen Pferden vorbei.

Wenige Minuten später passiert man ein weiteres *Cattle Grid*. Schaut man nach rechts, so erkennt man in ungefähr 300 m Entfernung die Landstraße nach St. Ives, die übrigens die ganze Zeit mehr oder weniger parallel zu unserer Route verläuft. Man erreicht die Gebäude und Scheunen des ersten Bauernhofes, dies ist die **Tremedda-Farm,** die man links liegen lässt. Ab hier geht es wieder weitgehend querfeldein, doch ist die Orientierung einfach, da man sehr klar einer Telefonleitung folgen kann, die auf die nächste Farm zuläuft. Ab und an meint man, einen Weg oder Pfad erkennen zu können.

Auf alle Fälle kreuzt man eine Anzahl von *Cattle Grids.* Man passiert ein **Cottage,** dann ein zweites und drittes, die

man alle linker Hand liegen lässt, und befindet sich nun auf einem schmalen, von Hecken und Bäumen bewachsenen Weg. Es geht noch immer der Telefonleitung nach; doch wird ab hier die Orientierung einfacher, einige *Cattle Grids* und Stiles sind mit schwarzweißen Pfosten gekennzeichnet. Hohes Farnkraut und einige knorrige alte Bäume säumen den Pfad, dann wieder geht es über mehrere Wiesen der Telefonleitung nach, bis die **Wicca-Farm** auftaucht. Dort gelangt man durch ein Gatter auf den Hof und geht nach rechts weiter den Weg entlang. Schon sieht man einen weiteren Bauernhof, die **Boscubben-Farm,** hinter der man sofort den Feldweg nach links nimmt.

Wer nicht die ganze Wanderung gehen möchte, der folge nun diesem Pfad bis zur **Küste** und biege dann nach links auf den *Coastal Path* ab.

068co

Wir aber gehen nach ca. 50 m rechts ab und erreichen einen Stein-Stile; auf einer Wiese marschieren wir weiter in der ursprünglichen Richtung gen Nordosten. Schnell ist die **Trendrine-Farm** erreicht, deren Gebäude man rechts liegen lässt. Hier findet man weiß-schwarze Pfosten an den Stiles und *Cattles Grids* und gelbe Hinweispfeile. Man kreuzt diagonal eine Wiese, der Weg ist nun markiert; nochmals diagonal geht es über eine weitere Weide und nun läuft man auf einen großen Farmkomplex zu. Schwarzweiße Pflöcke oder braune Pfosten mit gelben Pfeilen markieren die Route. Bei der **Trevessa-Farm** geht es links in die asphaltierte Straße und sofort wieder rechts ab, der Ausschilderung „Public Footpath" folgend durch Gatter und Stile. Über eine Wiese, der Telefonleitung folgend, spazieren wir in Richtung eines einzeln stehenden kleinen Hauses.

Hier gelangt man auf ein asphaltiertes Sträßlein, das nach rechts auf die nächste Farm zustrebt. Nach ca. 200 m biegen wir links ab und laufen direkt auf die **Trevalgan-Farm** zu, die auch einen Campingplatz unterhält. Wir marschieren über den Hof und gelangen an den Rand einer Wiese. Hier beginnt auch der hauseigene *Farm-Trail,* der aber nicht mit unserer weiteren Strecke identisch ist. Wir betreten die Weide über einen Stile und wenden uns sofort nach rechts, schnell ist ein weiterer Bauernhof erkennbar. Hier finden sich auch schnell wieder einige Hinweismarkierungen. Über einen weiteren Stile läuft die Strecke geradeaus über eine kleine Wiese, dann diagonal über eine große Weide auf die **Trowan-Farm** zu. Es geht über den Farmhof, den schwarzweißen Markierungen folgend, über eine Wiese. Auf mehreren Stiles überqueren wir die Zäune mehrerer Weiden und kurz vor einem weiteren Bauernhof kreuzen Traktorenspuren die Wiese. Hier biegen wir links ab und kämpfen uns querfeldein im Zickzack durch Heckenöffnungen bis zum **Küstenpfad.** Das Meer ist erreicht! Es geht nach links, wir folgen der Küste in südwestlicher Richtung.

Die Orientierung bereitet nun keinerlei Probleme mehr, dafür wird der Weg von Minute zu Minute anstrengender. Reichlich entschädigt wird man durch die Gewissheit, auf einem der schönsten Küstenabschnitte Cornwalls entlangzuwandern. Schaut man die Uferlinie entlang, so sieht man, wie sich ein Landvorsprung nach dem nächsten ins Meer erstreckt.

Anfangs ist der Pfad noch von Gräsern gesäumt, mal geht es Felsstufen hoch, mal herunter. Am zweiten, ins Meer ragenden Vorgebirge passiert man das Zeichen mit den Eichenblatt und erfährt so, dass der *National Trust* im Besitz von **Pen Enys Point** ist. Ein Stückchen weiter überquert man auf einem vom *Trust* angelegten Plankenweg eine sehr sumpfige Stelle, einige Minuten Fußweg weiter trifft man auf eine Markierung des *Trevalgan-Farm-Trail* und rechts unterhalb davon ragt ein Felsen, geformt wie ein Ausguck, hoch über dem Meer in den Himmel. Dort ist ein prachtvoller Rastplatz mit unvergleichlich guter Aussicht. Auf dem Weg dorthin passiert man einen Pfahl mit der Mitteilung eines Alltagsphilosophen: „Spare a few minutes to climb down onto the rock formation below and sit and watch the waves, and meditate for a while. It's my favourite view ... But perhaps I am biased!" Nein, wir können den anonymen Zeilenschreiber beruhigen, er ist nicht voreingenommen, der Platz ist wirklich wunderschön und der Ausblick unvergleichlich. Rund 100 m sitzt man hier über der anbrandenden See und beißt herzhaft in die Sandwiches.

An dieser Stelle wurde im Jahr 1941 die *Bessemer City* auf die Klippen geworfen, die Mannschaft konnte gerettet werden. Sehr zur Freude der Bewohner der umliegenden Gehöfte und Dörfer hatte der Frachter Hunderttausende von Lebensmittelkonserven geladen, die nun von den Felsen und Klippen aufgesammelt werden konnten. Von weit her kamen die Leute, um sich in dem harten Kriegsjahr mit kostenlosem Proviant einzudecken. Da sich im Wasser natürlich die Beschriftung abgelöst hatte, wusste man nie, ob man eine Dose mit Erbsen oder eine mit Eisbein in Aspik öffnete; die Speisezettel in vielen Familien waren für lange Zeit dem Zufall unterworfen.

Neun Jahre später, 1950, fielen 20 Rinder die Klippe herunter, ein paar ertranken, doch gelang es den Farmern zusammen mit der Polizei und der Küstenwache, die meisten Kühe zu retten.
Von dem Ausguck sind es nun noch anstrengende 6 km, bis Zennor wieder erreicht ist.

Auf einer von Heidekraut übersäten Wiese trifft man auf eine kleine Pyramide; dies ist das **Trevega Cliff,** das 91 m

⌃ Dolcoath Zinnmine um 1893

aus dem Meer ragt. Ein Stückchen weiter trifft von links ein Weg auf den Küstenpfad; wer die kürzere Route genommen hat, ist nun an der See angekommen.

Der Pfad fällt nun bald fast bis auf Meereshöhe ab, dann geht es wieder steil nach oben; überall liegen große runde Steine, schwere **Findlinge** herum, über die man teilweise kletternd seinen Weg sucht. Zwar ist dies anstrengend, doch das Erlebnis der rauen urwüchsigen Natur, das Rauschen des Meeres, die Schreie der Möwen, der Blick hinaus über die blaue See entschädigen reichlich für die Strapazen. Einige Minuten später dann ergibt sich wieder ein lieblicheres Bild, denn nun spaziert der Wandersmann an der blumenübersäten Abbruchkante der Felsen entlang und hört, wie unten das Meer gegen die Klippen donnert.

Doch schon kurze Zeit später geht es wieder auf und ab zwischen großen runden Steinbrocken. Nun ist eine mächtige Gesteinsformation erreicht, doch nein, dies ist noch nicht Zennor Head. Es geht noch einige Meter weiter, man trifft auf eine ähnliche Felsanhäufung und hier teilt uns eine Metalplakette mit: „**Zennor Head.** Given to the National Trust December 1953". Der Pfad knickt nach links ab, mündet recht schnell in eine schmale asphaltierte Straße und die kommt – Gipfel der Glückseligkeit – an der Rückseite des Pubs *Tinner's Arms* an. Hier ruhen wir unsere erschöpften Glieder im Biergarten bei einem *Ploughman's Lunch* und einem großen *Bitter* aus.

Zur Tate St. Ives geht's hier entlang

St. Ives

St. Ives ist das touristische und kulturelle Zentrum nicht nur der Penwith-Halbinsel, sondern von ganz Cornwall. Dass es dazu kam, ist dem unvergleichlichen, fast schon mediterran anmutenden Licht zu verdanken, das scharenweise die Künstler ins Hafenstädtchen lockte. Einer der ersten **Maler,** der sich zu Beginn des 19. Jh. von dem Licht, der See und den Klippen inspirieren ließ, war gleich ein ganz Großer – *William Turner* (1775–1851). Wie kaum ein anderer Künstler verstand er es, Licht und Schatten, Farben und Stimmungen auf die Leinwand zu bringen.

1883 fuhren der amerikanische Maler *James Whistler* und der in München geborene Engländer *Walter Sickert* in St. Ives ein, um hier – laut eigener Aussage – „to paint ships, sea and skies". Knappe 40 Jahre später – 1920 – siedelte der in Hongkong geborene und in Japan aufgewachsene Brite *Bernard Leach* nach St. Ives über und eröffnete zusammen mit dem Japaner *Shoiji Hamada* eine **Töpferei.** Die beiden kombinierten westliche Motive mit fernöstlichen Elementen und beeinflussten mit ihren Arbeiten eine ganze Generation von Töpfern. 1939 dann zogen der **Maler** *Ben Nicholson* zusammen mit seiner Frau, der **Bildhauerin** *Barbara Hepworth,* samt den kleinen Drillingen sowie dem russischen Bauhauslehrer und Konstruktivisten *Naum Gabo* im Gefolge nach St. Ives. Hier trafen sie auf *Alfred Wallis,* einen einfachen Fischer, der nach dem Tod seiner Frau erst im Alter von 70 Jahren angefangen hatte zu malen. Die **weltgewandten**

Künstler waren von dem einfachen Mann sehr beeindruckt, wie er da am Strand oder am Hafen saß und unbelastet von jeder Kunsttheorie seine naiven Bilder malte. Nach Kriegsende ließ sich der in Thüringen geborene *Karl Weschke* in St. Ives nieder und begann hier zu malen. Erst mehr als 50 Jahre später wurden seine Bilder erstmals in einer Ausstellung in Deutschland gezeigt. In Großbritannien kennt ihn jeder, der an Kunst interessiert ist, hierzulande weiß man kaum etwas von ihm.

Im September 1881 kaufte *Sir Leslie Stephen* **Talland House** in St. Ives. Vier Monate später, im Januar 1882, wurde *Virginia* geboren, die als *Virginia Woolf* in die englische Literaturgeschichte eingehen sollte. Fortan verbrachte die Kleine zusammen mit ihren Geschwistern jedes Jahr die Sommerfrische in Cornwall. Der Vater begann hier in St. Ives mit den Arbeiten als Herausgeber des 64 Bände starken „Dictionary of National Biographies", während dessen spielten die Kinder im Garten Kricket, tollten am Strand herum, badeten im Meer oder gingen des abends auf Schmetterlingsfang. Spannend wurde es für die in der Großstadt London aufgewachsenen Geschwister, wenn die *Pilchards* kamen. Am höchsten Punkt über der Bucht saß dann der so genannte *Huer* und wartete auf die dunklen Schatten der viele Millionen Fische zählenden Schwärme. Unermüdlich liefen nun die Kutter zum Fang aus, vom Huer durch ein Horn dirigiert, und kamen zurück mit berstenden Laderäumen. Direkt am Hafen nahmen die Frauen die Sardinen aus und pökelten sie ein. Kaum leer, liefen die Trawler erneut bei Tag und Nacht aus, so lange, wie sich die *Pilchards* in den Gewässern vor St. Ives befanden.

Von ihrem Kinderzimmer aus sah *Virginia* jede Nacht den beruhigenden Lichtfinger des **Godrevy-Leuchtturmes,** der auf einer Felseninsel in der Bucht

131co sb

von St. Ives steht. Jahre später schrieb sie ihren Roman „To the Lighthouse“ (dt. 1927, „Die Fahrt zum Leuchtturm“); mit der Figur des *Mr. Ramsay* hat sie hierin ihrem Vater ein Denkmal gesetzt. Auch in ihren Büchern „Jacob's Room“ und in „The Waves“ hat sie die sommerlichen Erfahrungen von St. Ives verarbeitet. Ihr ganzes Leben kam sie immer wieder nach Cornwall zurück.

Sir Leslie bekam regelmäßig Besuch von **Schriftstellerkollegen,** unter ihnen war 1894 auch der amerikanisch-stämmige Autor *Henry James,* der zusammen mit *Leslie Stephen* – „the silent Stephen, the almost speechless Leslie“ – lange Spaziergänge in der landschaftlich so inspirierenden Umgebung machte.

Im Mai 1895 starb *Julia, Virginias* Mutter, und der alt gewordene und allein gebliebene Vater verkaufte **Talland House.** Im Februar 1904 dann segnete *Sir Leslie* im Alter von 72 Jahren das Zeitliche. Nach seinem Tod zogen die Geschwister vom herrschaftlichen Londoner Stadtteil Kensington in das damalige Mittelklasse-Quartier Bloomsbury um, und hier gründete sich die legendäre **Bloomsbury Group,** die die Literatur und die Malerei aus der viktorianischen Ära in die Moderne führen sollte. **Talland House** steht noch immer, heute sind hier Ferienwohnungen eingerichtet.

Hören wir, was *Wolfgang Hildesheimer,* nicht nur Schriftsteller, sondern auch Maler, von St. Ives zu berichten weiß: „Es geht wieder abwärts auf St. Ives zu, ein Städtchen, daß vor undenklichen Zeiten, vierzig Jahre oder mehr, vom Fischfang lebte, und zwar vom Pilchard. Der Name dieses Fisches ist, soweit ich weiß, nicht zu übersetzen, die Unkenntnis des Gegenstandes – eine überdimen-

St. Ives

Übernachtung

1 Polmanter Touring Park
2 B & B Portarlington
3 B & B Tregony
6 B & B The Sloop Inn
15 St. Ives Backpackers Hostel
16 B & B Trewinnard

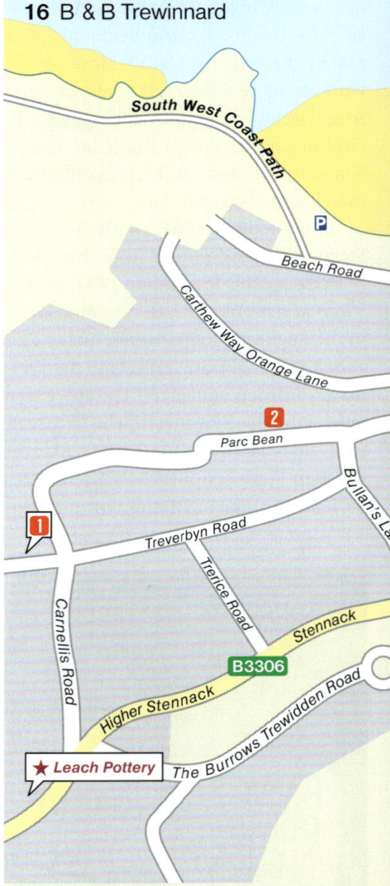

17 B & B Harbour View Guesthouse
18 Pedn-Olva
19 Talland House
20 Hotel St. Eia
21 Chy-an-Albany, St. Ives Harbour Hotel/ The Porthminster
23 B & B Chy an Gwedhen
24 Little Trewarrack Holiday Park

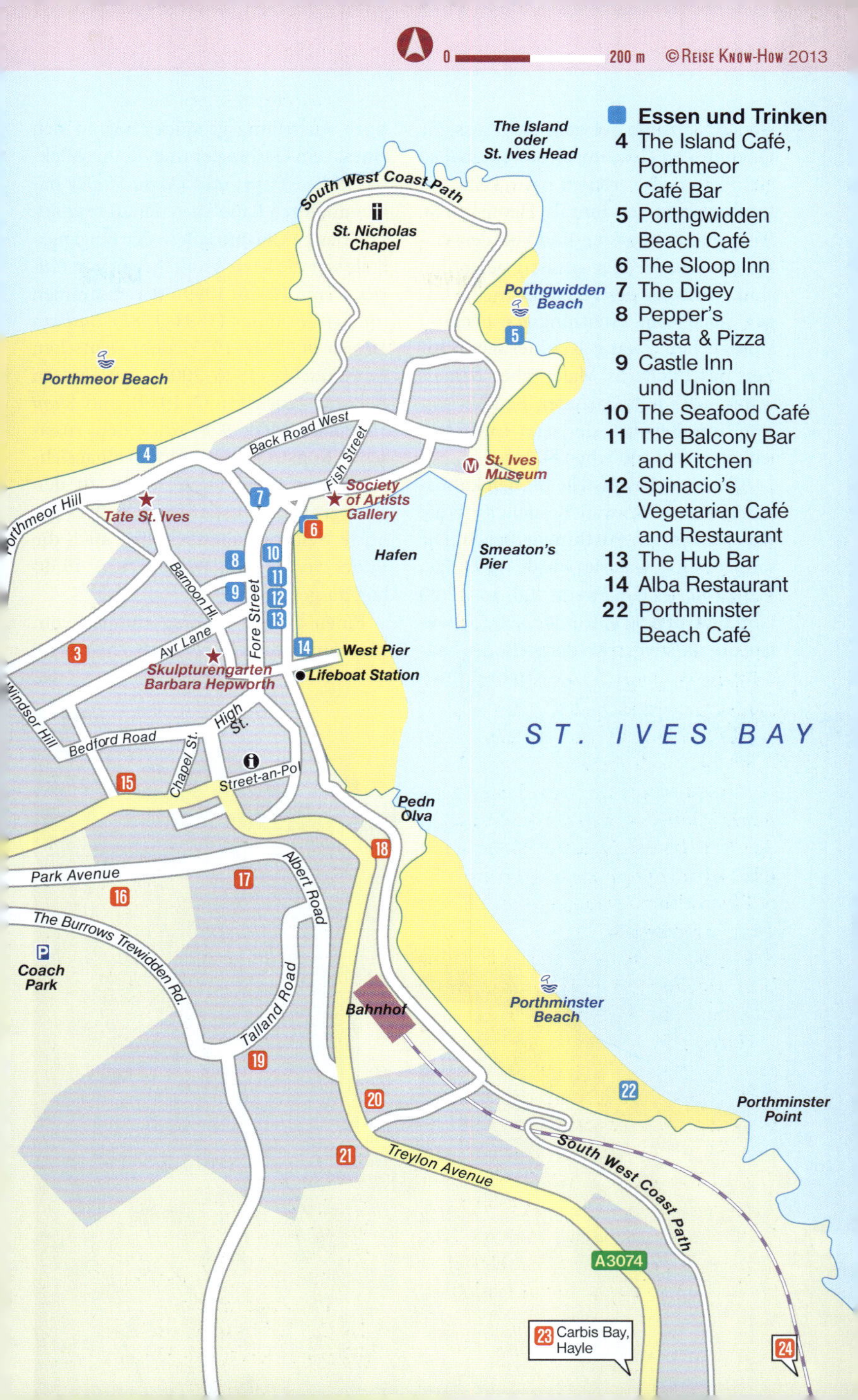
0
200 m
©Reise Know-How 2013
Essen und Trinken
4 The Island Café, Porthmeor Café Bar
5 Porthgwidden Beach Café
6 The Sloop Inn
7 The Digey
8 Pepper's Pasta & Pizza
9 Castle Inn und Union Inn
10 The Seafood Café
11 The Balcony Bar and Kitchen
12 Spinacio's Vegetarian Café and Restaurant
13 The Hub Bar
14 Alba Restaurant
22 Porthminster Beach Café
The Island oder St. Ives Head
South West Coast Path
St. Nicholas Chapel
Porthgwidden Beach
Porthmeor Beach
Back Road West
Fish Street
St. Ives Museum
Society of Artists Gallery
Porthmeor Hill
Tate St. Ives
Hafen
Smeaton's Pier
Barnoon Hl.
Fore Street
Ayr Lane
West Pier
Lifeboat Station
Skulpturengarten Barbara Hepworth
Windsor Hill
High St.
Bedford Road
Chapel St.
Street-an-Pol
ST. IVES BAY
Pedn Olva
Park Avenue
Albert Road
The Burrows
Trewidden Rd.
Coach Park
Talland Road
Bahnhof
Porthminster Beach
Porthminster Point
Treylon Avenue
South West Coast Path
A3074
23 Carbis Bay, Hayle
24

sionale Sardine, bei dem sich dasselbe Quantum an Geschmack auf viermal so viel Fleisch zu verteilen hat – kein gastronomisches Versäumnis. Heute lebt St. Ives von Feriengästen und von den vielen Malern, die hier ansässig geworden sind, Vertreter der verhältnismäßig engen Skala vom Zweitrangigen bis zum Unsäglichen. Zwar gab es hier schon zur Zeit des Pilchards Maler, aber damals waren noch gute darunter, Ben Nicholson zum Beispiel, der jetzt im Tessin lebt, in einem südlichen St. Ives."

Allererste Anlaufstelle für den kulturbeflissenen Cornwall-Besucher ist die **Tate St. Ives** am **Porthmeor Beach.** Die schneeweiße Galerie wurde 1993 von *Prinz Charles* eingeweiht (tgl. 10–17.20 Uhr, Eintritt 6,50 £, Kinder 3,90 £, www.tate.org.uk/stives). An der Stelle des heutigen Austellungsgebäudes befand sich einmal ein Gasometer und die Architekten *Eldred Evans* und *David Shalev* haben mit ihren Bauplänen darauf reagiert. Das riesige **Glasmosaik** in der Eingangshalle war die letzte große Arbeit von *Patrick Heron* (1920–1999), der zusammen mit *Ben Nicholson* (1894–1982), *Barbara Hepworth* (1903–1975), dem Deutschen *Karl Weschke* (1926–2005), den Töpfern *Bernard Leach* (1897–1979) und *Shoji Hamada* (1894–1978) sowie dem russischen Konstruktivisten und Bauhauslehrer *Naum Gabo* (1890–1977) zu den ganz großen Künstlern von St. Ives gehörte. Selbstverständlich sind auch die Bilder von *Alfred Wallis* (1855–1950) hier ausgestellt.

Einen kurzen Fußweg entfernt vom Museum befindet sich am Barnoon Hill

070co se

der **Skulpturengarten** und das **Atelier** von *Barbara Hepworth* (gleiche Öffnungszeiten wie die Tate). Völlig uneinsehbar von außen hatte die neben *Henry Moore* bedeutendste Bildhauerin des 20. Jh. ihr Studio, in dem sie von 1949 bis zu ihrem Tod bei einem Brand 1975 lebte und arbeitete. Es hat den Anschein, als wäre sie nur einmal kurz fortgegangen, und der Besucher hat den Eindruck, als würde sie jeden Moment wieder ins Atelier zurückkommen, um weiterzuarbeiten. Viele Werkzeuge, halb bearbeitete Steine, Kittel, an Nägeln in den Wänden aufgehängt, und viele Sachen mehr, die ein Künstler benötigt, liegen scheinbar ordnungslos herum. In dem kleinen angrenzenden Garten stehen 22 ihrer Skulpturen zwischen Palmen, Gräsern und Bäumen auf samtenem Rasen. Der Ort ist – schwacher Besuch vorausgesetzt – eine Oase der Ruhe. „Jahrelang", so schrieb *Barbara Hepworth,* „bin ich mit meinen Einkaufstüten an der Gartenmauer vorbeigegangen, ohne zu ahnen, was für ein Paradies sich dahinter verbirgt."

Weitere Arbeiten von *Barbara Hepworth* findet man in St. Ives vor der Tourist-Information, dann oberhalb der Bahnstation am Aussichtspunkt über den Hafen und in der aus dem 15. Jh. datierenden Kirche St. Ia (High Street/Ecke Fore Street); hier steht die Skulptur „Madonna and Child". *Barbara Hepworth* schuf die Arbeit 1953 nach dem Tod ih-

☑ Skulpturengarten und Atelier der Bildhauerin Barbara Hepworth

res Sohnes, der in der *Royal Airforce (RAF)* diente und mit seinem Flugzeug abgestürzt war.

Erfrischend unaufgeräumt präsentiert sich das **St. Ives Museum** zwischen dem Hafen und dem kleinen Porthgwidden Beach am Wheal Dream in einer ehemaligen Fischermission (Ostern–Okt. Mo–Fr 10–17, Sa 10–16 Uhr, Eintritt 2 £, Kinder 0,50 £) und informiert über die Lokalgeschichte der Stadt.

Im nördlichen Außenbezirk von St. Ives liegt in Higher Stennack direkt an der Straße nach Penzance die **Töpferei** von *Bernard Leach* (ausgeschildert „Leach Pottery"), in der er zusammen mit dem Japaner *Shoji Hamada* Tonwaren in klarer Linienführung und Harmonie herstellte; noch immer wird hier nach den Vorgaben der beiden Künstler gearbeitet. Bis heute stellen einheimische Töpfer in der Leach Pottery Keramikgegenstände für den täglichen Gebrauch her. 2008 wurde die Töpferei aufwändig restauriert und kann heute wieder besichtigt werden. Es gibt ein Museum, einen Shop und in einem Studio arbeiten gelegentlich internationale Künstler, deren Erzeugnisse hier verkauft werden (März–Okt. tgl. 10-17, So 11–16 Uhr, Nov.–Feb. Mo–Sa 10–17 Uhr, Eintritt 5,50 £, Kinder frei, www.leachpottery.com).

Und noch immer arbeiten viele **Maler** in St. Ives, deren Bilder in den zahlreichen Gallerien zu finden sind; Verkaufsausstellungen gibt es auch in der **St. Ives Society of Artists Gallery** in der säkularisierten Old Mariners' Church am Norway Square.

St. Ives besitzt drei schöne **Strände** mit hervorragender Wasserqualität; da erstreckt sich einmal unterhalb der Tate St. Ives und im Nordwesten der Stadt gelegen der **Porthmeor Beach,** der bei Schwimmern, Sonnenanbetern und Surfern gleichermaßen beliebt ist. Außerdem lassen sich an klaren Sommertagen die Sonnenuntergänge ganz besonders gut genießen. Es bleibt abzuwarten, wie sich das mächtige Apartment-Bauprojekt „Meadow Flats" unmittelbar neben der Tate St. Ives auf das Strandlaben auswirkt. Hier direkt am Strand befindet sich das kleine, rundherum verglaste Lokal *The Island Café;* die Gerichte sind mehr als ordentlich und bei einem Glas Wein kann man windgeschützt zuschauen, wie die abendliche Sonne im Meer versinkt.

Nördlich davon erhebt sich das unbesiedelte, **The Island** oder auch **St. Ives Head** genannte Vorgebirge, auf dessen Spitze die kleine St. Nicholas Chapel, ein altes Fischerkirchlein, steht. Auch ein Ausguck der Küstenwache befindet sich hier oben, und der Blick über die See und St. Ives ist ganz hervorragend. St. Ives Head trennt den Porthmeor Beach vom geschützten, ruhigen **Porthgwidden Beach** und dem Hafen ab.

Lang gestreckt präsentiert sich **Porthminster Beach** im Osten – unterhalb des Bahnhofs – wesentlich geschützter als sein westliches Pendant und daher gut für Familien mit kleinen Kindern geeignet. Hier gibt es einen kleinen Minigolfplatz und mit dem Porthminster Beach Café einen schicken Platz, um einen Nachmittag zu verbringen.

Seit 1840 besitzt St. Ives eine Seenotrettungsstation der *Royal National Lifeboat Institution (RNLI),* 1995 wurde am Hafen ein neues Bootshaus eingeweiht, in dem die *HRH The Princess Royal* liegt, ein **Rettungskreuzer** der Mersey-Klasse.

Von April bis September ist das Bootshaus geöffnet, so dass man sich den Zugwagen mit Anhänger samt Boot huckepack *(Carriage)* ansehen kann.

Am nahen **Carbis Bay** gibt es einen familientauglichen Sandstrand und ein Café.

Praktische Tipps

Anreise

Wenn möglich, sollte die Anreise mit dem eigenen Fahrzeug vermieden werden. Denn die **Parkplätze** sind knapp und teuer. Alternativ kann man mit der Bahn anreisen oder „Park and Ride" nutzen. So fährt die St. Ives Bay Line ab St. Erth mitten in das Städtchen hinein. Nach St. Erth gibt es täglich. Zugverbindungen beispielsweise von Redruth (Erwachsene Hin- und Rückfahrt am selben Tag ab 5 £ oder von Plymouth ab 9,50 £). Eine gute Idee ist auch Lelant Saltings Park and Ride: Hier kann man das Fahrzeug für 2,50 £ den ganzen Tag abstellen und dann für 4 £ mit der Bahn hin- und zurückfahren. Infos unter www.firstgreatwestern.co.uk.

Tourist-Information

- Street-an-Pool, Tel. 01736-796297.
- www.stives-cornwall.co.uk

Veranstaltung

- **St. Ives Festival,** alljährlich 14 Tage im September, *Jazz, Blues, Folk, Dance, Films, Talks, Walks, Poetry, Opera, Comedy, Open Studios, Art Exhibitions,* Informationen im Internet unter www.stives-cornwall.co.uk/events-in-stives.html.

Wandern

- Auf dem **St. Michael's Way** von St. Ives zum St. Michael's Mount beim Örtchen Marazion, 20 km (siehe Exkurs).

Unterkunft

Wer in St. Ives keine Unterkunft mehr findet, der sollte sich östlich, entlang der **Carbis Bay** und im dahinter folgenden **Lelant,** auf die Suche machen. Die A 3074 von St. Ives bis **Hayle** ist rechts und links gesäumt von Hotels und B & B.

Hotels

- **Chy-an-Albany,** Albany Terrace, Tel. 01736-796759, www.chyanalbanyhotel.com. Oberhalb des Porthminster Beach gelegen, mit guten Blicken über die St. Ives Bay, DZ ab 120 £.
- **St. Ives Harbour Hotel/The Porthminster,** The Terrace, Tel. 01736-795221, www.stives-harbourhotel.co.uk. Oberhalb des malerischen Porthminster Beach , mit Sauna und Swimming-Pool drinnen und draußen, in einem kleinen Park gelegen, DZ ab 120 £.
- **Pedn-Olva,** West Porthminster Beach, Tel. 01736-796222, www.pednolva.co.uk. Weite Ausblicke über den Porthminster Beach, den Hafen und die St. Ives Bay, DZ ab 140 £.
- **Hotel St. Eia,** Trelyon Avenue, Tel. 01736-795531, www.hotelsteia.co.uk, familiengeführtes Hotel mit 18 Zimmern in exzellenter Lage oberhalb des Hafens und des Porthminster Beach, fantastische Ausblicke von der Dachterrasse über Ort, Strand und Meer, DZ ab 100 £.

B & B

■ **The Sloop Inn,** der älteste Pub von St. Ives (s.u.), The Wharf, Tel. 01736-796584, www.sloop-inn.co.uk. 14 Zimmer *en suite,* davon drei Familienzimmer, DZ ab 80 £.

■ **Tregony,** 1 Clodgy View, Tel. 01736-795884, www.tregony.com. Fünf Zimmer *en suite,* davon zwei Familienzimmer, DZ ab 70 £.

■ **Trewinnard,** 4 Parc Avenue, Tel. 01736-794168. Sieben Zimmer *en suite,* DZ ab 76 £.

■ **Portarlington,** 11 Parc Bean, Tel. 01736-797278, www. portarlington.co.uk. Vier Zimmer *en suite,* DZ ab 64 £.

■ **Harbour View Guesthouse,** 6 Parc Avenue, Tel. 01736-796102, www.stives-harbourview.co.uk. Hervorragender Ausblick über den Hafen, DZ ab 60 £.

■ **Chy an Gwedhen,** Carbis Bay, Tel. 01736-798684, www.chyangwedhen.co.uk. Großes Frühstücksmenü, Parkplatz, DZ ab 70 £.

Jugendherberge

■ **St. Ives Backpackers Hostel,** Lower Stennack, Tel. 01736-799444, www.backpackers.co.uk/st-ives. Direkt im Ortszentrum gegenüber vom Kino. Ab 13,95 £ pro Person.

Ferienwohnung

■ Wer in dem Haus, in dem *Virginia Woolf* als Kind ihre Sommerferien verbrachte, ein Appartment beziehen möchte, der sollte sich an das **Talland House,** Talland Street, St. Ives, Tel. 01736-796237, www.tallandhouse.com, wenden. Es stehen fünf Ferienwohnungen zur Verfügung.

Camping

■ **Polmanter Touring Park,** Halsetown, Tel. 01736-795640, www.polmanter.co.uk; von der B 3311 bei Halsetown ausgeschildert, hervorragend ausgestatteter Platz.

■ **Little Trewarrack Holiday Park,** Carbis Bay, Tel. 01736-797580, www.littletrevarrack.co.uk; von der A 30 die A 3074 mit der Ausschilderung Carbis Bay/St. Ives nehmen, in Carbis Bay Village links in die unklassifizierte Straße hinein.

Essen und Trinken

Restaurants

■ **Alba Restaurant,** The Wharf, Tel. 01736-797222, am Anfang der Hafenstraße, neben dem

132co sb

Porthminister Beach

Gebäude mit dem Seenotrettungskreuzer. Getafelt wird stilvoll im ersten Stock mit Ausblicken über den Hafen. *Early Evening* Zwei-Gänge-Menü von 17 bis 19 Uhr 13 £, drei Gänge 16 £, Hauptgerichte um 13 £.

■ **The Digey,** benannt nach dem gleichnamigen Sträßchen, ein Feinkostgeschäft, in dem Selbstversorger ihre Bestände auffüllen können, daneben gibt es einige wenige Tische, an denen kleine, leckere Gerichte und Snacks um 7 £ zusammen mit einem Glas Wein serviert werden.

■ **The Seafood Café,** 45 Fore Street, Tel. 01736-794004, gute und reichhaltige Auswahl an leckeren Meeresfrüchten und frisch gefangenen Fischen, gehört mit den beiden oben genannten Restaurants zu den besten von St. Ives, Gerichte zwischen 12 und 14 £.

■ **Pepper's Pasta & Pizza,** Fore Street, Tel. 01736-794014, für britische Verhältnisse ungewöhnlich gute Pizzen und Pasta, preislich zwischen 7 und 9 £.

■ **The Island Café,** auch **Porthmeor Café Bar** genannt, direkt am Porthmeor Beach , Tel. 01736-793366. Ordentliche Gerichte; bester Platz, den Sonnenuntergang – dann aber vorbuchen – bei einem Glas Wein und einer Mahlzeit zu genießen.

■ **Porthgwidden Beach Café,** Tel. 01736-796791, Eisdiele, warme und kalte Getränke, Fish's Chips für 6 £.

■ **Porthminster Beach Café,** Tel. 01736-795352, Kiosk, Minigolf, Mahlzeiten wie beispielsweise leckere Curries ab 10 £.

■ Viele weitere Lokale gibt es entlang der **Fore Street** und der **Hafenfront.** Hier fällt die Wahl schwer, aber der Blick aufs Meer ist fast immer sicher. Vielleicht zur Abwechslung mal vegetarische Leckereien in **Spinacio's Vegetarian Café and Restaurant,** Tel. 01736-798818? Oder ein bisschen stylisher einen Kaffee genießen in **The Hub Bar,** Tel. 01736-799099? Und wer den Blick von oben bevorzugt, ist sicher im **The Balcony Bar and Kitchen,** Tel. 01736-798482, gut aufgehoben.

Pubs

■ **The Sloop Inn,** The Wharf, älteste Taverne von St. Ives, um das Jahr 1312 erbaut, eine der betagtesten Kneipen Cornwalls, direkt am Hafen gelegen, *Bitter* und *Lager* in guter Atmosphäre, eine reichhaltige Palette an *Bar Meals,* wechselnde Ausstellungen mit Bildern der lokalen Künstler, B & B (s.o.).

■ **Union Inn,** Fore Street, sehr gemütlicher Pub mit vielen alten Fotos aus der Historie von St. Ives, so kommt beim Trinken keine Langeweile auf.

■ **Castle Inn,** Fore Street, zehn Schritte vom *Union Inn* entfernt, auch hier Fotos aus vergangenen Tagen, Bechern in gemütlichem Ambiente.

Überblick | 133
St. Mary's | 143
Tresco | 144
St. Martin's | 144
St. Agnes | 145
Bryher | 145

Die Isles of Scilly

Aus dem türkisblauen Wasser strahlen eine Reihe sattgrüner Punkte heraus, alle umgeben von einem weißen Sandkranz. Bei dem idyllischen Anblick, der sich da aus der Luft bietet, wähnt sich der Besucher eher im warmen Südpazifik als im rauen Nordatlantik – das Bild wird der Realität jedoch durchaus gerecht!

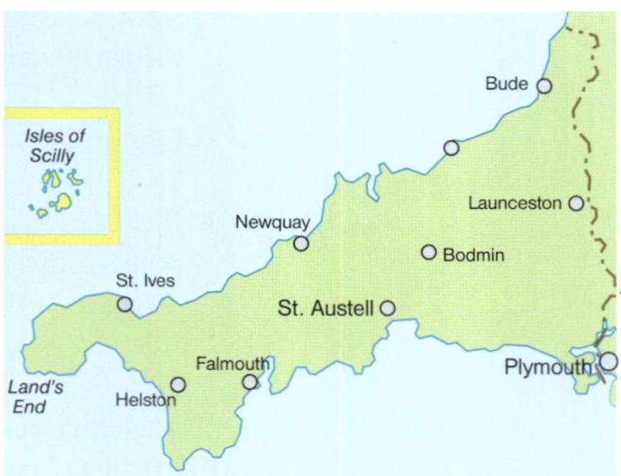

SÜDSEEINSELN IM ATLANTIK

Nach rund 2¾ Std. Fahrzeit mit der Fähre oder noch besser nach 20 Minuten Flugzeit mit dem Helikopter von Penzance sieht man sie unten im Meer liegen und fühlt sich wahrhaftig in die Südsee versetzt.

074co se

HIGHLIGHTS

Besondere Tipps*:

- **Schiffskatastrophen vor den Isles of Scilly:** S. 136
- **Leuchtfeuer auf Bishop's Rock:** S. 140
- **Flora und Fauna der Isles of Scilly:** S. 141

***Diese Tipps erkennt man im Buch an der gelben Hinterlegung im Kapitel.**

Vorherige Seite:
Strandpfad auf Bryghter

Überblick

Aus dem türkisblauen Wasser strahlen eine Reihe sattgrüner Punkte heraus, alle umgeben von einem weißen Sandkranz. Die Isles of Scilly sind erreicht; sie liegen 50 km vor der Küste Cornwalls und bilden Englands westlichste Vorhut. Bei dem idyllischen Anblick, der sich da aus der Luft bietet, wähnt sich der Besucher eher im warmen Südpazifik als im rauen Nordatlantik – das Bild wird der Realität jedoch durchaus gerecht! Denn so unwirtlich ist der Atlantik hier gar nicht, werden doch die Isles of Scilly vollständig vom **Golfstrom** umspült, und das wärmende Karibikwasser sorgt für **subtropisches Klima.** Außerdem kann der kleine Archipel jährlich fast 2000 Sonnenstunden verbuchen. Gewöhnt an nordeuropäische Wetterbedingungen, muss man von heißen Sommern und milden Wintern sprechen. Man will es kaum glauben, doch die Januartemperaturen liegen über denen der französischen Riviera, und so reklamieren die *Scillonians* ganz zu Recht, dass sie nur zwei Jahreszeiten kennen: Frühling und Sommer!

Rechnet man all die Steinsplitter zusammen, die mal mehr, mal weniger aus dem Wasser ragen, so hat der Archipel über 140 Inseln und Eilande, aber nur fünf sind bewohnt. **St. Mary's,** mit 10 km^2 der größte dieser atlantischen Brocken, zählt 1666 Einwohner und stellt mit dem Dörfchen **Hugh Town** die Archipelkapitale. Nicht einmal halb so groß ist **Tresco,** nur 180 Einwohner leben dort. Das kleine Eiland ist in Privatbesitz und für 99 Jahre vom *Duchy of Cornwall* gepachtet; dieses Herzogtum gehört übrigens zum Besitz von *Prince Charles.*

Die restlichen drei Eilande, **St. Martin's, St. Agnes** und **Bryher** steuern weitere 320 Personen zur Gesamtinselstatistik bei. Mit rund 2000 Einwohnern kann man nicht behaupten, dass der Archipel übervölkert wäre.

Größte Attraktion auf den Scillys sind die von Mai bis Oktober jeden Freitag (gutes Wetter vorausgesetzt) stattfindenden **Bootsregatten.** In betagten, teilweise über 100 Jahre alten Ruderbooten kämpfen die jungen Männer der Insel um den Sieg. Im letzten Jahrhundert wurden solche Boote bei der Seenotrettung eingesetzt und brachten die Lotsen an Bord der Schiffe.

Übrigens: Die Inseln heißen **Isles of Scilly** und der Besucher sollte sich davor hüten, sie verkürzt Scilly Isles zu nennen. Solche Ignoranz würden die Bewohner des kleinen Archipels mit Geringschätzung strafen. Informationen im Internet unter www.simplyscilly.co.uk oder www.scillyonline.co.uk.

Geschichte

Glaubt man den antiken Geografen, so reicht die Historie der Scillys bis weit in die Frühgeschichte zurück. *Strabon* nannte sie um die Zeitenwende die „Casseritiden" und behauptete, dass die **Phönizier** bereits seit den Zeiten des Trojanischen Kriegs Handel mit den Insulanern trieben. Vor allem sollen die Kaufleute in jenen Tagen wertvolles Zinn von diesen Inseln bezogen haben, deren Existenz sie folglich sorgsam geheim hielten. Ähnlich wie *Strabon* äußerten sich auch die **römischen Historiker** *Diodorus Siculus* und *Plinius.* Die wenigen archäologischen Funde erhärten diese antiken Spekulationen jedoch nicht.

Auch mit dem sagenhaften **Reich Lyoness** und **König Artus** – der ja im Südwesten Englands seine Tafelrunde pflegte – werden die Inseln in Verbindung gebracht. Demnach soll noch zur Zeit des edlen Herrschers zwischen den Scillys und der cornischen Küste festes Land gelegen haben – eben besagtes **Lyoness** –, das durch eine oder mehrere Jahrtausendfluten dann weggespült wurde; unsere Inselchen wären also die Gipfel der Berge von Lyoness. So etwas wäre immerhin theoretisch möglich, denn **Sturmfluten** von apokalyptischen Ausmaßen haben die englische Südwestküste im Verlauf der letzten 2000 Jahre mehrfach heimgesucht. Auch fanden sich viele Siedlungsreste teilweise recht weit unter der Wasseroberfläche.

Wirtschaft

Berühmt in England sind die Isles of Scilly für ihre Blumen. Aufgrund des **subtropischen Klimas** beginnen ab November die Narzissen zu blühen und bis in den Mai werden eine ganze Reihe unterschiedlicher **Zierblumen** angepflanzt, geschnitten, dann zum Festland verschifft und auf Märkten in ganz Großbritannien angeboten.

Wie die Chronik berichtet, hatte im Jahr 1867 ein gewisser *William Trevellick* von der *Rocky Hill Farm* auf der **Insel Tresco** in einer großen Hutschachtel Tulpen und Narzissen zu einem Großhändler des Covent Garden-Marktes nach London gesandt. Mit großer Freude registrierte *William* Tage später die Überweisung von sieben Schilling Sixpence und die dringende Aufforderung, mehr Blumen zu schicken. So entwickelte sich innerhalb weniger Jahre eine **prosperierende Blumenzucht** auf sämtlichen Inseln und zum ersten Mal in der Geschichte der Scillys kamen die Bewohner zu bescheidenem Wohlstand. In den 1930er Jahren wurden über 1200 Tonnen Blumen auf das Festland verschifft. Heutzutage ist es nur noch ein Drittel dieser Menge, damit hat die Blumenzucht am Gesamteinkommen einen Anteil von 15 %.

Außer der Blumenzucht sind heute **Fischerei** und **Landwirtschaft** – hier hauptsächlich der Kartoffelanbau –, vor allem aber der **Tourismus** die Verdienstquellen der 2000 Insulaner. Aufgrund des milden subtropischen Klimas reicht die Gästesaison von Anfang März bis Ende Oktober. Die weitaus meisten Besucher kommen nur für einen Tag, dies sind im Sprachgebrauch der Insulaner die „Trippers" (von „day trip" = Tagesausflug). Nur 2000 Gäste können auf einmal übernachten; wer dies tut, ist ein „Visitor". Ein paar Leute vom Festland haben ein Häuschen auf den Scillys gekauft und lassen es sich unter den Sonnenstrahlen als „Residents" gut gehen. Schließen wir die Namensgebung damit ab, dass die auf den Inseln geborenen und aufgewachsenen Leute die „Locals" sind und dass die Mitglieder von etwa 20 alteingesessenen Familien als die „Scillonians" die Spitze der Pyramide bilden.

In früheren Tagen waren noch der **Schmuggel** und das **Shipwrecking** Verdienstmöglichkeiten der Insulaner. Entweder hatten Sturm oder Nebel einen Frachter auf eine Sandbank oder ein Riff auflaufen lassen, der dann von den *Scillonians* ganz legal geentert werden konnte, oder aber – schlimmer und über Jahrhunderte eine lebensbedrohende Landplage an Englands Küste – es lockten Strandräuber des Nachts mit falsch gesetzen Lichtern Schiffe ins Verderben, ermordeten die Besatzungen und verhökerten die Fracht.

Dabei waren und sind die **Gewässer** rund um die Isles of Scilly ohnehin **die gefährlichsten** weit und breit. Es ist keine Übertreibung, wenn die *Scillonians*, darauf angesprochen, erwidern: „Every rock in Scilly has a shipwreck", und in einer lokalen Sentenz heißt es: „Auf den natürlichen Tod eines Menschen kommen neun Ertrunkene." Bis in das letzte Jahrhundert hinein beendeten die Bewohner des Archipels ihre Gebete auch immer mit folgendem Anhang: „Oh Herr, wir bitten um Schutz für die Seefahrt, sollte es dir aber gefallen, ein Schiff stranden zu lassen, so geleite es zum Nutzen von uns armen Leuten zu unseren Inseln!“ Wie die Geschichte zeigt, ließ der Herr sich nicht lumpen, er geleitete regelmäßig und unermüdlich.

Schiffskatastrophen vor den Isles of Scilly

Die bisher schlimmste Katastrophe ereignete sich in der Nacht des 22. Oktober 1707; fünf Kriegsschiffe der englischen Flotte – unter ihnen das **Flaggschiff Association** mit *Admiral Sir Cloudesley Shovel* – liefen bei den Scillys auf Grund und 1670 Matrosen ertranken. Der Admiral hingegen kam glücklicherweise an Land, dort jedoch traf eine Bäuerin den völlig erschöpften 75-jährigen Mann, sah zwei wertvolle Ringe an seinen Fingern blitzen und ermordete ihn.

Am 10. Dezember 1798 sank *Her Majesty's Ship* **Colossus,** ein Seemann kam ums Leben. Das 74-Kanonen-Schiff hatte an der Schlacht von Alexandria teilgenommen, in der *Lord Nelson Napoleon* aus Ägypten herauswarf. Auf ihrem Rückweg übernahm die *Colossus* in Neapel die Sammlung etruskischer Vasen des dortigen britischen Botschafters *Lord Hamilton* (dessen Frau *Lady Emma Hamilton* die Geliebte von *Lord Nelson* war). 1975 fanden Taucher eine ganze Reihe dieser 2500 Jahre alten Schmuckgefäße, die heute die etruskische Abteilung im Britischen Museum zieren.

111co

Im Jahr 1800 kamen zwei große **französische Schlachtschiffe** in Sicht, die den Auftrag hatten, die größte Insel, St. Mary's, einzunehmen. Noch bevor ein erster Kanonenschuss abgefeuert war, lief eines der beiden auf einen Felsen, schlug leck, lief voll Wasser und sank. Da drehte der zweite Segler ab und verschwand.

Tragisch verlief die Reise des deutschen **Transatlantik-Liners Schiller,** der mit 100 Besatzungsmitgliedern und 272 Passagieren auf dem Weg von New York nach Hamburg war. Dichter Nebel herrschte am Abend dieses 7. Mai 1875, der Kapitän ließ die Geschwindigkeit auf vier Knoten reduzieren, und rund um das Schiff hielten Matrosen und freiwillige Passagiere Ausschau. Der Kapitän

setzte eine Flasche Champagner für denjenigen aus, der zuerst das Licht des Bishop Rock-Leuchtturms sehen oder dessen Nebelhorn hören sollte. Gegen 22 Uhr lief das Schiff krachend auf ein Riff, und in der nun ausbrechenden Panik konnten nur zwei Rettungsboote sicher zu Wasser gelassen werden. Von den 372 Menschen an Bord überlebten nur 37 das Desaster. Viele der Ertrunkenen wurden von der Strömung auf die See hinausgezogen; weit über hundert Leichen spülten die Wellen in die Buchten der Inseln. Auf dem Kirchhof des Weilers Old Town auf St. Mary's wurden die Opfer in einem Gemeinschaftsgrab beigesetzt. Das Denkmal auf dem Friedhof ließ ein trauernder deutscher Ehemann dann kurze Zeit später errichten.

Am 12. Mai 1915, mitten im Ersten Weltkrieg, traf früh am Morgen das deutsche **Unterseeboot U 29** auf die **Indian City.** Der Kommandant ließ die Besatzung des Frachters in die Boote gehen, torpedierte dann das Schiff, nahm die Rettungsboote an den Haken und schleppte sie nach St. Mary's. Kurze Zeit später kam in Sichtweite der Scillys die **Headlands** vorbei, wieder konnte die Besatzung in die Boote gehen, bevor der Frachter versenkt wurde. Am Abend dann dampfte einige Seemeilen vor den Inseln die **Andalusian** vor die Torpedorohre und wieder schleppte die **U 29** die Rettungsboote dieser Crew in Sicherheit.

Die Plympton

Die Zahl der Schiffe, die an den Klippen der Scillys ins Verderben gingen, ist Legion; dies illustrieren vor allem die folgenden Beispiele. Am 14. August 1909 lief die **Plympton** im dichten Nebel auf den Lethegus Rock, die Mannschaft konnte von dem in St. Agnes stationierten Rettungsboot sicher an Land gebracht werden. Während die Bewohner von St. Agnes den Frachter ausräumten, warf plötzlich eine große Welle das vermeintlich fest auf den Felsen sitzende Schiff um; zwei *Scillonians* saßen im Innern der *Plympton* in der Falle und ertranken. Elf Jahre später krachte der deutsche Frachter **Hathor** auf den gleichen Felsen und sank auf die *Plympton* herab. Ineinander verkeilt liegen beide Schiffe auf dem Grund des Meeres. 1874 lief der Viermastsegler **Minnahaha** auf den Big Jolly Rock; die Seeleute kletterten am Bugspriet entlang und sprangen auf den Felsen. 36 Jahre später rauschte ein Schiff gleichen Namens auf die Untiefen der Scillys. Niemand kam zu Schaden. In der Hoffnung, die **Minnahaha** wieder flott zu bekommen, warf die Mannschaft die gesamte Fracht über Bord, die Bewohner von Bryher fischten alles sorgfältig aus dem Wasser und kamen so zu Geld. In der Nacht vom 25. auf den 26. Oktober 1899 verlor der deutsche Reisfrachter **Erik Rickmers** im dichten Nebel die Orientierung und holte sich am Scilly Rock ein großes Leck. Die Mannschaft konnte von den Seenotrettern aus Bryher an Land geholt werden. Nur Stunden später wurde der gleiche Felsen dem französischen Schiff **Paramé** zum Verhängnis, und wieder liefen

110co

die Männer von Bryher mit ihrem Boot aus und sorgten dafür, dass niemand zu Schaden kam.

Im Jahre 1869 wurden die *Scillonians* auf ein Schiff aufmerksam, das auf einem gefahrvollen Kurs durch den Archipel schlingerte. Das Rettungsboot fuhr aus, und als die Männer die **Sophie** betraten, kam ihnen lediglich ein vor Freude kräftig mit dem Schwanz wedelnder Hund entgegen. Die Crew war verschwunden. Der Segler wurde nach St. Mary's geschleppt, wo der Gouverneur des Archipels, *Algernon Dorrien Smith,* mit der Kohlenladung sein Gewächshaus heizte und aus dem Holz Zäune anlegen ließ. Monate später löste sich das Rätsel. Die Mannschaft hatte nach einem Mastbruch das alte Schiff verlassen und war von einem Frachter übernommen worden. Der Besitzer verklagte *Smith* auf Schadensersatz und bekam Recht. Der Hund galt als Mannschaftsmitglied, somit war das Schiff nicht verlassen und die *Scillonians* hätten die **Sophie** nicht in Besitz nehmen dürfen.

1926 ging die italienische **Isabo** vor dem Scilly Rock unter und nahm sechs Seeleute mit in ihr nasses Grab. Gerettet wurde u.a. der Schiffskoch. 29 Jahre später sank der Frachter **Mando** vor dem Archipel und das gleiche Rettungsboot wie fast drei Jahrzehnte zuvor rettete den Koch erneut.

An einem Freitag, dem 13. des Jahres 1907 sorgte die **Thomas W. Lawson,** mit ihren sieben Masten das größte je gebaute Segelschiff, für die erste Ölpest weltweit. Der stählerne Segler lief auf Grund, 90.000 Liter Rohöl liefen aus und verseuchten die Küste der Scillys.

Das Schiff mit der höchsten Tonnage, das bisher an den Scillys strandete, löste auch das bisher größte ökologische Desaster der Region aus. Am 18. März 1967 beschloss der Kapitän des unter liberianischer Flagge laufenden Tankers **Torrey Canyon,** ein paar Stunden Zeit einzusparen und zwischen Land's End und den Scillys durchzufahren, anstatt die weniger gefährliche Route westlich des Archipels zu nehmen. Im hellen Tageslicht und bei allerbesten Sichtverhältnissen übersah die Crew das Feuerschiff von Sevenstones und lief mit voller Kraft von 16 Knoten (29,6 km/h) auf den Pollard Rock. 119.000 Tonnen Rohöl flossen aus und trieben auf die Küste von Cornwall zu, wo Tausende von Seevögeln qualvoll verendeten. *Navy* und *Airforce* schossen das Wrack und den Ölteppich in Brand, eine Aktion, bei der der damalige Premierminister *Harold Wilson* von St. Mary's aus zusah.

Eine Reihe alter Wracks mit wertvoller Ladung sind in den letzten drei Jahrzehnten rund um die Isles of Scilly entdeckt worden. 1971 fanden Taucher nach langer Suche den holländischen Ostindiensegler **Hollandia,** der Silber geladen hatte und am 13. Juli 1743 auf seiner Jungfernfahrt an den Scillys scheiterte. 1973 ortete man die 1686 untergegangene **Princess Maria,** 1991 die nach Schätzungen mit Gold im Wert von 11 Mio. £ beladene **Princess Adriana,** die 1744 vor den Insel absoff. 1974 fand man auch das Wrack der holländischen **Zeelilie,** die aus Südostasien kam und u.a. mit chinesischem Porzellan beladen war, von dem Taucher einige Stücke bergen konnten.

☒ Die Erik Rickmers

Leuchtfeuer auf Bishop's Rock

Die Zahl der Katastrophen veranlasste die staatlichen Autoritäten schon früh, mit dem Bau von Sicherheitseinrichtungen zu beginnen. Nachdem im Jahre 1619 der erste cornische Leuchtturm am Lizard Point seinen Betrieb aufgenommen hatte, kam 1680 auf dem höchsten Punkt von St. Agnes ein weiterer Signalturm hinzu. In einer Höhe von 41,50 m glomm an der Spitze in einem Eisenkorb ein Kohlenfeuer und sandte seinen roten Schimmer in die schwarze Nacht.

Zwei Jahrhunderte sollte es noch dauern, bis auf dem Bishop Rock, der westlichsten Klippe der Scillys, ein Leuchtturm erbaut werden konnte, der den von Nordamerika herannahenden Schiffen sicher den Eingang in den englischen Kanal wies. Die Arbeiten gestalteten sich schwierig, da der flache Felsen bei hoher Tide überflutet wird. 1849 begannen die ersten Arbeiten an einem eisernen Turm, der in seinem unteren Teil durchbrochen war, damit die See ihn dort weitgehend ungehindert durchspülen konnte und somit die Gewalt der anbrandenden Wellen geschwächt wurde. Doch am 5. Februar 1850 ließ ein Sturm das halbfertige Bauwerk auf Nimmerwiedersehen verschwinden. Nun zog man bis in einer Höhe von 13,50 m eine massive steinerne Konstruktion vor, mauerte ab da die Wände noch immer zu einer Dicke von 1,50 m aus und selbst an der Spitze, in einer Höhe von 35 m über Hochwasser, sind sie noch immer 60 cm stark. Am 1. September 1858, rechtzeitig vor Beginn der stürmischen und nebligen Jahreszeit, wurde der Leuchtturm in Anwesenheit von Prinz Albert, Königin Viktorias Ehemann, eingeweiht.

Wie gewaltig die Wellenberge sein können, die am Bishop Rock Lighthouse anbranden, zeigt ein Fischernetz, das sich einmal in 21 m Höhe um den Turm gewickelt fand; eine andere Monsterwoge riss einige Jahre später das unterhalb des Leuchtfeuers befindliche Nebelhorn herunter. 1882 wurde der Turm auf eine Höhe von 52 m aufgestockt, Bishop's Rock ist damit der höchste Leuchtturm der Britischen Inseln. 1925, in einer furchtbaren Sturmnacht, brandete eine Jahrhundertwelle an den Leuchtturm, die noch in dieser Höhe die Kraft hatte, die Glaslinsen zu zerstören und das Licht zu löschen. Seit 1975 ist das Bishop's Rock Lighthouse mit einer Hubschrauberplattform versehen.

Der Bishop's Rock-Leuchtturm markiert auch den Anfangs- oder Endpunkt bei der Jagd nach dem so genannten Blauen Band, der Auszeichnung für die schnellste Atlantiküberquerung. Pendant zum Bishop Rock ist das Ambrose Lighthouse vor dem Hafen New Yorks. Dazwischen liegen 3106 Seemeilen, die das italienische Hochgeschwindigkeitsboot Destriero im Sommer 1992 in 58 Stunden, 34 Minuten und 4 Sekunden zurücklegte. Das 36,60 m lange Boot erreichte eine Höchstgeschwindigkeit von 60 Knoten (111 km/h) und durchpflügte mit einer Durchschnittsgeschwindigkeit von 53 Knoten (98 km/h) den Atlantik. Der schwerreiche Aga Khan hat für diesen unnützen Rekord die Summe von 40 Mio. £ aus dem Fenster geworfen.

Ebenfalls im Sommer 1992 wurden Pakete mit Kokain im Wert von 220.000 £ an den Strand von St. Martin gespült; niemand wusste, woher das Zeug kam.

Flora und Fauna

Um die Natur auf den Inseln und rundherum vor den verderblichen Einflüssen des Massentourismus zu schützen, bleibt die Bettenkapazität auf 2000 begrenzt; die Einwohner der Scillys sind sich da mit *Prince Charles* einig, der ja als *Duke von Cornwall* Eigentümer der Eilande ist. Mit dem Blaublüter als Zugpferd haben die *Scillonians* durchgesetzt, dass die Inseln als so genannte **Area of Outstanding Natural Beauty,** die Küste als **Heritage Coast** sowie die Gewässer drum herum als **Marine Park** ausgewiesen sind und damit unter Naturschutz stehen. Die Verwaltung des *Duchy of Cornwall* hat auf Anregung von *Prince Charles* das gesamte öffentliche Land des Archipels vorläufig, für die Zeitdauer von 99 Jahren, dem Schutz des 1985 gegründeten **Isles of Scilly Environmental Trust** übergeben. Die Verwaltung dieses *Trust* liegt in den Händen von elf Treuhändern und einem Vorsitzenden, sie alle sind*Scillonians.*

Von den rund 140 unbewohnten kleinen und größeren Inseln sind nur elf ganzjährig für die Besucher geöffnet, acht weitere bleiben in der Brutzeit vom 15. April bis zum 20. August geschlossen; alle anderen Eilande sind Refugien für **Seevögel** und **Robben.**

Fauna

Besucher, die länger als nur einen Tag auf den Inseln bleiben, wollen entweder wandern („... this should be done slowly, beauty is too rare to be hurried ...") oder Vögel beobachten. Im Herbst kommen die **Zugvögel,** die in dem milden Klima der Inseln überwintern. 60 Arten brüten auf den Eilanden, 26 Spezies besuchen die Inseln in den Sommermonaten und 111 Vogelarten überwintern regelmäßig, davon kommen 35 Spezies von Jahr zu Jahr in immer kleineren Populationen und sind zunehmend vom Aussterben bedroht.

Ohne ein starkes Fernglas sollte man nicht auf die Scillys fahren; beobachten lassen sich die majestätischen **Kormorane** *(Cormorant),* die lustig aussehenden **Papageientaucher** *(Puffin),* **Austernfischer** *(Oystercatcher),* **Tordalk** *(Razorbill),* der bunt schillernde **Eisvogel** *(Kingfisher),* die **Eiderente** *(Eiderduck),* **Trottellumme** *(Guillemot)* und **Sturmschwalbe** *(Storm Petrel),* die unermüdlich ihren englischen Namen „*Kittiwake, Kittiwake*" krächzende **Dreizehenmöwe** sowie die an Land recht unbeholfenen und daher treffend benannten **Basstölpel** *(Northern Gannet),* die aus großer Höhe in spektakulären Sturzflügen ins Meer schießen. Der mächtigste Vogel in den Kolonien der Scillys ist die **Mantelmöwe** *(Great black-backed gull),* die eine Spannweite von mehr als 1,50 m erreichen kann. Wohlgelitten ist sie bei den *Birdwatchern* nicht, denn sie bringt die allseits beliebten, putzigen Papageientaucher ums Leben, greift sich allerdings auch Ratten, Mäuse und Kaninchen.

Vor den Inseln sieht man gar nicht einmal so selten den für Menschen ungefährlichen **Riesenhai** *(Basking Shark),* dessen mächtige Rückenflosse drohend aus dem Wasser ragt, während er langsam seine Runden dreht. Der bis zu 10 m lang werdende Hai ernährt sich von Plankton und Garnelen.

Delfine und **Tümmler** kommen häufiger ins Blickfeld des Feldstechers. Freude kommt auf bei Groß und Klein, wenn solch ein Schwarm voller Lebensfreude über das Wasser hüpft.

Robben sonnen sich gerne auf den Steinen und Felsen und sind ob ihres putzigen Verhaltens beliebt bei Jung und Alt.

Bis 1981 übrigens gab es keine **Igel** auf den Scillys, nun sind sie recht zahlreich anzutreffen; niemand weiß, wie die stachligen Gesellen auf die Inseln gekommen sind.

Flora

Die **subtropische Pflanzenvielfalt** des Archipels zeigt sich am schönsten in den *Abbey Gardens* auf der Insel Tresco. Hier gedeihen in üppiger Pracht **Zitronen, Bananen,** neuseeländische **Harthölzer,** burmesisches **Geißblatt,** indische **Fächerfarne,** südamerikanische **Lilien** sowie mexikanische und afrikanische **Palmen.** 1991 wuchs eine **Yucca** innerhalb von 14 Tagen auf 3,60 m Höhe, was einen Eintrag ins Guinness Buch der Rekorde brachte. Im Garten findet sich auch die so genannte **Valhalla,** eine überdachte Halle, in der Galionsfiguren und Kanonen von über 70 gesunkenen Schiffen ausgestellt sind.

077co se

In Hugh Town auf St. Mary's

St. Mary's

St. Mary's kann man, selbst bei ausgedehnten Pausen, gut an einem Tag umwandern. In Hugh Town, der Inselhauptstadt, sollte man sich das oberhalb des Hafens gelegene, achteckige und sternförmige **Star Castle** ansehen, das 1993 seinen 400. Geburtstag feierte. 1593, nach dem Sieg der Engländer über die Armada errichtet, sollte es spanische und französische Angreifer abschrecken. Heute ist hier ein Hotel untergebracht. Von dort oben hat man einen guten Ausblick über den Naturhafen von St. Mary's und kann weit über das Meer bis hin zu den Nachbarinseln schauen. Sonnenuntergangsfanatiker finden hier den besten Standplatz für das unvermeidliche Abendrotfoto. In der Church Street macht ein kleines **Museum** mit der Geschichte des Archipels und seinen dramatischen Schiffsuntergängen bekannt (www.iosmuseum.org). Will man nicht die ganze Insel wandernd umrunden, so sollte man wenigstens die südlich von Hugh Town ins Meer reichende **Penninis-Halbinsel** entlangspazieren. Man wird mit einer Reihe prachtvoller Felsformationen belohnt, die so illustre Namen wie *Monk's Cowl* (Mönchskutte), *Tooth Rock, Kettle and Pans* (Kessel und Pfannen), *Pulpit Rock* (Kanzelfelsen) tragen. Eine kleine Höhle hat ein begabter Witzbold *Izzicumpucca* getauft. Am **Penninis Head** sorgt ein **Leuchtturm** für Sicherheit.

Im Hafen von **Hugh Town,** der Inselkapitale von St. Mary's, sorgt seit 1837 die **RNLI** für Sicherheit in den umgebenden Gewässern und die *Whitehead,* ein Rettungskreuzer der Severn-Klasse, liegt hier im Hafenbecken vor Anker *(afloat).*

078co se

☒ Der Hafen von Hugh Town, St. Mary's

Tresco

Die Hauptattraktion von Tresco sind die schon erwähnten **Abbey Gardens** mit der **Valhalla** und dem Abenteuerspielplatz für Kinder. Schöne Sandstrände verlocken im südlichen Teil der Insel dazu, in die blauen Fluten zu springen. Vom Inselweiler **New Grimsby** – hier ist in einer kleinen Wallmauer unübersehbar der Anker des oben erwähnten Seglers *Sophie* eingemauert – an der Westküste führt ein Pfad nordwärts zu **Cromwells Castle;** der knapp 20 m hohe runde Wehrturm sollte ab 1651 Schutz vor holländischen Angriffen bieten. Nahebei ragt **King Charles' Castle** in den blauen Himmel. Die 1554 in Betrieb genommene Verteidigungsanlage war kein Schmuckstück ihres Erbauers. Der Platz für das Fort war so schlecht gewählt, dass die Kanonen nicht in allen Richtungen freies Schussfeld hatten. Ebenfalls im Norden von Tresco findet der Besucher **Piper's Hole,** eine 80 m tief in den Felsen reichende Höhle, die in früheren Jahren Lager einer Schmugglerbande war und – viel romantischer – davor Meerjungfrauen als Wohnung diente.

St. Martin's

St. Martin's ist bekannt für seine langen feinen Sandstrände. Im Osten der Insel ragt ein rotweißes lichtloses **Daymark,** eine Tagesmarkierung, auf, die 1683 (und nicht 1637 wie die Inschrift besagt) als kleine Sicherheit für die Schifffahrt errichtet wurde.

St. Agnes

St. Agnes ist nur bei Flut von ihrem Annex Gugh getrennt, bei Ebbe kann man über den harten Sand die wenigen Schritte herüberlaufen, um beispielsweise den **Old Man of Gugh,** eine bronzezeitliche Steinsetzung zu bewundern. Am **Kittern Hill,** dem nordwestlichen Zipfel von Gugh, finden sich eine Reihe von Hügelgräbern, darunter auch das 1900 ausgegrabene **Obadiah's Barrow,** ein megalithisches Sitzgrab. Der Big Pool von St. Agnes, im Norden der Insel gelegen, ist einer der bevorzugten Anlaufpunkte der Hobby-Ornithologen, hier überwintern viele Wasservögel. Im Südwesten darf man den **Beady Pool** genannten Strand nicht auslassen, denn hier lohnt die Schatzsuche. Im Wasser liegt ein Segler aus dem 17. Jh., der u.a. Glasperlen geladen hatte; immer wieder bringen Wellen die aus holländischer Manufaktur stammenden Schmuckstückchen an den Strand.

122co sb

Bryher

Auf Bryher, von nur rund 50 Einwohnern besiedelt, lockt der **Great Pool** die *Bird Watchers.* Ganz im Norden lohnen lange Blicke auf die mächtigen Felsen, an denen die Wellen des Atlantik donnernd anbranden und die Gischt hochspritzt.

Praktische Tipps

Anreise

- **Hubschrauber:** Tgl. Penzance – St. Mary's und Tresco, Flugzeit 20 Min., Hin- und Rückflug 190 £, am selben Tag 110 £, www.islesofscillyhelicopter.com.
- **Flugzeug:** Mo–Sa mit dem Skybus ab Land's End, Newquay, Exeter, Bristol oder Southampton, Flugzeit 15–90 Min., Einfach 60 £ (ab Land's End) bis 135 £ (ab Southampton), Hin- und Rückflug am selben Tag 75 £ (Land's End) 85 £ (Newquay), www.ios-travel.co.uk.
- **Fähre:** Mo–Sa 9.15 Uhr Penzance – St. Mary's mit der Scillonian III, 16.30 Uhr zurück von St. Mary's, Fahrzeit 2¾ Std., Einfach ab 42,50 £, Kinder 2–15 Jahre 21,50 £, Hin- und Rückfahrt am selben Tag (ohne Gepäck) 35 £, Kinder 2–15 Jahre 18 £.

Begegnung auf der Landstraße

Die Scillonian III ist ein Frachtschiff, gerechnet wird nach Gewicht. Daher ist die Überfahrt pro Person ohne Gepäck recht günstig. Besucher können sich dann rund 4 Stunden auf St. Mary's die Füße vertreten, www.islesofscilly-travel.co.uk.

Tourist-Information

- **The Old Wesleyan Chapel,** Hugh Street, Hugh Town, St. Mary's, Tel. 01720-424031.
- www.simplyscilly.co.uk
- www.tresco.co.uk
- www.st-agnes-scilly.org
- www.bryer-ios.co.uk

Unterkunft

Hotels

- **Star Castle Hotel,** Hugh Town, St. Mary's, The Garrison, Tel. 01720-422317, www.star-castle.co.uk. Ein Hotel in der ehemaligen, 1593 erbauten Festung der Inselkapitale Hugh Town, sehr ansprechendes Ambiente, mit gutem Restaurant in der ehemaligen Offiziersmesse, DZ ab 159 £ (Halbpension).
- **Tregarthen's Hotel,** Hugh Town, St. Mary's, 100 m vom Kai entfernt, Tel. 01720-422540, www.tregarthens-hotel.co.uk. Alteingesessenes Hotel, gegründet 1848 von *Captain Tregarthen,* DZ ab 130 £.
- **New Inn,** Tresco, am New Grimsby Quay, Tel. 01720-422844, www.tresco.co.uk/stay/new-inn. Freundliches Haus mit 14 komfortablen Zimmern, DZ ab 150 £ (Halbpension).
- **Hell Bay Hotel,** Bryher, Tel. 01720-422947, www.hellbay.co.uk. Freundliches Haus auf der kleinsten der Scilly Isles, DZ ab 200 £ (Halbpension).
- **St. Martin's on the Isle,** St. Martin's, Lower Town, Tel. 01720-422090, www.stmartinshotel.co.uk. Perfektes Haus für diejenigen, die die Einsamkeit suchen, hervorragendes Restaurant, DZ ab 160 £ (Halbpension).

B & B

- **Carnwethers Country House,** St. Mary's, Carnwethers, Pelistry Bay, Tel. 01720-422415, www.carnwethers.com. Zehn Zimmer *en suite,* DZ ab 90 £.
- **Crebinnick House,** St. Mary's, Church Street, Tel. 01720-422968. Sechs Zimmer *en suite,* DZ ab 76 £.

Camping

- **Garrison Campsite,** St. Mary's, Tower Cottage, The Garrison, Tel. 01720-422670, www.garrisonholidays.com. 10-minütiger Fußweg vom Hafen zu The Garrison.

Essen und Trinken

Pubs

- **Mermaid Inn,** der Gasthof zur Seejungfrau liegt direkt am Hafen von Hugh Town, St. Mary's, gute Ausblicke auf das Treiben an den Kaianlagen, ordentliche *Bar Meals.*
- **The Bishop and Wolf,** Hugh Town, St. Mary's, freundlicher, blumengeschmückter Pub an der Hauptdurchgangsstraße, *Bar Meals,* angeschlossenes Restaurant ab 18 Uhr geöffnet.
- **Turk's Head,** St. Agnes, der südwestlichste Pub Englands hat neben der urigen Atmosphäre auch Brauchbares auf der Speisekarte.

> Landbriefkasten

POST OFFICE
E R
Last Collection Time
Monday to Friday
5.00pm
A later collection is made at 6.15pm
from the Postbox at
St Ives Post Office
Saturday
11.30am
Other Collections

123co sb

Überblick | 151
Hayle | 152
Camborne, Redruth
und Gwennap Pit | 153
Portreath | 154
Porthtowan | 155
St. Agnes | 156
Perranporth | 158
Newquay | 159
Padstow | 164
Wadebridge | 170
Polzeath, die Dymer Bay
und St. Enodoc Church | 171
Port Isaac, Port Quin
und Port Gaverne | 173
Tintagel | 175
Boscastle | 177
Bude | 180
Morwenstow | 181

www.fotolia.com © Zechal

Dieser Abschnitt der Grafschaft ist hervorragend

Die nördliche Küste Cornwalls

geeignet für Surfer, die mit den vielen breiten und sandigen Gestaden von Newquay ihr Zentrum finden.

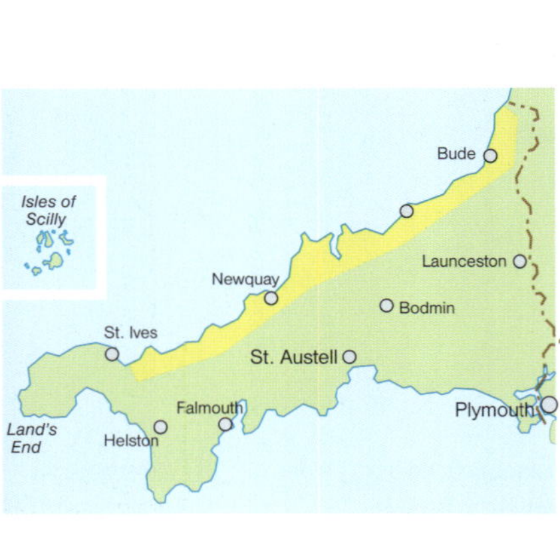

HIGHLIGHTS

Besondere Tipps*:

- **Newquay:** S. 159
- **The Saints' Way:** S. 166
- **The Camel Trail:** S. 168

***Diese Tipps erkennt man im Buch an der gelben Hinterlegung im Kapitel.**

Vorherige Seite:
Stufen am Tintagel Castle

RAUE UND FELSIGE NORDKÜSTE

Die Fahrt die Küste aufwärts lohnt allein schon wegen der spektakulären Szenerie mit Steilküste und Sandstränden, nicht zu vergessen die Strandabschnitte, die die Surfer für sich erobert haben wie Mawgan Porth oder Constantine Bay.

Überblick

Die Nordküste Cornwalls, die sich von der St. Ives Bay entlang des Bristol Channel bis zum Weiler Morwenstow an der Grenze zu Devon zieht, ist landschaftlich rauer und felsiger als der Rest der Region. Sie besitzt eine ganze Reihe von großen, mehr oder minder geschützten **Sandstränden,** die zu den schönsten Südenglands zählen. Noch häufiger als sonst in Cornwall sieht man im Küstenhinterland Ruinen und Überreste von Maschinenhäusern der einstigen Zinnminen. Die beiden grauen Städte von **Redruth** und **Camborne** waren in früheren Tagen die Zentren der Grubenindustrie und ein interessantes Museum informiert über die einst weltgrößte Zinnförderung. **Newquay** ist mit seinen elf Stränden das Mekka der Surfer.

Das alte Hafendorf **Padstow** hat eine ungeheuer lebendige Ausstrahlung und selbst während der Hochsaison stören die vielen flanierenden Besucher rund um die Kaianlagen kaum. Hinzu kommt, dass sich vor Ort eines der besten Restaurants ganz Großbritanniens befindet – das *Seafood Restaurant* von *Rick Stein.* Padstow ist außerdem zum einen Ausgangspunkt für die **Mehrtageswande-**

rung auf dem **Saints' Way** nach Fowey (siehe Exkurs) und zum anderen Start für die **Fahrradstrecke** auf dem **Camel Trail** über Wadebridge bis ins Bodmin Moor (siehe Exkurs). **Port Isaac** und **Boscastle** sind zwei wirklich zauberhafte Örtchen, wohingegen **Tintagel** auch schon mal als Touristenfalle bezeichnet wird. Hier soll der legendäre *König Artus* seine Tafelrunde gepflegt haben. **Bude** ist ein unspektakuläres *Seaside Resort* mit guten Stränden für Surfer ebenso wie für Familien mit Kindern. Und unmittelbar an der Grenze zu Devon bietet der Weiler **Morwenstow** zwar keinerlei Sehenswürdigkeiten, ist dafür aber mit der Geschichte eines ungewöhnlichen Mannes verbunden.

Informationen zur cornischen Nordküste finden ihren Urlaub planende Besucher im **Internet** unter www.north-cornwall.co.uk.

Hayle

Der Ort am östlichen Ende der Carbis Bay liegt ganz im Schatten des übermächtigen St. Ives. Wahrgenommen wird eigentlich nur der mächtige **Viadukt,** auf dem die Eisenbahn von London nach Penzance verkehrt. Hayle besitzt einen der ältesten Häfen Cornwalls, der geschützt in einer kleinen Bucht liegt. In diese münden gleich mehrere Flüsse – und so bedeutete Hayle in der cornischen Sprache so viel wie „Flussmündung". Eigentlich ist es gar kein richtiger Hafen, sondern die schmale Trichtermündung des River Hayle, die mit einer Kaimauer versehen wurde. Schon in der Bronzezeit wurde hier Kupfer aus Irland angelandet, um die gefährliche Umseglung von Land's End zu vermeiden. Auf dem Landweg ging das Metall dann weiter nach St. Michael's Mount und von dort verschiffte man es in die Bretagne. Mit Beginn der industriellen Revolution wurde die Familie *Harvey's of Hayle* ein weltweiter Begriff, denn das Ingenieurbüro und die Gießereien von *Harvey's* lieferten Maschinenteile für die Minen und die Eisenbahn. Eine Bahnlinie verband in früheren Tagen den Hafenort mit Redruth.

Am Kirchturm des Gotteshauses von Hayle erkennt man einen eisernen Korb. Dort brannte in früheren Tagen ein Feuer als **Leuchtsignal** für die Schiffe bei Nacht.

Einen Steinwurf südlich von Hayle liegt an der Straße nach Helston der **Paradise Park,** ein Vogelpark, der neben über 300 verschiedenen Papageienarten weitere vom Aussterben bedrohte Vögel beherbergt, so etwa Eulen, Adler und Falken. In den Sommermonaten gibt es mehrmals täglich Flugvorführungen. Das Areal – ausgeschildert vom Ortszentrum in Hayle – wird vom *World Parrot Trust* unterhalten. Neben den vielen anderen Piepmätzen gibt es einen Papageiendschungel, weitere Attraktionen sind das hölzerne *Palisaden-Fort Paradise,* die Miniatureisenbahn *Paradise Railway,* ein *Walled Garden* und *Glanmour House,* das 1861 erbaute Heim der oben schon erwähnten Familie *Harvey.* Mit Kindern kann man hier problemlos einen ganzen Tag verbringen (tgl. ab 10 Uhr, Mai–Sept. bis 17 Uhr, Frühling/Herbst bis 16, Nov.–Febr. bis 15 Uhr; Eintritt 12,95 £, Kinder 3–15 J. 9,95 £; www.paradisepark.org.uk).

Essen und Trinken

Pub

■ **The Royal Standard Inn,** am Hafen, freundlicher, blau gestrichener Pub mit Biergarten, Familienraum und guten *Bar Meals* zur Mittagszeit.

Gwennap Pit, Versammlungsstätte der Methodisten

Camborne, Redruth und Gwennap Pit

Von St. Ives führt die A 3074 gen Osten vorbei an der Carbis Bay und trifft dahinter auf die nach Nordosten strebende A 30, die an den fast zusammengewachsenen Städten **Camborne** und **Redruth** vorbeiführt. Beide Ansiedlungen sind nicht gerade ein *Eldorado* für Besucher, aber doch zwei Städte, die viel über die industrielle Vergangenheit Cornwalls verraten. Vor 200 Jahren waren die beiden Orte für Zweidrittel der **Weltkupferproduktion** verantwortlich und um

1850 arbeiteten 50.000 Menschen in den etwa 350 Bergwerken rund um die Städte. Viele der Kumpel wurden dann am Ende des 19. Jh. zur Auswanderung gezwungen, da nun Kupfer in Afrika am Viktoria-See und Zinn in Malaysia wesentlich billiger abgebaut werden konnten als in Cornwall. Und von diesem Schlag haben sich Redruth und Camborne bis heute nicht erholt.

Dank des imposanten Pumphauses nicht zu übersehen ist die **East Pool Mine.** Hier stehen zwei original Maschinenhäuser und die Räder drehen sich bis heute (März–Ende Mai und Anfang Sept.–Anfang Nov. tgl. außer Di und Sa, Juni–Anfang Aug. tgl. außer Di, Eintritt 7 £, Kinder 3,50 £ (www.nationaltrust.org.uk/eastpoolmine).

Einige Kilometer südöstlich von Redruth liegt beim Weiler St. Day die **Gwennap Pit,** ein kreisrundes, grasbewachsenes und terrassiertes „Loch", an dem zwischen 1762 und 1786 Abertausende von Zinnminen-Kumpeln mit ihren Familien die sprachgewaltigen Predigten von *John Wesley,* dem Begründer der Methodisten-Kirche, hörten. Das „Amphitheater" hier wurde 1805 errichtet, fasst 2.000 Besucher und ist bis heute Schauplatz der Methodistentreffen zum alljährlichen *Whit Monday* (Besucherzentrum geöffnet Ostern–Ende Sept. Mo–Fr 10–16.30, Sa 10–13 Uhr, www.gwennappit.co.uk).

Portreath

Portreath war einmal der **Hafen von Redruth,** über ihn wurden Zinn und Kupfer verschifft sowie Kohle aus Wales angelandet. Die *Bassets,* eine der reichsten cornischen Familien des 18. Jh., legten den Grundstein für die maritime Handelstätigkeit. Bis 1960 waren die Kaianlagen noch in Betrieb, dann stellten sich die Bewohner auf den **Tourismus** um; heute finden sich hier viele Ferienunterkünfte.

Vor dem **Strand** erhebt sich ein mächtiger Felsen aus dem Wasser.

Unterkunft

B & B

- **Cliff House Bed & Breakfast,** Tel. 01209-843847, www.cliffhouseportreath.com, 2 Min. zum Strand, ruhige Lage, DZ ab 67 £.

Jugendherberge

- **Nance Farm,** Illogan, Portreath, Tel. 01209-842244, www.yha.org.uk.

Essen und Trinken

Pubs/Restaurant

- **The Waterfront Inn,** ein *Free House* zwischen Strand und Hafen, hält die Versorgung der Fischer

[>] Der Strand von Porthowan

und Schwimmer mit Getränken und *Bar Meals* aufrecht.

■ **Basset Arms,** oberhalb von Hafen und Strand, ebenfalls ein *Free House,* Anfang des 19. Jh. für die Hafenleute erbaut.

■ **Atlantic Café Bar,** am Parkplatz gelegen, Café mit Aussicht.

Porthtowan

Der Weiler Porthtowan liegt rund 4,5 km nördlich und ist zu Fuß auf direktem Weg über den Küstenpfad zu erreichen. Mit dem Auto sind die 3 Meilen Straße schnell zurückgelegt und der Weg lohnt sich. Macht Portreath eher einen ruhigen, gediegenen Eindruck mit seinen schmucken Ferienhäuschen, so ist Porthtowan **jünger und hipp.** Denn hier treffen sich die **Surfer** am langen Sandstrand, um die Welle zu reiten. Das Örtchen ist auf diese Gemeinschaft ausgerichtet: Es gibt Surfschulen, ein Backpacker Hotel, eine Beach Bar, einen Laden für alles und es herrscht eine gewisse „Laid back"-Atmosphäre. Wer surfen lernen will, ist hier sicher an der richtigen Stelle. Bei der örtlichen Surfschule, der **Falmouth & Porthtowan Surfschool,** kostet ein Halbtageseinsteigerkurs in der Gruppe 25 £, ein ganzer Tag 40 £, Privatunterricht (1 zu 1) 40 £, www.falmouthsurfschool.co.uk.

Unterkunft

Hotel

■ **Beach Hotel,** West Cliff, Tel. 01209-890228, www.thebeachhotel.net. Oberhalb vom Strand in Porthtowan, Treppenstufen führen hinunter zum Gestade, alle Zimmer mit prachtvollen Ausblicken über die See, p.P. ab 32 £, mit Rabatt bei längerem Aufenthalt.

124co sb

■ **Porthtowan Backpackers,** Tel. 01209-891697, www.sicklamelazy.co.uk. Neben dem örtlichen Laden über einem kleinen Andenkenshop untergebracht. Einfache Zimmer, sehr freundliche Eigentümer, Bett im Schlafsaal 21 £.

Camping

■ **Rose Hill Touring Park,** Tel. 01209-890802, www.rosehillcamping.co.uk. Von der A 30 auf die B 3277 in Richtung St. Agnes, nach 1,5 km links ab in Richtung Porthtowan, Platz 100 m hinter der Beach Road.

Essen und Trinken

Pub/Restaurant

■ **The Unicorn,** ein *Free House,* „open all day", *Bar Meals* zwischen 12.30 und 21.30 Uhr.

■ **Blue Bar,** www.blue-bar.co.uk, alles von Muscheln bis Waffeln, mit Blick auf den Strand, 5 bis 15 £.

St. Agnes

Nördlich, etwa 8 km von Redruth entfernt, liegt das einstige Minendorf St. Agnes. 1,5 km im Landesinneren, ist der Ort umgeben von Dutzenden Geisterruinen ehemaliger Maschinenhäuser der Zinngruben.

Peterville heißt der untere Teil der Siedlung, **Churchtown** der obere und entlang dieses **Town Hill** – genannt „Stippy-Stappy" – reihen sich in Terrassen auf einer Seite die nett aussehenden Cottages der ehemaligen Minenarbeiter entlang. In Churchtown ragt die **St. Agnes Kirche** in den Himmel, die an das Martyrium des gleichnamigen 13 Jahre alten römischen Mädchens erinnert, das im Jahr 304 für seinen Glauben in den Tod ging. Das heutige Gotteshaus datiert von 1849 und ersetzte eine Kapelle aus dem 14. Jh.

Einen Blick wert ist das **St. Agnes Museum** an der Penwinnick Road, hier gibt es alles aus St. Agnes zu sehen – von Fischerei bis Folklore, von Minen bis zu Schildkröten (Ostern–Okt. tgl. 10.30–17 Uhr, Eintritt frei).

In der **Blue Hill Tin Streams,** 1,5 km nordöstlich von St. Agnes, wird man auf einer geführten, hochinteressanten Tour mit der Extraktion von Zinn aus dem Gestein vertraut gemacht (Ostern–Okt. Mo–Sa 10.30–17 Uhr).

1,5 km westlich vom Ort kann man den Wagen am **Beacon Drive** abstellen und von dort in einer Viertelstunde den St. Agnes Beacon erklimmen. Der Hügel ist rund 200 m hoch, die Aussicht von oben ist prachtvoll. Bei klarem Wetter soll man bis zum St. Michael's Mount schauen können.

An **St. Agnes Head,** in den Klippen der Kapspitze, brüten viele Seevögel und die Luft ist erfüllt vom heiseren Schreien der Möwen, dem Pfeifen des Windes und dem Wellenschlag. Das Vorgebirge ist von schönen Stränden eingerahmt, so liegt im Norden **Trevaunance Cove,** wo mehrere Versuche scheiterten, einen Hafen für St. Agnes anzulegen. Von einem Kai aus wurde hier Zinn verschifft; 1934 zerschlug ein Sturm den Pier, so, wie es schon viermal zuvor passiert war. Der lange Sandstrand mit sehr guter Wasserqualität zieht viele Surfer an. Südlich von St. Agnes Head erstreckt sich **Chapel**

Porth, bei Ebbe sandig, bei Flut steinig. Schwimmer und Surfer seien auf die starken Strömungen hingewiesen, die Ungeübten hier schnell gefährlich werden können.

Die **RNLI Station** von St. Agnes wurde im Jahr 1968 eingerichtet; die *Blue Peter IV* ist ein Rettungsschlauchboot *(Inflatable)* der D-Klasse.

Unterkunft

Hotels

■ **St. Agnes Hotel,** Churchtown, St. Agnes, Tel. 01872-552307, www.st-agnes-hotel.co.uk. Sechs Zimmer, alle *en suite,* DZ ab 100 £.

■ **Rosemundy House,** Rosemundy Hill, Tel. 01872-552101, www.rosemundy.co.uk. Schönes Haus in großem, ruhigem Garten, DZ ab 120 £.

■ **Sunholme,** Goonvrea Road, Tel. 01872-552318, www.sunholme.co.uk. Familiengeführtes Haus nahe dem St. Agnes Beacon, DZ ab 65 £.

B & B

■ **Penkerris,** Penwinnick Road, Tel. 01872-552262, www.penkerris.co.uk. Drei Zimmer *en suite,* drei ohne Bad, DZ ab 55 £.

Camping

■ **Beacon Cottage Farm Touring Park,** Beacon Drive, Tel. 01872-552347. Von der A 30 am *Threeburrows Roundabout* in die B 3277 Richtung St. Agnes, dann links hinein in den Beacon Drive.

Essen und Trinken

Pubs/Restaurants

■ Pub/Restaurant im **St. Agnes Hotel,** mit Biergarten (s.o.).

■ **St. Agnes Meadery,** Churchtown, Familienrestaurant in einem burgähnlichen Gebäude, Gerichte zwischen 10 und 13 £.

■ **The Railway Inn,** Churchtown, freundlicher Pub mit Biergarten und *Bar Meals.*

■ **Porter's Ale House,** Peterville, hält die Versorgung mit Speis und Trank im zweiten Stadtteil von St. Agnes aufrecht.

⊡ Die Häuserzeile Stippy-Stappy in St. Agnes

Perranporth

Hinter einem alten Flughafen aus dem Zweiten Weltkrieg liegt am südlichen Ende des 4,5 km langen **Perran Beach** der Weiler Perranporth.

Der **Sandstrand** – einer der schönsten an der nördlichen Küste Cornwalls – ist gesäumt von Dünen und bei Ebbe enorm breit, zudem laufen hier die langen Atlantikwellen aus, so dass der Weiler ein Paradies für Surfer ist. Natürlich war auch Perranporth in früheren Zeiten ein **Minendorf,** heute ist es eine große touristische Anlage, die jedoch nicht ohne Urlaubsflair ist.

Praktische Tipps

Tourist-Information

- St Pirans Road, Tel. 01872-575254.
- www.perranporthinfo.co.uk

Unterkunft

Hotels

- **Atlantic View Hotel,** Tel. 01872-573171, Ponsmere Road, www.atlanticviewhotel.co.uk, 50 m vom Strand entfernt ohne eine störende Straße dazwischen, 12 Zimmer, DZ ab 70 £.
- **Seiners Arms Hotel,** Beachfront, Tel. 01872-573118, www.seiners.co.uk, direkt am Strand, Restaurant, Bar und Surfschule im selben Gebäude, DZ ab 80 £.

125co sb

Surferparadies am Strand von Perranporth

Jugendherberge

- **Droskyn Point,** Perranporth, Tel. 0845-3719755, www.yha.org.uk. 24 Betten, Räume mit vier und acht Betten in einem ehemaligen Horchposten aus dem Zweiten Weltkrieg; vom Ortszentrum die B 3285 in Richtung St. Agnes, nach rechts in die Tywarnhale Road; die Herberge liegt hinter einem verschlossenen Gatter, motorisierte Zufahrt nur zum Be- und Entladen.

Camping

- **Perranporth Camping & Touring Site,** Budnick Road, Tel. 01872-572174. 750 m östlich der B 3285.

Essen und Trinken

Pub/Restaurant

- **Dolphin Café,** am Parkplatz, Fish'n'Chips, Sandwiches und Snacks mit Meerblick, ab 3 £.
- **The Watering Hole,** im wahrsten Sinne des Wortes auf dem Strand, Gerichte ab 10 £.

Newquay

Newquays Geschichte begann unter der Bezeichnung „Towan Blistra“ (Cornish für „Bootsbucht in sandigen Hügeln“); als dann im 15. Jh. neue Kaianlagen gebaut wurden, gab sich das damalige **Fischernest** zu Feier der Einweihung den bis heute gebräuchlichen Namen. Im 18. Jh. lebten die Bewohner der Stadt sehr gut von den *Pilchards;* die Sardinenschwärme schienen unerschöpflich zu sein und die Fänge wurden von Newquay aus nach ganz Europa exportiert. Irgendwann aber war es damit vorbei, die hemmungslose Überfischung forderte ihren Tribut. Also wurde der Hafen vergrößert und fortan verschiffte man von hier aus den *China Clay,* das Kaolin für die Porzellanherstellung, in alle Teile der Welt. Mit der Anbindung durch die Eisenbahn im 19. Jh. erkannten die Viktorianer die landschaftliche Schönheit der vielen goldgelben Strände rund um Newquay und von nun an wandelte sich das einstige Fischernest zu einem **Ferienort,** der bis heute Familien mit Kindern, Pensionäre und junge Surfer anlockt. Allerdings hat sich der Ort in den letzten Jahrzehnten nicht gerade zu seinem Vorteil entwickelt, und im Gegensatz zu den vielen anderen cornischen Urlaubsorten herrscht hier oft eine aufdringliche Rummelplatzatmosphäre. Unschlagbar hingegen sind die elf, zusammen mehr als 10 km langen Strände, an denen die Wellen des Atlantik hoch auflaufen, und so ist die Stadt **das cornische Mekka für Surfer.** Newquay wirbt mit dem Slogan „Europe's finest surfing beaches“.

Newquay

Übernachtung

1 Esplanade Hotel
2 Headland
3 Newquay International Backpackers Hostel
4 Harbour Hotel
10 B & B Wenden
11 B & B Rolling Waves
12 Hendra Holiday Park
13 Newquay Holiday Park

Essen und Trinken

5 The Red Lion
6 The Fort Inn
7 Ye Olde Dolphin Restaurant
8 The Central
9 Señor Dick's

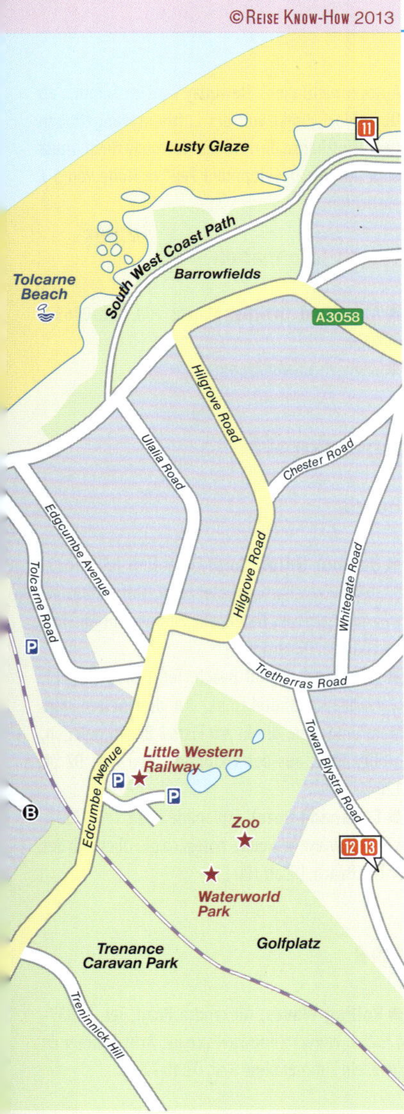

Nahe des Stadtzentrums erstrecken sich die Sandstrände von *Towan, Great Western, Tolcarne* und *Lusty Glaze,* alle vier sind aufgrund ihrer geschützten Lage gut geeignet für Surf-Anfänger. Zumindest ein wenig Erfahrung sollte man schon mitbringen, wenn man am *Watergate Beach,* nördlich von den Stadtstränden, das Surfbrett ins Wasser schiebt, denn bei der hereinkommenden Flut kann man abgetrieben werden. Profis unter den Wellenreitern werden sich am *Fistral Beach,* westlich von Newquay, wie zu Hause fühlen, vor allem, wenn der Wind aus Südwest bläst und hohe Wellen auftürmt. Der Strand war in den vergangenen Jahrzehnten immer wieder Austragungsort für nationale und internationale Wettkämpfe. Anfänger haben hier nichts verloren; bei Flut gibt es überspülte Felsen, auch bei Ebbe ist es gefährlich, und wenn die hohe Tide einläuft, braucht man schon Erfahrung. Dass es hier nicht einfach zugeht, zeigen auch die mehr als zehn Rettungsschwimmer, die in der Saison die Augen offen halten. *Crantock Beach,* südlich vom Fistral, ist wiederum gut für Anfänger, aber nur dann, wenn normale Wetterbedingungen herrschen.

Wellenreiter, die sich schon zu Hause auf ihren Surf-Urlaub in Newquay vorbereiten wollen, finden im **Internet** umfassende **Informationen** unter www.newquaysurfer.org.

Jenseits der Strände bietet Newquay für Familien mit Nachwuchs einige **kinderfreundliche Angebote.** So gibt es eine Dampfeisenbahn – die *Lappa Valley Steam Railway* – in St. Newlyn East, wenige Kilometer südlich von Newquay. Dies ist eine Schmalspurbahn, die ab 1849 für den Warentransport von Newquay nach East Wheal Rose eingesetzt und 1963 geschlossen wurde. Elf Jahre später konnte die Linie als Touristenattraktion wieder eröffnet werden. Die beiden alten **Dampflokomotiven** *Muffin* und *Zebedee* verkehren mit Passagierwaggons von April bis September zwischen sechs und elf Mal am Tag. Abfahrtszeiten und Preise erfährt man im Internet unter www.lappavalley.co.uk.

Bei schlechtem Wetter muss man auf den Badespaß nicht verzichten, denn es gibt einen so genannten **Waterworld Park mit Fun Pools** (www.newquay waterworld.co.uk). Auch das **Blue Reef Aquarium** (März–Okt. 10–17, Nov.–Feb. 10–16 Uhr; Eintritt 9,75 £, Kinder 3–14 J. 7,50 £; www.bluereefaquarium.co.uk) und ein **Zoo** lassen bei niedrigen Temperaturen oder Regen keine Langeweile bei Kindern aufkommen. Letzterer ist vor Ort besonders zu empfehlen, denn hier gibt es informative Angebote zum Artenschutzprogramm des Tierparks, bei denen die Kleinen mit den Problemen der Fauna bekannt gemacht werden (April–Sept. tgl. 10–17 Uhr, Eintritt 10,10 £, Kinder 3–15 J. 5,80 £; www.newquayzoo.org.uk).

Seit 1860 gibt es in Newquay eine **Lifeboat Station der RNLI.** Die *Phyllis,* ein Schlauchboot *(Inflatable)* der Klasse Atlantic 75, sorgt für strand- und küstennahe Sicherheit.

Praktische Tipps

Anreise

- In Newquay gibt es einen kleinen internationalen Flughafen (NQY), www.newquaycornwallair port.com, mit entsprechender Infrastruktur (z.B. Autovermietungen). Newquay wird im Sommer ab Düsseldorf direkt von der Lufthansa angeflogen (www.lufthansa.de). Wer ab Newquay fliegt, muss eine „Airport Development Fee" in Höhe von 5 £ entrichten.

Tourist-Information

- **Municipal Offices,** Marcus Hill, Tel. 01637-854020.
- www.visitnewquay.org

Unterkunft

Hotels

- **Harbour Hotel,** North Quay Hill, Tel. 01637-873040, www.harbourhotel.co.uk. Gutes Haus etwas oberhalb vom Hafen, alle Zimmer mit Aussicht und Balkon, DZ ab 150 £.
- **Headland,** Fistral Beach, Tel. 01637-872211, www.headlandhotel.co.uk. An drei Seiten vom Meer umgeben, direkt am Fistral Beach gelegen, großes Haus aus der viktorianischen Ära, DZ ab 120 £.
- **Esplanade Hotel,** Esplanade Road, Tel. 01637-873333, www.newquay-hotels.co.uk. Oberhalb des Fistral Beach, DZ ab 100 £.

B & B

- **Rolling Waves,** Alexandra Road, Tel. 01637-873236, www.rollingwaves.co.uk. Acht Zimmer *en suite,* ein Zimmer ohne Bad, DZ ab 72 £.

▷ Blick auf den Hafen von Newquay

Wenden, 11 Berry Road, Tel. 01637-872604. Acht Zimmer *en suite,* DZ ab 60 £.

Jugendherberge

Newquay International Backpackers Hostel, 69 Tower Road, Tel. 01637-879366, www.backpackers.co.uk/new quay, DZ ab 16,95 £ pro Erwachsenem.

Camping

Hendra Holiday Park, Tel. 01637-875778, www.hendra-holidays.com. Von der A 30 auf die A 392, Newquay ist ausgeschildert, bei Quintreel Downs über den *Roundabout,* ausgeschildert Lane, Platz nach 750 m linker Hand, hervorragender Platz mit allen Einrichtungen.

Newquay Holiday Park, Tel. 01637-871111. Von Bodmin auf der A 30 hinter der niedrigen Brücke nach rechts Richtung RAF St. Mawgan, dann die A 3059 Richtung Newquay, Platz nach dem Treloy Golf Club.

Essen und Trinken

Restaurants

Ye Olde Dolphin Restaurant, 39 Fore Street, Tel. 01637-874262, das älteste Restaurant Newquays, 1950 gegründet, eines der besseren Lokale, Seafood, Lamm und Geflügel zwischen 10 und 14 £.

Señor Dick's, East Street, Tel. 01637-851601, beliebtes mexikanisches Restaurant, Vorbestellung ratsam, gute Gerichte 5–15 £.

Pubs

The Red Lion, oberhalb des Hafens gelegen, Pub mit sehr guter Aussicht auf die Kaianlagen und Stadtstrände.

The Fort Inn, *the family pub,* Fore Street, ebenfalls oberhalb der Stadtstrände gelegen, hervorragende Ausblicke vom geschützten Biergarten aus, reiche Palette an *Bar Meals.*

The Central, Central Square, große Kneipe mit Biergarten am Beginn der verkehrsberuhigten Fußgängerzone.

084co se

Padstow

Angenehmer als Newquay ist ganz ohne Zweifel das 15 km nördlich gelegene Örtchen Padstow, das rund um die **Mündung des River Camel** gebaut ist – dem einzigen „größeren“ Fluss Cornwalls, der an der nördlichen Küste ins Meer fließt. Aber auch die Natur links und rechts der Straße entlang der Küste auf dem Weg nach Padstow sollte man im wahrsten Sinne des Wortes nicht aus den Augen lassen: Steilküste wechselt mit Sandstränden, pittoreske kleine Dörfer und Gehöfte werden durchquert, umgeben von Weidelandschaft. In früheren Tagen war Padstow der bedeutendste **Fischerhafen** hier im oberen Teil von Cornwall und noch immer fahren etliche Boote zum Fang aus. Doch mittlerweile ist der **Tourismus** die Haupteinnahmequelle der allermeisten Bewohner: Es gibt einige schöne Strände in der näheren und weiteren Umgebung, das weithin bekannte **Gourmet-Restaurant** von *Rick Stein* zieht scharenweise die Feinschmecker an und am 1. Mai (wenn dieser auf einen Sonntag fällt, dann am 2. Mai) findet das **bekannteste Fest** der Region im Dörfchen statt. „Padstow“ – so wirbt das lokale Fremdenverkehrsamt – „mit seiner Flotte von Fischtrawlern und dem farbenprächtigen Hafen, der umgeben ist von pastellfarbigen mittelalterlichen Häusern, ist ein hervorragendes Stück Cornwall – es ist ein lebendiges Hafenstädtchen, das einen Ferienhut trägt.“

Rund um das **Hafenbecken** – bei dem ein *Tidal Gate* dafür sorgt, dass bei Ebbe die Bötchen nicht platt im Schlick liegen – flanieren tagsüber während der Saison die Massen. Das Örtchen wird überragt vom Gotteshaus **St. Petroc,** das inmitten eines schattigen Kirchhofes steht, auf dem die Fischer des Dorfes und die unglücklichen Schiffbrüchigen, die an der **Doom Bar** (s.u.) strandeten, begraben sind.

Der *Heilige Petroc* war ein irischer, möglicherweise auch walisischer Kirchenmann, der im 6. Jh. hier anlandete und ein Kloster gründete. Auf „Petroc's Stow“ geht der Name des Örtchens zurück. Im Innern der Kirche gedenken viele Grabdenkmäler der lokalen Familie *Prideaux,* deren heutige Nachkommen noch immer auf **Prideaux Place** residieren. Das hochherrschaftliche Anwesen liegt an der Tregirls Lane, die als B 3276 von Westen nach Padstow hineinführt. Dieses elisabethanische *Manor House* ist von einem blühenden formalen Garten sowie von einem Rotwildpark umgeben, von dem aus man weite Blicke über die Camel-Mündung hat. Beim **Besichtigungsrundgang** im Innern sind vor allem das prächtige Treppenhaus, die reich möblierten Zimmer und die kunstvoll gearbeiteten Decken ein Blickfang erster Güte (Ostern sowie Mitte Mai–Mitte Okt. So–Do 13.30–16 Uhr; www.prideauxplace.co.uk).

Alljährlich am **1. Mai** (fällt dieser auf einen Sonntag, dann am 2. Mai) findet in Padstow das **Obby Oss Festival** statt, dessen Feier gleich auf mehrere Ursprünge zurückgeht. Einmal wird der Winter verabschiedet und der Sommer begrüßt, dann ist es möglicherweise ein heidnisches Fruchtbarkeitsritual mit der Bitte um Regen, und schließlich sollten damit Invasionsbemühungen der Franzosen abgewehrt werden. Die Feierlichkeiten beginnen um Mitternacht des vorangegangenen Tages, dann setzt sich bis in die frühen Morgenstunden ein Prozessionszug durch die Stadt in Bewegung, bei dem der **Night Song** intoniert wird. Später am Morgen wird das **Obby Oss,** das Winter-Monster, von zwei blumengeschmückten Gruppen durch die Stadt begleitet. Dabei wird gesungen und musiziert, dass die Luft bebt. Und immer wieder wird der Refrain von der begeisterten Menge geschmettert:

„Unite and unite and let us all unite,
For summer is a-come in today.
And wither we are going we all will unite,
In the merry morning of May".

Wer an dem Fest teilnehmen will, sollte schon Monate vorher seine Unterkunft gebucht haben und mindestens am Vortag eintreffen, um die gespannte Erwartung und die letzten Vorbereitungen der Bewohner mitzubekommen. Weitere **Informationen** bekommt der geneigte Urlauber auch im **Internet** unter www.cornishlight.co.uk/padstow-obby.htm.

Im Örtchen selbst macht das **Padstow Museum** diejenigen mit dem vergnüglichen Brauch bekannt, die nicht am 1. Mai dabei sein konnten (April–Okt. Mo–Fr 10.30–16.30, Sa 10.30–13 Uhr; Eintritt 1,50 £, Kinder umsonst; www.padstowmuseum.co.uk).

Sir Walter Raleigh, der uns von seinen Fahrten nach Mittel- und Südamerika die Kartoffel und den Tabak mitgebracht hat, erhielt von *Königin Elisabeth I.* im Jahre 1584 den Posten des **Statthalters von Cornwall.** Damit war er für die Sicherung der cornischen Küste verantwortlich, denn die spanische Armada warf schon ihre Schatten voraus. *Raleigh* residierte in Padstow am South Quay in **Raleigh's Court House.**

Dass sich Padstow in früheren Tagen nicht zum größten Fischerort der Region aufschwingen konnte, liegt an der **Doom Bar,** einem gewaltigen Sandriegel etwa 500 m vor dem Dorf in der Mündung des Camel und bei Ebbe nicht zu übersehen. Meeresströmungen schichteten diese Barriere auf. Der Sage nach entstand die Schifffahrtsbehinderung, als ein Fischer eine Seejungfrau für eine Robbe hielt und sie tödlich verletzte; die Sterbende verfluchte den Hafen von Padstow und in den folgenden Jahren bildete sich die Doom Bar. Bis heute sind mehr als 300 Schiffe an der Sandbarriere gestrandet und bis heute wird die Hafeneinfahrt bei Ebbe stetig freigebaggert.

Vom Hafen aus gibt es genügend Boote, die eine Seefahrt durch die **Padstow Bay** anbieten; mit ein wenig Glück bekommt man neben den vielen Seevögeln auch Seehunde und sogar die Rückenflosse eines Hais zu sehen.

Bei Flut verkehrt vom Hafen auch eine reguläre **Passagierfähre** über die breite Camel-Mündung nach **Rock,** von dort aus kann man die angenehmen Strände von **Daymer Beach** und **Polzeath** erreichen. Bei Ebbe, wenn das *Tidal Gate* des Hafenbeckens von Padstow geschlossen ist, legt die Fähre weiter oberhalb des Flusses am Kriegerdenkmal an.

Nördlich von Padstow ragt das Vorgebirge **Stepper Point** in die See, westlich davon liegt der Strand von Harlyn Bay, der bei Schwimmern wie bei Surfern beliebt ist. Für Surfer noch besser geeignet ist der Dünenstrand von Constantine Bay, ca. 1,5 km südlich vom **Kap Trevose Head.** Zwischen Newquay und Padstow – genauer gesagt zwischen Mawgan

Porth im Süden und Park Head – liegen die **Bedruthan Steps,** riesige, dramatische Felsformationen, die von der anbrandenden See geschaffen wurden. Der Sage nach benutzte ein Riese namens *Bedruthan* diese gewaltigen Kiesel als *Stepping Stones*, um über die Bucht zu gelangen. Lange Zeit war der Zugang zum Strand wegen Steinschlaggefahr gesperrt, mittlerweile hat der *National Trust,* der im Besitz dieser Küstenregion ist, neue Stufen abwärts anlegen lassen (im Winter gesperrt). Den besten Blick – und auf den sollte man nicht verzichten – auf die Bedruthan Steps hat man vom Küstenpfad aus, fußfaule Naturliebhaber erreichen einen **Aussichtspunkt** über die B 3276 die an der Küste entlangläuft (ausgeschildert). Von hier aus geht es die Stufen zum Strand hinunter. Vom Baden

The Saints' Way

Die St. Patroc Church in Padstow ist traditionell der Ausgangspunkt des Saints' Way, der von hier über eine Strecke von 45 km durch das Bodmin Moor nach Fowey führt und dort an der St.-Finbarrus-Kirche sein Ende findet. Der Pfad verbindet die cornische Nord- mit der Südküste und datiert aus der Bronzezeit, als – wie auch schon in Hayle – Kupfer aus Irland angelandet wurde, um die gefährliche Seefahrt um Land's End zu vermeiden. Auf dem Landweg zogen die Händler dann nach Fowey, von wo aus das Metall weiter verschifft wurde. Auf diesen Ursprung bezieht sich der zweite Name, Mariners' Way. Zwischen dem 5. und dem 8. Jh. zogen dann irische und walisische Missionare und Pilger auf diesem Weg in den Süden Cornwalls. Heute ist der Pfad bei den wandernden Urlaubern sehr beliebt, die Route ist auf ganzer Länge ausgeschildert, führt vorbei an Steinsetzungen, an heiligen Quellen, kleinen Kapellen und Kirchen sowie an keltischen Hochkreuzen, entlang von Flüsschen, Weilern, Dörfern, durch Moorlandschaft, Wälder und Täler. Sie lässt sich in mehreren Tagesetappen bewältigen.

Im Buchhandel und in der Tourist-Information von Padstow kann man den Saints' Way Guide erstehen. Die zwölf farbigen, wetterfest laminierten Karten liefern detaillierte Wegbeschreibungen und historische Hintergrundinformationen sowie Unterkunfts- und Einkehrmöglichkeiten für unterwegs.

Ebenfalls vor Ort sollte man sich die Wanderkarte Landranger Map Nr. 200 (Newquay, 1:50.000) besorgen oder die beiden 1:25.000 Blätter der Pathfinder Serie Nr. 106 (Newquay/Padstow) und 107 (St. Austell). Man sollte die Wanderung auf keinen Fall ohne detaillierte Karte unternehmen. Die Kartenskizzen auf den Blättern des oben genannten Wanderführers taugen nur zur groben Orientierung, der Weg ist zwar sehr gut ausgeschildert, an mindestens einer Stelle aber ist der Hinweispfeil irreführend und bei der Hälfte der Tour – wenigstens als wir sie machten – gab es plötzlich in unüberschaubarem Gelände keinerlei Hinweispfeile mehr. Trotz sorgfältiger, lang andauernder Suche und zweimaliger Rückkehr zum letzten Zeichen fehlten ganz plötzlich sämtliche Wanderhinweise.

kann allerdings nur abgeraten werden, da die anbrandende See zu stark ist und die Schwimmer gegen die Klippen schleudern kann.

Schon vor 1825 wurde in Padstow eine **Seenotrettungsstation** eingerichtet, seit 1899 ist die **RNLI** hier vertreten. Die *James Burrough,* ein Rettungskreuzer der Tyne-Klasse, wird über einen *Slipway* zu Wasser gelassen. Die Station befindet sich außerhalb, westlich von Padstow an der **Mother Ivey's Bay** (auch Polventon Bay genannt), nahe dem leuchtturmbewehrten **Trevose Head.** Bei Rock, auf der anderen Seite des River Camel, sorgt die *Dolly Holloway,* ein Schlauchboot *(Inflatable)* der D-Klasse, seit 1993 für Sicherheit in der Trichtermündung des Camel und an den Stränden.

Aktivurlauber werden sicher entweder von Padstow aus einen **Fahrradausflug** auf dem **Camel Trail** bis ins Bodmin Moor oder aber eine **Mehrtageswanderung** auf dem **Saints' Way** nach Fowey machen wollen (s. Exkurs).

Praktische Tipps

Tourist-Information

- **The Red Brick Building,** Tel. 01841-533449.
- www.padstowlive.com

Veranstaltung

- Alljährlich am 1. Mai findet das **Obby Oss Festival** statt.

Unterkunft

Hotels

- **The Metropole,** Station Road, Tel. 0800-0052244, www.the-metropole.co.uk. Größtes Haus am Platze mit weiten Ausblicken über die Camel-Mündung, DZ ab 60.

Angeln am Hafen von Padstow

■ *Rick Stein*, der *Maître* des **Seafood Restaurant** (s.u.), vermietet zwölf Doppel- und ein Einzelzimmer, alle *en suite*, DZ 100–160 £. Wer ein Zimmer bekommt, hat auch gleichzeitig einen Platz im Restaurant.

B & B

■ **Roselyn,** 20 Grenville Road, Tel. 01841-532756, www.padstowbbroselyn.co.uk. Drei Zimmer *en suite*, DZ ab 70 £.

The Camel Trail

Der Camel Trail – etwa 30 km lang – ist eine der schönsten Fahrradrouten in Cornwall und beginnt in Padstow. Die Route folgt dem Uferverlauf des Camel bis in die Nähe vom Wenfordbridge. Diese 8 km lange Strecke verläuft auf der Trasse der ehemaligen Eisenbahnlinie und ist im Sommer sehr befahren. Ruhiger geht es dann ab Wadebridge zu. Dort folgt man vom Ortszentrum (von der südlichen Seite der Brücke) der Edyson Road, bis man auf den ausgeschilderten Trail trifft. Der führt ca. 9 km weiter in südöstliche Richtung bis kurz vor Bodmin, bevor er für die letzten 10 km nach Norden abknickt und an Poley's Bridge endet. Der Weiler Wenfordbridge ist nur einen Steinwurf entfernt. Fahrradvermietung in Padstow und Wadebridge.

■ **Literatur-Tipp:** Peter Davey, „Tales from the Camel Trail". Nette kleine Geschichten über die möglichen Abenteuer auf dem Camel Trail. Nur auf Englisch. 4,99 £, zu kaufen beispielsweise in der Tourist Information in Padstow.

■ **Cyntwell,** 4 Cross Street, Tel. 01841-533447, www.cyntwell.co.uk. 200 m zum Hafen, in einem restaurierten Gebäude aus dem 18. Jh., DZ ab 65 £.

Camping

■ **Dennis Cove Camping,** Dennis Farm, Dennis Cove, Tel. 01841-532349. Auf der A 389 nach Padstow hinein, rechts ab in Sarah's Lane, dann zweite Straße wieder rechts in Dennis Lane bis zu einer X-Kreuzung, scharf nach rechts, Platz von hier ausgeschildert.

Essen und Trinken

Padstow hat mehrere sehr gute bis hervorragende Restaurants:

Restaurants

■ **Rick Stein's Seafood Restaurant,** Riverside, Tel. 01841-532700, www.rickstein.com. Allererste Adresse für den Gourmet, eines der besten Lokale ganz Großbritanniens, seit über 20 Jahren kocht *Rick Stein* sich in die Herzen und Mägen der Feinschmecker. Hervorragende Weinkarte, Reservierungen unbedingt Monate im Voraus, Gerichte bis über 30 £.

■ **St. Petroc's Bistro,** New Street, Tel. und Internet wie oben, da auch im Besitz von *Rick Stein*, gute Bistro-Küche, Gerichte um 15 £.

■ **Rick Stein's Café,** Middle Street, Tel. und Internet ebenfalls wie oben, da auch im Besitz von *Rick Stein*, Seafood, preiswerter als im Hauptrestaurant, Gerichte bis 15 £.

■ **Number 6,** Middle Street, Tel. 01841-532093. Number 6 nennt sich selbst „the other seafood res-

▷ Der Pub London Inn in Padstow

taurant in Padstow", bekommt man bei *Rick Stein* keinen Platz oder sind seine Preise eine zu große Belastung für den Geldbeutel, so ist dies die nächste Anlaufstelle, Fisch und Meeresfrüchte bis 20 £.

- **Margot's Bistro,** Duke Street, Tel. 01841-533441, http://margotspadstow.blogspot.com. Moderne britische Küche, Seafood und Lammgerichte bis 20 £.
- **Fo'c's'le,** sympathisches Lokal am Hafen, North Quay, Tel. 01841-532291. Fisch- und Lammgerichte zwischen 9 und 14 £.

Selbstversorger

- Am großen Parkplatz etwas außerhalb vom Zentrum gibt es **Rick Stein's Deli,** einen Laden, in dem man fangfrische Fische, Hummer, Krabben, Austern etc. fürs Kochen im Ferienhaus bekommt.

Pubs

- **The Old Ship,** Market Place, bei gutem Wetter sitzt man sehr schön und windgeschützt auf dem alten Marktplatz vor der Kneipe, gute *Bar Meals,* sehr angenehmer Pub.
- **The Shipwright's,** am Hafen, alter gemütlicher Pub mit Tischen vor dem Haus, von denen man das Treiben an den Kais gut beobachten kann.
- **Old Custom House,** am Hafenkai, gemütliche Kneipe in einem alten Bruchsteinhaus, *Bar Meals.*
- **The Golden Lion** und **The London Inn,** beide Lanadwell Street, zwei blumengeschmückte, sehr gemütliche und atmosphärereiche Pubs im Ortszentrum.

086co se

Wadebridge

Im Hinterland, ca. 8 km von der Küste entfernt, liegt Wadebrige an jener Stelle, an der sich der **River Camel** zu seinem **Mündungstrichter** verbreitert. Im 18. Jh. war die Stadt mit ihrem Hafen weithin bekannt als der Hauptexportort für das Korn der Region, das von hier aus verschifft wurde. An jene glorreichen Tage erinnert die alte, aber nichtsdestotrotz eindrucksvolle Brücke aus dem Jahr 1468, die auf 13 Bogen den Camel überspannt. Sie wird **The Bridge on Wool** genannt, was angeblich darauf zurückgeht, dass die Fundamente der Überspannung auf Wollsäcken ruhen. Da dies natürlich nicht möglich ist, stammt die Bezeichnung wohl vielmehr daher, dass es reiche Wollhändler und Schaffarmer waren, die sich an der Finanzierung der Brücke beteiligten. **The Old Bridge,** wie sie auch genannt wird, wurde 1853 und 1963 erweitert, und 1994 restauriert. **Wade** fand erstmals 1313 urkundlich Erwähnung; als die rund 100 m lange Camel-Überspannung dann fertig war, nannte sich der Ort fortan **Wadebridge.** Das Städtchen ist ein guter Ausgangspunkt für den ruhigeren Teil des Camel Trail bis ins Bodmin Moor.

Praktische Tipps

Tourist-Information

- Eddystone Road, Tel. 0870-1223337.

Rent-a-Bike

- **Bridge Bike Hire,** Eddystone Road, dort, wo der Camel Trail beginnt, Tel. 01208-813050, www.bridgebikehire.co. uk.

Veranstaltung

- **The Royal Cornwall Show,** drei Tage mitten im Juni, Cornwalls größte Landwirtschaftsausstellung

087co se

mit Schafrennen, marschierenden Musikgruppen etc. Ganz Wadebridge ist dann ein einziger großer Showground.

Unterkunft

Hotels

- **Molesworth Arms,** Molesworth Street, Tel. 01208-812055, www.molesworthharms.co.uk. Kutschstation aus dem 16. Jh. in der verkehrsberuhigten Straße von Wadebridge, DZ ab 75 £.
- **Swan Hotel,** Molesworth Street, Tel. 01208-812526. Ein alter Inn mit sechs Zimmern *en suite*, DZ ab 65 £.

Camping

- **The Laurels Holiday Park,** Padstow Road, Tel. 01208-813341, www.thelaurelsholidaypark.co.uk. Platz abseits der A 389 von Padstow nahe der Kreuzung mit der A 39, westlich von Wadebridge gelegen.

Die alte Bogenbrücke Bridge on Wool

Essen und Trinken

Pub

- **The Quarryman Inn,** Edmonton Place, eine alte und sehr gemütliche Stadtkneipe aus dem 18. Jh., die ideale Einkehrmöglichkeit für eine Rast auf dem Camel Trail.

Polzeath, die Dymer Bay und St. Enodoc Church

Rund 4,5 km nordöstlich von Padstow, an der nördlichen Seite des Camel-Mündungstrichters, liegt **Polzeath,** das weithin bekannt ist für seinen feinsandigen, flachen Strand. Surfer und Schwimmer kommen hier jeweils auf ihre Kosten. Einen guten Blick auf die Trichtermündung des Camel hat man von der dünenbestandenen **Dymer Bay,** die etwa 1,5 km südlich liegt und deren flaches Wasser mit sanfter Dünung Familien mit kleinen Kindern anzieht.

Wer nicht nur am Strand liegen möchte, der sollte einen 20-minütigen Spaziergang zur **St. Enodoc Church** machen (Fußweg kurz vor dem *Daymer Bay Car Park* ausgeschildert, Ausschilderung auch „St. Enodoc Golf Club"). Der Dichter *Sir John Betjeman* (1906–1984) liegt auf dem Kirchhof begraben. Im nahe gelegenen Weiler **Trebetherick** hatte er sein Ferienhaus „Treen", hier starb der *Poet Laureate* (= Hofdichter) am 22. Mai

1984 im Alter von 77 Jahren an der Parkinson Krankheit. Über viele Jahre hat er in seinen Gedichtbänden – so etwa „Trebetherick", „Beside the Sea", „By the Minth Green", „St. Enodoc", „Sunday Afternoon Service in St. Enodoc Church" – die landschaftliche Schönheit dieser Region Cornwalls beschrieben. Rund um die Kirche spielte er auch gerne Golf, denn das Gotteshaus liegt inmitten eines **Golfplatzes.** Das Besondere am kleinen Kirchlein ist, dass es halb von den Dünen eingeschlossen ist; in früheren Zeiten musste es immer wieder ausgegraben werden. Es heißt, dass der Pfarrer mit seiner Gemeinde einst nur durch ein Loch im Dach in die Kirche kam. Tamarisken halten heute den Sand fest. Die ältesten Teile der kleinen Kirche gehen auf das 12. Jahrhundert zurück, 1863/64 wurde sie umfangreich renoviert. Erst vor kurzem wurde ein handschriftlicher Bericht gefunden, der um 1920 von *Mr. Hart Smith Pearse* verfasst wurde. Dieser war der Sohn des Vikars der St. Enodoc Church, *Reverend Hart Smith,* der die Restaurierungen initiierte. Darin heißt es: „... der Sand war höher als der westliche Giebel aufgeweht worden, Regen fiel ins Innere, die Kirchenbänke waren verfault und wurmzerfressen und Fledermäuse flogen umher, die in der Glockenstube lebten. Mit der Restaurierung des Gebäudes mussten die Mauern teilweise auf guten Fundamenten neu errichtet werden, der Sand wurde entfernt und der kleine Kirchhof konnte gereinigt und mit einem fülligen Wall versehen werden. Das Dach wurde erneuert und neue Kirchenbänke kamen hinein. All

088co se

Sunday Afternoon Service in St. Enodoc Church

by John Betjeman

Come on! Come on!
This hillock hides the spire,
Now that one and now none. As winds about
The burnish path through lady's-finger, thyme,
And bright varieties of saxifrage,
So grows the tinny tenor faint or loud
All all things draw towards St. Enodoc.
Come on! Come on! And it is five to three.

Still, come on! Come on!
The tinny tenor. Hower-flies remain
More than a moment on a ragworth bunch,
And people's passing shadows don't disturb
Red Admirals basking with their wings apart.
A mile of sunny, empty sand away,
A mile of shallow pools and lugworm casts.
Safe, faint and surfy, laps the lowest tide.

Unterkunft

Camping

- **South Winds Caravan & Camping Park,** Polzeath, Polzeath Road, Tel. 01208-863267, www.polzeathcamping.co.uk/southwinds.htm. Von der B 3314 in die unklassifizierte Straße, ausgeschildert Polzeath, Platz rechter Hand hinter New Polzeath.

Port Isaac, Port Quin und Port Gaverne

das kostete 650 £ und ich erinnere mich an die Schwierigkeiten, die mein Vater hatte, das Geld aufzutreiben. Die Arbeiten wurden sehr sorgfältig von den Steinmetzen und Handwerkern des Kirchsprengels ausgeführt und nichts wurde sinnlos zerstört oder verändert." *John Betjeman* ist noch immer einer der meistgelesenen Lyriker Großbritanniens, im Juli und August finden jeden Montagabend Lesungen seiner Texte in der St. Enodoc Church statt. Eine Gedenkplakette im Innern von St. Enodoc, an der südlichen Wand, ehrt *Sir Johns* Vater, seine Mutter liegt im Kirchhof nahe des westlichen Walls begraben und *John Betjeman* hat seine letzte Ruhe rechts am Lych Gate gefunden.

Die von Wanderdünen eingefasste St. Enodoc Church an der Dymer Bay

Das stille und wunderschöne Port Isaac mit seinen wenigen granitenen oder weiß gekalkten Häuschen liegt an einer klippengesäumten Bucht. In dem winzigen Hafen legen die Boote der Fischer am Kai an, die sich mit ihren Reusen hauptsächlich auf Hummer- und Krabbenfang für die Restaurants der Umgebung machen. Wer einen ruhigen Ort abseits vom sommerlichen cornischen Trubel sucht, der ist hier an der richtigen Stelle. Der Ort besitzt einen **Kieselstrand** und bei Ebbe werden Felsenpools sichtbar. Beiderseits des Weilers lässt sich vom **Küstenpfad** aus die wirklich attraktive und wunderschöne Küstenlinie besichtigen. 1869 wurde in St. Isaac die **Lifeboat Station der RNLI** eingerichtet und heute sorgt die *Spirit of the PCS RE II,* ein Schlauchboot *(Inflatable)* der D-Klasse, in einem ehemaligen Fischlagerhaus direkt am Hafen für ufernahe Sicherheit. Die engen Gassen in

Port Isaac werden übrigens „Drangs" genannt, die schmalste von ihnen heißt „Squeeze Belly Alley".

Etwa 2 km westlich liegt **Port Quin,** ein im 19. Jh. von den Bewohnern aufgegebenes Nest. Damals war die Antimon-Mine ausgebeutet, die Männer fanden keine Arbeit mehr und so wanderten viele Familien nach Nordamerika aus. Die wenigen verbleibenden Sardinenfischer fuhren weiter zum Fang aus, so lange, bis sie in einen Sturm gerieten, von dem keiner von ihnen mehr heimkehrte. Heute gehört das Örtchen dem *National Trust,* und man kann von der Organisation einige Ferienhäuser mieten (www.nationaltrustcottages.co.uk, www.portquinfarmholidays.co.uk). Hier ist die absolute **Einsamkeit garantiert,** es gibt keine Kneipe und keine Geschäfte. Wer sich hierhin verirrt, der verbringt seine Ferien in biblischer Ruhe.

In ca. 1 km östlicher Richtung trifft man auf **Port Gaverne,** eine kleine Bucht mit einem Kieselstrand, in der man geschützt schwimmen und baden kann. Auch die Ländereien rundherum gehören zum Besitz des *National Trust.* Der Hafen des Weilers diente einmal für die Verschiffung des **Schiefers,** der in der nahe gelegenen **Delabole Slate Quarry** gebrochen wurde.

Praktische Tipps

Veranstaltung

■ Alle zwei Jahre findet im Sommer in **St. Endellion,** 3 km südlich von St. Isaac an der B 3314 gelegen, ein **klassisches Musikfestival** statt (www.sendellion.org.uk).

Unterkunft

Hotels

■ **The Old School Hotel,** Fore Street, Port Isaac, Tel. 01208-880721, www.theoldschoolhotel.co.uk. Vielleicht die schönste Unterkunft in Port Isaac, direkt oberhalb des Hafens gelegen mit hervorragenden Ausblicken auf die Boote am Pier und auf den Slipway. Unterkunft in einer einstigen Schule, bei

090co se

090co se

Sonnenschein sitzt man auf dem ehemaligen Pausenhof beim Bier und schaut den Fischern unten an den Kaianlagen zu. DZ ab 80 £.

■ **Castle Rock,** New Road, Port Isaac, Tel. 01208-880300. Gute Lage mit wunderschönen Seeblicken, DZ ab 58 £.

■ **Port Gaverne Hotel,** Port Gaverne, Tel. 01208-880244, www.port-gaverne-hotel.co.uk. Ein wenig zurückversetzt von einer traumhaften Bucht, DZ ab 60 £.

Essen und Trinken

Restaurant

■ **Seafood Restaurant & Harbour Café,** am Hafen von Port Isaac, Meeresfrüchte-Platte 13 £, Hummer ab 15 £.

Pub

■ **The Golden Lion,** am Slipway von Port Isaac, gemütliche alte Fischerkneipe am Hafen, *Bar Meals.*

^ Das Old Post Office von Tintagel

< Port Isaac

Tintagel

Rund 10 km nordwestlich vom ruhigen und freundlichen St. Isaac liegt Tintagel, in dem der Fremdenverkehrsrummel wieder einmal ordentlich Wellen schlägt. Ganz ungeniert zeigt das Dörfchen, dass es mit Macht den Besuchern das Geld aus der Tasche ziehen möchte, denn schon seit Jahrzehnten wird mit dem legendären *König Artus* ein schnelles Pfund gemacht. Die Aufregung geht auf *Geoffrey of Monmouth* zurück, der im 12. Jh. den sagenhaften keltischen Herrscher *Artus* hier ansiedelte. Ohne jegliche Einschränkung wird behauptet, dass die Ruinen des **Tintagel Castle** – zugegebenermaßen recht spektakulär auf einem Vorgebirge über dem Meer gelegen – die Burg des Herrschers der Tafelrunde sei. Natürlich stimmt nichts davon; die Reste der Anlage gehen auf eine **normannische Gründung um 1230** zurück, die in späteren Jahren von den *Earls of Cornwall* genutzt wurde und von der ein großer Teil im 16. Jh. ins Meer rutschte.

Die Ruinen sind nach einem kurzen Spazierweg erreichbar, fußfaule Besucher können sich gegen ein Entgelt mit einem *Landrover Service* bis vor das Tor fahren lassen (1. April–30. Sept. tgl. 10–18 Uhr, Okt. tgl. 10–17 Uhr, Nov.–31. März 10–16 Uhr, Eintritt 5,50 £, Kinder 3,30 £, www.tintagelcastle.co.uk).

Das Vorgebirge war schon vorher besiedelt, und zwar zu Zeiten des legendären Königs, jedoch nicht von seinen Mannen, sondern von **keltischen Mönchen,** die im 6. Jh. hier ein **Kloster** errichteten. 1930 und dann erst wieder 1998 haben Archäologen hier Grabungen durchgeführt und Glasfragmente aus dem Mittelmeerraum sowie einen Schieferstein mit lateinischen Inschriften gefunden, eine davon übersetzte *Professor Charles Thomas* folgendermaßen: „Artognou, father of a descendant of Coll". Da ist es nicht weit bis zu „Artus", doch zum Leidwesen der Dörfler von Tintagel soll dieser Name – laut Archäologen – in jener Zeit nicht selten gewesen sein.

Das wirklich Interessante in dem an Fälschungen nicht armen Tintagel ist das **Old Post Office** (Mitte März bis Okt. 10.30–17.30 Uhr, Eintritt 3,50 £, Kinder 1,70 £, www.nationaltrust.org.uk/tintagel-old-post-office), ein gedrungenes, schiefergedecktes Haus aus dem 14. Jh.

Praktische Tipps

Tourist-Information

- Bossiney Road, Tel. 01840-779084.
- www.visitboscastleandtintagel.com

Unterkunft

Hotel

- **The Wootons Country Hotel,** Fore Street, Tel. 01840-770170, www.wootons.co.uk, im absoluten Ortszentrum gelegen, DZ ab 90 £.

B & B

- **Castle Villa,** Molesworth Street, Tel. 01840-770373. Vier Zimmer, eins *en suite,* DZ ab 55 £.

091co se

Jugendherberge

■ **Dunderhole Point,** Tintagel, Tel. 0845-3719145, www.yha.org.uk.

Camping

■ **Headland Caravan & Camping Site,** Atlantic Road, Tel. 01840-770239, www.headlandcaravanpark.co.uk. Von der B 3263 den braunen Touristenschildern in Richtung des Weilers Headland folgen.

Essen und Trinken

Pubs

■ **King Arthur's Arms,** Fore Street, an der Hauptdurchgangsstraße gelegen, mit Tischen an der Vorderfront, *Bar Meals.*

■ **The Cornishman Inn,** Fore Street, an der Hauptdurchgangsstraße gelegen, Biergarten an der Vorderfront, ein *Family Pub, Bar Meals.*

■ **Ye Olde Malthouse Inn,** Fore Street, an der Hauptdurchgangsstraße gelegen, ein *Free House* aus dem 14. Jh., Biergarten an der Vorderfront, *Bar Meals.*

■ **Tintagel Arms,** Fore Street, an der Hauptdurchgangsstraße gelegen, ein *Free House,* Tische an der Vorderfront, *Bar Meals.*

■ **The Port William,** Trebarwith-Strand, direkt am Küstenwanderweg gelegen und mit allerbester Aussicht über die Meeresgestade, mehr als 300 Jahre alt. Eine Kneipe im ehemaligen Büro des Hafenmeisters, besser trinkt es sich kaum an diesem Küstenabschnitt.

☒ Ye Olde Malthouse Inn

Boscastle

Boscastle ist wirklich ein zauberhaftes Hafenörtchen, und das in einem Landstrich Englands, in dem es an atmosphärereichen Dörfern wahrlich nicht mangelt. Seinen Namen hat der attraktive Weiler von der Familie *Botterel,* die einst auf **Bottreux Castle** residierte; von der Festung sind nur noch einige spärliche Ruinen erhalten. 1584 ließ *Sir Richard Grenville* (1542–1591), ein schillernder englischer Seeheld, den Hafen anlegen und fortan wurden hier Waren aller Art entladen oder verschifft. Anfang des 19. Jh. löschten Frachtsegler aus Amerika und Kanada hier ihre Ladungen und exportierten Mangan, Kaolin und Schiefer in die Neue Welt. Damals wurden die großen Segler mit einem Boot, das mit bis zu zehn Ruderern besetzt war, in den Hafen gezogen („hobbled") und dort von einer Gruppe weiterer Männer mit Seilen zentriert. Unter Einsatz von Pferden wurde der Segler dann entladen. 1941 beschädigte eine abgetriebene Seemine den Pier.

Bei rauem Wetter sollte man während der Ebbe am Ende des Hafens einen Blick auf **Devil's Bellows** nicht versäumen. Dabei handelt es sich um ein so genanntes „Blow-Hole", das aus dem Wasser herausschießt. Einen Besuch lohnt auch das **Museum of Witchcraft** (April–Okt. (Halloween) Mo–Sa 10.30–18 Uhr, So 11.30–17.30 Uhr; Eintritt 4 £, Kinder 3 £; www.museumofwitchcraft.com), das mit sämtlichen Aspekten des Hexenglaubens in Cornwall bekannt macht.

Freunde **englischer Literatur** werden sicher auf den Spuren von *Thomas Hardy* wandeln wollen, der Boscastle unter dem Namen „Endelstow" ganz im Westen von Wessex ansiedelte. Als junger Architekt kam *Hardy* 1870 nach Boscastle, um die St. Juliot Church zu restaurieren. Dabei lernte er *Emma Lavinia Gifford,* die Schwägerin des örtlichen Pfarrers, kennen. *Hardy* kehrte mehrfach nach Boscastle zurück und 1874 heiratete er das „West of Wessex Girl" *Emma.* Ein Jahr zuvor war bereits sein Roman „A Pair of Blue Eyes" (dt. „Zwei blaue Augen") erschienen; darin kommt ein Architekt in ein kleines cornisches Dorf, um eine Kirche zu restaurieren. Im weiteren Verlauf skizziert *Hardy* die Landschaft und die Küstenlinie rund um Boscastle. Auch in seinem Gedicht „At Castle Boterel" beschreibt er einen Besuch in Boscastle, den er von St. Juliot aus mit seiner Verlobten unternahm. Nach *Emmas* Tod 1912 kehrte *Hardy* nach Boscastle zurück und schrieb hier seine Liebesgedichte über die schönen und heiteren Seiten seiner Ehe. Unter dem einfachen Namen „Poems" wurde der Band 1913 publiziert und seine Liebeslyrik sehen die Literaturwissenschaftler bis heute als die bewegendsten Gedichte der englischen Sprache an.

Ca. 4 km außerhalb des Örtchens liegt die **St. Juliot Church** im Valency Valley; vom zentralen Parkplatz in Boscastle ist ein Rundwanderweg ausgeschildert. Motorisierte Besucher erreichen die 1450 geweihte Kirche über die B 3263. 1916 ließ *Hardy* im Innern eine Plakette zum Gedenken an seine Frau anbringen. Das Pfarrhaus, in dem *Hardy* damals wohnte und in dem er *Emma* kennen lernte, liegt einige hundert Meter hinter dem Gotteshaus und ist heute ein B & B (s.u.).

Boscastle liegt in einem engen **Tal,** in dem drei Bäche zusammenströmen, sich vereinigen und in die See fließen. Am 17. August 2004 spülte nach tagelangen verheerenden Regenfällen eine 3 m hohe **Flutwelle** durch Boscastle und verwüs-

Am winzigen Hafen von Boscastle

092co se

tete den Ort. Die Bewohner hatten keine Zeit mehr, sich in Sicherheit zu bringen. 120 Personen mussten teilweise mit Hubschraubern von den Dächern ihrer Häuser geholt werden. Viele saßen noch in ihren Autos, als die Welle heranrauschte. Mehr als 100 Pkw wurden ins Meer gespült. Die alte Brücke sowie mehrere Häuser am Hafen stürzten ein, viele weitere wurden schwer beschädigt. Die Rettungskräfte bezeichneten es als Wunder, dass niemand zu Tode gekommen sei. Der entstandene Schaden ging in die Millionen.

Praktische Tipps

Tourist-Information

- Am Hafen, Tel. 01840-250010.
- www.visitboscastleandtintagel.com

Unterkunft

Hotel

- **The Wellington Hotel,** Old Road, Tel. 01840-250202, www.wellingtonhotelboscastle.com. *The Welly,* wie das Haus im Volksmund genannt wird, gibt es seit 400 Jahren, DZ ab 100 £.

B & B

- **The Old Rectory,** St. Juliot, Boscastle, Tel. 01840-250225, www.stjuliot.com. Hier kann man entweder im *Thomas Hardy*-Raum oder aber im Schlafzimmer seiner Frau *Emma* nächtigen. DZ ab 90 £.

Jugendherberge

- Direkt am Hafen, Palace Stables, Tel. 0845-3719006, www.yha.org.uk. Räume mit 4, 5 und 7 Betten.

Einer der drei Bäche in Boscastle

127co sb

Essen und Trinken

Pub/Restaurant

- **Cobweb Inn,** Pub mit angeschlossenem einfachen Restaurant an der Durchgangstraße in einem alten Schiefergebäude.
- **The Old Manor House,** The Bridge, Boscastle, Tel. 01840-250251, Teestube und einfaches Restaurant mit „sheltered tea garden", Gerichte ab 5 £.
- Nicht vorbeigehen auf dem Rückweg vom Hafen zum Parkplatz sollte man am **Shop der Helsett Farm.** Hier gibt es leckere Bio-Eiscreme mit ausgefallenen Geschmacksrichtungen – und Honig & Lavendel ist immer einen Versuch wert (1,80 £).

Bude

Bude ist ein unspektakuläres kleines **Seaside Resort,** das nur rund 6 km von der Grenze zu Devon entfernt liegt und bevorzugt von Familien mit kleinen Kindern besucht wird. Die Siedlung wuchs rund um die Mündung des River Neet sowie des parallel zu ihm verlaufenden **Bude Canal.** Dieser wurde 1825 gegraben, um Seetang ins Hinterland zu verschiffen, mit dem der säurehaltige cornische Boden verbessert werden sollte. Auch Schiefer und Granit für den Export nahmen diesen Weg. Mit der Grabung der künstlichen Wasserstraße sollte die cornische Nordküste von Bude über Launceston und dem River Tamar mit dem Englischen Kanal verbunden werden. Das ambitionierte Projekt scheiterte nach 35 Meilen. Über dem Ort in der Burg informiert **The Castle Bude** über die Geschichte von Bude und des Umlands (Ostern–Ende Okt. tgl. 10–17 Uhr, Nov.–Ende März 10–16 Uhr, Eintritt 3,50 £, Kinder 2,50 £, www.bude-stratton.gov.uk).

Budes Hausstrand ist der sandige **Summerleaze Beach,** der bei Ebbe derart breite Dimensionen annimmt, dass die Stadt einen Seewasserpool dort angelegt hat, um den Kindern den langen Anlaufweg zum Meer zu ersparen. Rund 3,5 km südlich ist die lange **Widemouth Bay** die erste Adresse für Schwimmer und Surfer, doch können die Felsen den Wassersportlern bei Ebbe gefährlich werden. Lang ist auch der Strand von **Sandymouth Bay,** einige Kilometer nördlich von Bude. Surfer schwärmen von der einen Steinwurf nördlich gelegenen, kleinen sandigen Bucht **Duckpool,** die vom rund 100 m hohen **Kap Steeple Point** überragt wird.

Seit 1837 gibt es in Bude eine **Lifeboat Station,** heute sorgt die *Elsie Francis II.,* ein Schlauchboot *(Inflatable)* der D-Klasse im *Summerleaze Lifeboat House,* für strand- und ufernahe Sicherheit.

Praktische Tipps

Tourist-Information

- Crescent Car Park, Tel. 01288-354240.
- www.visitbude.info

Unterkunft

Hotels

- **Camelot Hotel,** Downs View, Tel. 01288-352361, www.camelot-hotel.co.uk. Ambientereiches edwardianisches Anwesen am *Bude and Cornwall Golf Course,* DZ ab 100 £.

Atlantic House Hotel, Summerleaze Crescent, Tel. 01288-352451, www.atlantichousehotel.com. Oberhalb des gleichnamigen Hausstrandes von Bude, DZ ab 68 £.

Elements Hotel, Marine Drive, Tel. 01288-352386, www.elements-life.co.uk. Großartige Lage auf den Klippen mit ebenso großartiger Aussicht, DZ ab 89 £.

B & B

Fairway House, 8 Downs View, Tel. 01288-355059, www.fairwayguesthouse.co.uk. Fünf Zimmer *en suite,* DZ ab 63 £.

Pencarrol, 21 Downs View, Tel. 01288-352478. Vier Zimmer *en suite,* DZ ab 60 £.

Camping

Sandymouth Bay Holiday Park, Sandymouth Bay bei Bude, Tel. 01288-352563. Von der A 39 ausgeschildert, 1 km südlich von Kilkhampton, 6 km nördlich von Bude, hervorragend eingerichteter Platz mit schönen Ausblicken auf die See.

Essen und Trinken

Restaurant

Bude's Tandoori Restaurant, 12 Burn View, alteingesessenes indisches Lokal, sehr beliebt bei den Locals, Gerichte 9–11 £.

Pubs

The Globe, The Strand, Pub am Beginn des Ortszentrums, am Kanal.

The Carrier Inn, The Strand, bietet laut Eigenaussage „unbeatable specialists" zum Lunch.

Morwenstow

Nur einen Steinwurf von der Grenze zu Devon entfernt, ist Morwenstow – einige Kilometer hinter Bude von der A 39 ausgeschildert – Cornwalls nördlichster Kirchsprengel und ein Weiler am Ende der Welt. Eine Kirche, **St. John the Baptist** aus normannischer Zeit, das Pfarrhaus, ein **Tea Room,** der aus dem 12. Jh. datierende **Pub Bush Inn,** eine kleine Farm – das ist es! Dass Besucher hier „at the end of the road" einfallen, hat einen Grund, und der heißt *Robert Stephen Hawker* – „Cornwalls wackiest Cleric". Der verrückteste Pfarrer Cornwalls lebte von 1835 bis 1874 in Morwenstow, hielt hier nicht nur die Messe ab, sondern rettete, suchte und begrub Schiffbrüchige, rauchte Opium, trank ordentlich und schrieb sich mit seinen Gedichten in den **Literaturhimmel Englands.** In einer kleinen, aus Strandgut errichteten Hütte 120 m hoch an den Klippen – die dort noch heute steht und auf einem kurzen, zehnminütigem Spaziergang über eine Wiese Richtung Meer erreichbar ist (Ausschilderung *Coast Path* entweder vom *Rectory Tea Room* oder vom Kirchhof folgend; eine Steinsetzung des *National Trust* mit der Aufschrift „Hawker's Hut" zeigt die Hütte vom Küstenpfad an) – hielt er Ausschau nach Schiffen in Seenot und brachte seine Zeilen zu Papier. In der viktorianischen Vicarage – erbaut 1837 – wohnte er und auf deren Dach sehen sämtliche Kamine so aus wie die Kirchtürme der Gotteshäuser, in denen er vorher Dienst getan hatte. Für den wichtigsten, den Küchenschornstein, nahm er das Grabmal seiner Mutter zum

The Song of the Western Men

by Robert Stephen Hawker

A good sword and a trusty hand!
A merry heart and true!
King James's men shall understand
What Cornish lads can do.

And have they fixed the where and when?
And shall Trelawney die?
Here's twenty thousand Cornish men
Will know the reason why!

Out spake their captain brave and bold,
A merry weight was he:
If London Tower were Michael's hold,
We'll set Trelawney free!

We'll cross the Tamar*, land to land,
The Severn** is no stay,
With one and all, and hand in hand,
And who shall bid us nay!

And when we come to London Wall,
A pleasant sight to view,
Come forth! Come forth, ye cowards all,
Here's men as good as you.

Trelawney he's in keep and hold,
Trelawney he may die,
But here's twenty thousand Cornish bold,
Will know the reason why!

* Tamar, ein Fluss, der die Grenze zwischen Cornwall und Devon markiert und bei Plymouth in den Englischen Kanal mündet.
** Severn, ebenfalls ein Fluss, der von den walisischen Cambrian Mountains in den Bristol Channel fließt und die Grenze zwischen England und Wales bildet.

Jonathan Trelawney (1650–1721) war Bischof von Bristol und wurde von König Jakob II. 1688 mit sechs weiteren hohen Kirchenvätern aus religiösen Gründen im Tower von London inhaftiert. Am 30. Juni des gleichen Jahres fand der Prozess wegen Verleumdung statt, in dem Trelawney freigesprochen wurde, ein Grund für begeisterte Feiern im West Country.

Hawker schrieb über seine Zeilen: „And shall Trelawney die?/Here's twenty thousand Cornish men/Will know the reason why!, ist seit der Einkerkerung von Sir Jonathan Trelawney durch Jakob II. ein populäres Sprichwort überall in Cornwall. Ich verfaßte das Gedicht im Jahr 1825 und sandte es anonym an eine Zeitung in Plymouth. Dort fand es die Aufmerksamkeit von Mr. Gilbert Davies. Unter dem erklärten Eindruck, daß es sich um eine alte Ballade aus der Zeit von Jakob II. handelte, verlegte er es in seiner eigenen Druckerei in Eastbourne. Die Zeilen hatten das Glück, die Begeisterung von Sir Walter Scott zu finden, der das Gedicht ebenfalls für einen alten Text hielt. Unter der gleichen Annahme wurde es von Lord Macauly und von Mr. Dickens gelobt. Dickens übernahm es in dem Glauben, daß es ein ursprünglich altes Gedicht sei, in seinem Band „Household Works"; erst später stellte er die Urheberschaft in dem gleichen Titel richtig."

Vorbild. Über dem Eingang brachte *Hawker* in altenglischen Buchstaben ein Gedicht mit Verhaltens- und Besitzregeln an: „A House, a Glebe a Pound a Day,/A Pleasant Place to Watch and Pray;/Be true to Church, Be kind to Poor/O Minister to everymore". Auf das Pfarrhaus kann man heutzutage nur aus der Ferne, vom Kirchhof, einen Blick werfen, da es in Privatbesitz ist.

In diesem Domizil entstand sein berühmtes Gedicht „The Quest of the Sangral" (dt. „Die Suche nach dem heiligen Gral"). Weit über die Grenzen Cornwalls hinaus bekannt machte ihn sein „Song of the Western Men", der als die inoffizielle Hymne des West Country gilt. Das Gedicht erschien anonym in den Zeitungen *Royal Devonport Telegraph* und *Plymouth Chronicle,* wurde dort von dem Präsidenten der Londoner *Royal Society* als vermeintliche mittelalterliche Ballade entdeckt und im damals vielgelesenen *Londoner Gentleman's Magazine* erneut publiziert. *Sir Walter Scott* bezog sich in einigen seiner Werke auf das Gedicht, der Historiker *Macauly* zitierte es häufig und *Charles Dickens* druckte es in einem seiner Romane ab. Der Autor blieb lange unerkannt. Ein Zeitgenosse urteilte über *Hawker:* „No truer and probably no more eminent poet has been produced by Cornwall than the late Vicar of Morwenstow. His poetry, generally, is as fresh and bright as a sunny day on his own Cornish Coast."

Die Kirche von Morwenstow

093co se

Hinter dem Pfarrhaus verläuft ein Pfad hinunter zur **St. John's Holy Well,** einem der vielen heiligen Brunnen in Cornwall; neben der Ausguckhütte war die Quelle der liebste Platz des Exzentrikers. *Hawker* führte einen erbitterten Prozess gegen einen lokalen Grundbesitzer, der den Brunnen in seinen Besitz nehmen wollte. Natürlich blieb der Pfarrer siegreich und verfasste nach dem positiven Urteilsspruch ein Gedicht über die Johannesquelle. Das Brunnenhaus ist gut erhalten und spendet klares, sauberes Nass. Heute wie zu *Hawkers* Zeiten werden die Kinder mit dem Wasser aus St. John's Holy Well getauft.

Ein Stückchen nordwestlich vom Johannesbrunnen gibt es eine weitere **Quelle,** die der **Heiligen Morwenna** geweiht ist. Der Legende nach war die heilige Frau eines der 26 Kinder des walisischen Königs *Brychan,* der im 5. Jh. gelebt haben soll. Auch die **Heilige Keyne** stammte aus dieser Sippe. 1874 restaurierte *Hawker* den Brunnen der von ihm hochverehrten Morwenna.

Gegen die **Shipwrecker** zog *Hawker* mit aller Macht zu Felde, gegen die Strandpiraten wetterte er von der Kanzel, Schiffbrüchige, deren Segler an der felsigen Küste zerschellt waren, fanden in ihm einen mit unerschrockenem Mut gegen die Naturgewalten kämpfenden **Seenotretter** und viele verdankten ihm ihr Leben. Denjenigen jedoch, die er nur noch tot aus dem Wasser ziehen konnte, gab er ein christliches Begräbnis, etwas, was die Kirche in jenen Tagen noch verbot, da man glaubte, dass die Seelen der Toten die Lebenden verfolgen würden. Die unglückliche Crew der *Caledonia* bestattete *Hawker* in einem Gemeinschaftsgrab, das er mit der Galionsfigur des Schiffes schmückte. Wenn sich seine

094co se

Totengräber weigerten, ein Grab auszuheben, dann bestach er sie mit ordentlichen Mengen an Gin. „The Sailor's Friend" nannten ihn die Leute der Umgebung. Der Friedhof des Weilers erstreckt sich rund um die Kirche St. John the Baptist.

War der trinkende, Opium rauchende und dichtende Pfarrer zu Fuß unterwegs, so folgte ihm stets sein dressiertes Schwein wie ein gut erzogener Hund.

1848 kam Hofdichter *Alfred Lord Tennyson* nach Morvenstow und wanderte mit *Hawker* die Steilküste entlang, während beide die raue Natur in reimenden Sentenzen zu beschreiben versuchten.

Kurz vor seinem Tod muss *Hawker* es noch einmal mit der Angst zu tun bekommen haben und tiefe Zweifel dürften seine arme Seele durchzogen haben – der anglikanische Pfarrer konvertierte zum Katholizismus.

Nach seinem Tod schrieb die viktorianische Schriftstellerin *Sabine Baring-Gould* die Biografie „The Vicar of Morwenstow", es wurde über Jahrzehnte ihr bestverkauftes Buch – und das will etwas heißen, gehörte sie doch zu den produktivsten Schreiberinnen im damaligen England. Über 150 Bücher, Kindertraktate, Erzählungen, Kirchenlieder und religiöse Erbauungsschriften gehen auf ihr Konto.

Das **Free House Bush Inn** (www.bushinn-morwenstow.co.uk), der Pub zur Kirche, war selbst einmal eine geheiligte Stelle und wurde um 950 als Kapelle erbaut. Ein keltisches Steinkreuz erinnert noch heute daran. Einige Jahrhunderte später wurde aus dem Gebäude eine Kneipe. Ursprünglich einmal diente es als Raststation für irische und walisische Mönche, die auf dem Weg zum Kontinent waren. Und gegenüber der Kirche bietet der **Rectory Tea Room** (www.rectory-tearooms.co.uk) bis 17.30 Uhr kleine Gerichte, Kaffee, Tee und Kuchen an.

Nur einen Steinwurf nördlich des Örtchens ragen die **Henna Cliffs** auf, die mit rund 135 m zu den höchsten in Großbritannien zählen. Von dort hat man einen weiten Blick über die See und bei klarem Wetter erkennt man in der Ferne **Lundy Island.** Der Steinkiesel im Meer ist ein Vogelschutzgebiet und es leben nur wenige Menschen darauf. Von **Bideford** aus, das allerdings schon in Devon liegt, bringt die *MS Oldenburg* Vogelliebhaber auf die ca. 5 km lange und rund 800 m breite Insel.

< Blick von Hawkers Ausguckhütte

Überblick | 189
Bodmin | 190
Rund um den Jamaica Inn | 194
Altarnun | 199
Launceston
und der Tamar Otter Park | 199
Rund um Camelford | 201
Rund um St. Neot | 202

Bodmin Moor

Plötzlich aufragende Steinformationen,
weitgehend kahle Torfmoore sowie megalithische
Steinsetzungen
aus der Frühzeit
der Menschheitsgeschichte
finden sich allerorten.
Viele Wanderwege führen durch das Bodmin Moor.

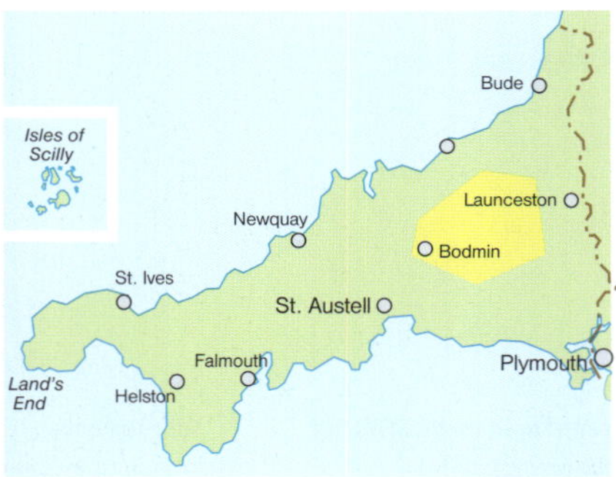

HIGHLIGHTS

Besondere Tipps*:

- Rund um Bodmin: S. 192
- Jamaica Inn: S. 194
- Inns, Taverns, Alehouses, Pubs: S. 197

*Diese Tipps erkennt man im Buch an der gelben Hinterlegung im Kapitel.

Vorherige Seite:
Typisch cornische Mauer

095co se

MOORLANDSCHAFTEN IM ZENTRUM CORNWALLS

Die weite Moorlandschaft im Zentrum Cornwalls – benannt und unter Schutz gestellt als eine Area of Outstanding Natural Beauty – umfasst rund 210 km², besteht aus Hochmoorebenen auf Granit und liegt im Durchschnitt 245 m über NN.

Überblick

Hier entspringen die Flüsse Fowey und Camel. Die einsame Landschaft ist geprägt durch **Heidehügel,** die so genannten **Tors** (= Cornish für „Berge"), plötzlich aufragende **Steinformationen,** und weitgehend kahle **Torfmoore.** Megalithische Steinsetzungen aus der Frühzeit der Menschheitsgeschichte finden sich allerorten, vor allem jedoch im südlichen Teil. Vor über 4000 Jahren siedelten die ersten Menschen hier. Viele **Wanderwege** führen durch das Bodmin Moor und von den beiden höchsten Erhebungen, dem **Brown Willy** (419 m) und dem **Rough Tor** (400 m), hat man weite Blicke über die Landschaft. Viele seltene Wasservögel fanden in dem Sumpfland ein Refugium und brüten hier vor allem am **Dozmary Pool.** Orchideen, fleischfressende Pflanzen wie der Sonnentau und die weitere typische Flora der Feuchtgebiete finden sich im Moor.

Die gut ausgebaute A 30 führt diagonal durch das gesamte Sumpfgebiet und verbindet **Bodmin** im Südwesten mit **Launceston** im Nordosten. Auf halber Strecke liegt **Bolventor** mit dem Jamaica Inn.

Informationen aller Art zum Bodmin Moor findet der Besucher im Internet unter www.bodminmoor.co.uk.

Bodmin

Mit rund 15.000 Einwohnern die größte Stadt der Region und gelegen im geografischen Zentrum Cornwalls, war Bodmin seit jeher ein bedeutender Marktflecken. Auch die Kirche hinterließ hier schon früh ihre Spuren, als nämlich der walisische Heilige *Petroc,* von Padstow kommend, im 6. Jh. ein **Kloster** errichtete. Darauf geht auch der Name des Städtchens zurück – „Bos Venegh", Heiligtum (oder Wohnort) der Mönche. Über Jahrhunderte prägten die frommen Brüder die Gegend und rund um die Abtei – einen bedeutenden Wirtschaftsstandort – siedelten sich rasch Menschen an. 1086 fand Bodmin bereits Eingang in das *Domesday Book,* jenes Katasterwerk, das *Wilhelm der Eroberer* in Auftrag gegeben hatte, um einen Überblick über die Reichtümer seines neuen Landes zu bekommen. Bodmin war einst Sitz des königlichen Gerichtshofes und damit die Verwaltungskapitale von Cornwall. Als Truro diese Funktion übernahm, übersiedelten viele der Kaufleute dorthin, um nah am Herrschaftszentrum zu sein.

Schon von weitem sichtbar ist das Wahrzeichen der kleinen Metropole, das **Gilbert Memorial,** ein 32 m hoher Obelisk auf dem **Bodmin Beacon,** einer Erhebung einen Steinwurf südlich vom Zentrum. Die Landmarke ehrt *Sir Walter Raleigh Gilbert* (1785–1853), einen Verwandten des maritimen Haudegen *Sir Walter Raleigh,* der als General in der bengalischen Armee diente. Nahe des Tourist Office macht das **Bodmin Museum** (Ostern–Sept. Mo–Fr 10–16.30, Sa 10–14.30, Okt. Mo–Sa 10–14.30 Uhr, Eintritt frei) mit ihm und anderen großen Söhnen der Stadt vertraut und gibt Informationen zur Heimatgeschichte.

Möglicherweise interessanter ist daneben die **Courtroom Experience** in der **Shire Hall** (hier auch die Tourist-Information), die früher einmal als Gericht diente. Die Ausstellung informiert über die Gerichtsverhandlung gegen *Matthew Weeks,* der 1844 wegen Mordes an *Charlotte Dymond* angeklagt wurde. Das Urteil war damals heftig umstritten und der Besucher kann nach einer ausführlichen Schilderung des Falles seine Meinung zu dem Verfahren abgeben. Am 12. August 1844 wurde der 23-jährige *Weeks* gehenkt.

Das Gotteshaus **St. Petroc,** aus Granit erbaut und beherrschend im Stadtbild, ist die größte Kirche Cornwalls und datiert hauptsächlich aus dem 15. Jh.

An der Berrycombe Road sollte man zu guter Letzt einen Blick in Uhrdie Zellen des **Bodmin Jail** werfen (tgl. 10 bis zur Abenddämmerung, Eintritt 6,50 £, Kinder 5–15 Jahre 4,50 £; www.bodmin-jail.org). Hier warteten die Verurteilten auf ihre Hinrichtungen, die bis 1856 öffentlich waren, vor den Toren des Gefängnisses stattfanden und die Neugierigen aus allen Himmelsrichtungen anzogen. 1862 verlegten die Autoritäten die Exekutionen dann ins Innere der Haftanstalt, doch Besucher wurden immer noch eingelassen; erst 1878 blieb die Öffentlichkeit vollends ausgeschlossen. 1909 wurde das Gefängnis geschlossen. Wer hier warum manchmal aus recht nichtigem Grund vom Leben zum Tode befördert wurde, erfährt der Leser aus einer Broschüre, die in der Tourist-Information erhältlich ist: „Executions in Bodmin".

In Bodmin wurde am 21. November 1863 der uns schon aus Fowey bekannte *Arthur Quiller-Couch* geboren. An der Stelle seines Geburtshauses erinnert eine **Säule** an ihn, der seine ersten Publikationen und dem Pseudonym „Q“ veröffentlichte. In *Daphne du Mauriers* Roman „My Cousin Rachel“ spielt eine Szene im „dämmrigen und friedlichen Inneren“ der **St. Petroc Church,** und im Pub *Rose and Crown* trifft sich Rachel mit ihrem Geliebten.

Mitten im Ersten Weltkrieg wurde *D. H. Lawrence* von Zennor aus zur Musterung nach Bodmin befohlen. „Ohne Wasch- und Schlafzeug“ musste er zwei Tage und zwei Nächte in der Kaserne verbringen, bevor er sich der „erniedrigenden Prozedur“ stellen konnte. Zu seiner großen Erleichterung wurde er für nicht tauglich erklärt und beschrieb später die Musterung in dem „Alptraum“ überschriebenen Kapitel seines Romans „Kangaroo“.

Praktische Tipps

Tourist-Information

- Shire Hall, Mount Folly Square, Tel. 01208-76616.
- www.bodminlive.com

Unterkunft

Hotels

- **Trehellas House,** Washaway, Tel. 01208-72700, www.trehellashouse.co.uk. Ehemalige Kutschstation aus dem 18. Jh., DZ ab 87 £.
- **Westberry Hotel,** Rhind Street, Tel. 01208-72772, www.westberryhotel.net. Solides Zwei-Sterne-Haus mit angeschlossenem Steak- und Thairestaurant, DZ ab120 £.

Bodmin Museum

096co se

B & B

■ **Mount Pleasant Farmhouse,** Mt. Pleasant, Tel. 01208-821342. Von Bodmin auf der A 30 Richtung Launceston, nach 6 km rechts der Ausschilderung Millpool für 3 km folgen. Farmhaus aus dem 17. Jh. in 5 Hektar Garten und Waldland, DZ ab 65 £.
■ **Scrumptious,** 26 Berrycombe Hill, Tel. 01208-75939, DZ ab 65 £.

Essen und Trinken

Restaurant

■ **Wetherspoon,** Fore Street, schicker Pub mit großer Speisekarte, untergebracht in einer ehemaligen Methodistenkirche, ab 6 £.

Pubs

■ **Weaver's Inn,** Honey Street, in dem kurzen verkehrsberuhigten Stück Straße unterhalb der Shire Hall. Gemütlicher Pub mit angeschlossenem Restaurant, hier Gerichte zwischen 8 und 12 £.
■ **Mason's Arms,** Higher Bore Street, für seine Ales bekanntes Free House mit angeschlossenem Biergarten.

Die Dampfloks der Bodmin & Wenford Railway

Rund um Bodmin

Eisenbahnenthusiasten werden es sich sicher nicht nehmen lassen, mit der Dampflok der **Bodmin & Wenford Railway** eine 15- bis 20-minütige schnaufende Fahrt nach **Boscarne Junction** zu machen (einige Fahrten auch mit Diesellok). Die kurze nostalgische Reise geht von der restaurierten Bodmin General Station aus, die wenige Minuten Fußweg in südlicher Richtung vom Zentrum an der Lostwithiel Road liegt. Fahrpreise und Abfahrtszeiten erfährt man im Internet unter www.bodminrailway.co.uk. Ein Tagesticket kostet 11,50 £ und für Kinder von 3–16 Jahre 6 £. Besonderes Highlight ist die Möglichkeit, im „Driver Experience Course" die Lok mal selbst zu befeuern.

Von Boscarne Junction aus ist es nur einen Katzensprung bis zum Camel Trail (siehe Exkurs), dem Fahrrad- und Wanderweg gen Norden.

In entgegengesetzter Richtung stoppt der Zug in **Coleslogget Halt,** von wo aus man nach ca. 800 m Fußweg in die **Cardinham Woods** gelangt. Diese Mischwald-Plantage dient der Holzindustrie, markierte Wege führen durch den Forst, Bäche fließen murmelnd vorbei und

münden im Bach Cardinham Water, über den eine alte *Clapper Bridge* führt. Rotwild äst durch den Wald, Falken und Bussarde durchstreifen die Lüfte und mit viel Glück bekommt man einen Fischotter zu Gesicht. Die nächste Station heißt **Bodmin Park** und seit 1887 befindet sich hier die Anbindung an die Hauptlinie. Ein 2 km langer ausgeschilderter Weg führt vom Bahnhof zu einem der größten *Country Houses* in ganz Cornwall – **Lanhydrock** (siehe Kapitel „Die cornische Kanalküste").

Nordwestlich von Bodmin, etwas abseits der A 389, die von Wadebridge nach Bodmin führt, liegt **Pencarrow House,** auf dessen Besuch man ebenfalls nicht verzichten sollte (April–Sept. So–Do 11–17 Uhr; Führung durch Haus und Garten 10,50 £, Kinder 5 £; www.pencarrow.co.uk). Das georgianische Anwesen ließ im 18. Jh. *Sir John Molesworth* erbauen, Mitbegründer jener Bank, die später den Namen *Lloyds* tragen sollte. Feines Mobiliar, Bilder großer Meister – u.a. ein Gemälde von *Sir John,* gemalt von dem bekannten Portraitisten *Sir Joshua Reynolds* –, ein eindrucksvolles Treppenhaus und vieles mehr sind zu besichtigen. Auch dem prachtvollen Garten drum herum sollte man Aufmerksamkeit schenken.

097co se

Blisland

Nördlich von Bodmin, nur 5 km entfernt und erreichbar über unklassifizierte Straßen, liegt der Weiler Blisland im Tal des River Camel. Rund um den Dorfanger stehen propere Häuschen aus georgianischen und viktorianischen Tagen. Sie werden überragt von dem normannischen Gotteshaus **St. Protus and St. Hyacinth,** zwei Brüdern, die im 3. Jh. den Märtyrertod starben. Der Dichter *John Betjeman* fand die Pfarrkirche bei seinem Besichtigungsgang „dizzling and amazing". Am Dorfanger liegt der **Village Pub Blisland Inn,** ein *Free House,* das sich mit dem Preis *CAMRA Pub of the Year* schmücken darf; die **CAMRA** ist die *Campaign for Real Ale,* eine Verbraucherschutzorganisation, die auf vernünftig gebrautes Bier achtet. Neben der Kirche bietet in dem alten Schulhaus von 1842 ein Café Erfrischungen nichtalkoholischer Art an.

Ein kurzer Spaziergang in nördlicher Richtung bringt den Besucher zum **Jubilee Rock** auf dem **Pendrift Common;** der Wirt vom Blisland Inn beschreibt gerne den Weg. Der mächtige Felsen trägt viele Graffiti zum 50. Krönungstag von *George III.,* viel interessanter aber ist hier die Aussicht zum knapp 5 km entfernten **Hawk's Tor.** An dessen Hügelschulter befinden sich die neolithischen **Stripple Stones,** ein Zirkel, der einmal aus 28 Standing Stones gebildet wurde, von denen heute noch vier aufrecht stehen.

Rund um den Jamaica Inn

Im geografischen Zentrum des Bodmin Moor und direkt an der A 30 gelegen, zieht der **Jamaica Inn** *(Free House)* Wanderer, Reiter, Automobilisten und Busladungen von Touristen an. Dies geschieht nicht nur wegen seiner einzigartigen Lage, sondern vor allem, seitdem *Daphne du Maurier* ihren Roman „Jamaica Inn" veröffentlichte. Der Gasthof wurde 1769 angelegt und diente einst als Postkutschenstation auf dem Weg von Bodmin nach Launceston. Gegenüber vom Pub lockt das **Smuggler's Museum** (Hauptsaison 10–18, Vorsaison 10–17, Nebensaison 10–16 Uhr; Eintritt 3,95 £, Kinder 3,45 £; www.jamaicainn.co.uk), das mit dem Schwarzhandel bis in die heutigen Tage bekannt macht. In der schiefergedeckten, aus Bruchstein errichteten Kneipe selbst ist der Schreibtisch von **Daphne du Maurier** ein Beobachtungsobjekt beim Bier.

Lesen wir einmal, wie *Daphne du Maurier* in ihrem Roman „Jamaica Inn" die Protagonistin *Mary* die Gegend erleben lässt: „Die Moorstriche waren noch wilder, als sie gedacht hatte. Wie eine ungeheure Wüste wogten sie von Osten nach Westen, mit Radspuren da und dort an der Oberfläche, und große Hügel unterbrachen die Horizontlinie. Wo sie endeten, wurde ihr nicht klar. Nur einmal, weit im Westen, als sie die höchste Felszacke hinter dem Haus erklommen hatte, erblickte sie als einen Silberschimmer die See. Es war eine schweigsame, verlassene Gegend, aber gewaltig und von Menschenhand unberührt. Auf den hohen Felsblöcken standen aneinandergelehnt die Steinplatten als seltsame Formen und Gestalten, wuchtige Schildwachen, die da aufragten, seit die Hand des Schöpfers sie geschaffen hatte. Einige sahen aus wie riesige Möbel, ungeheure Stühle und schiefe Tische. Manchmal lag von den kleinen, zerbröckelnden Steinen einer auf dem Gipfels eines Hügels, der selbst schon ein Gigant war, dessen ruhende Gestalt die Heide und das derbe, buschige Gras überdunkelte. Große, lange Steine standen weit zurückgelehnt und schienen wunderlich zu schwanken, als überließen sie sich dem Wind. Und da gab es flache Altäre, deren glatte und glänzende Flächen gen Himmel schauten, auf Opfer wartend, die niemals kamen. Wilde Schafe lebten auf diesen Felsklippen, und auch Raben waren da und Bussarde; die Hügel waren die Heimstatt aller einsamen Dinge. Schwarze Kühe weideten unten im Moorland; behutsam schritten sie auf dem festen Grund. Ihr angeborenes Wissen hielt sie von dem verführerischen Grasboden zurück, der in Wahrheit kein Boden war, sondern morastiger, lispelnder Sumpf. Wenn der Wind um die Hügel blies, dann pfiff er klagend durch die Granitspalten, und zuweilen war es, als erschauerte ein Mensch in Pein."

Hier besucht *Mary* nach dem Tod ihrer Mutter die Tante, die mit dem brutalen Wirt des Gasthofs *Jamaica Inn* verheiratet ist. Dunkle Gestalten gehen in der mitten im Moor gelegenen Spelunke aus und ein, des Nachts werden im Schutze der Dunkelheit Fässer und Kisten angeliefert. Was tut sich? Der Wirt des *Jamaica Inn* ist der Anführer einer Shipwrecker-Bande, die mit falsch gesetzten Lichtzeichen Schiffe auf die Klip-

pen der Küste lockt, die Mannschaft umbringt und die Fracht stiehlt.

Nachdem man sich in der Kneipe gestärkt hat, kann man von dort aus entweder den ca. 4,5 km langen Weg zum nordwestlich aufragenden **Brown Willy** (419 m) nehmen und von dort weiter zum **Rough Tor** laufen (400 m, diese Wanderung kann man auch von Camelford aus beginnen) oder aber einen Spaziergang zum 1,5 km entfernten, südlich gelegenen **Dozmary Pool** machen. Im Jamaica Inn gibt es kostenlose Blättchen mit Wegbeschreibungen zu beiden Attraktionen. Die Straße zum Dozmary Pool beginnt genau gegenüber vom Parkplatz des Jamaica Inn (dort ausgeschildert).

Nahe beim legendären **König-Artus-See** erstreckt sich die weite Wasserfläche des **Colliford Lake,** der für die Wasserversorgung der Region zuständig ist. Die Strecke führt weiter zum sympathischen Weiler **St. Neot.**

Neben dem Loe Pool auf der Lizard-Halbinsel reklamiert der **Dozmary-See** für sich, jener Ort zu sein, an dem *Sir Bedivere* das legendäre Schwert von *König Artus,* **Excalibur,** versenkte.

Nördlich von **Camelford** liegt *Slaughter's Bridge,* einstiger Schauplatz der **Schlacht von Camlann,** dem letzten Gemetzel des *König Artus.* Hier wird der große Herrscher von seinem Sohn (laut einer anderen Version von seinem Neffen), dem Verräter *Mordred,* tödlich verwundet, doch *Artus* schafft es noch, den Bösewicht mit einem letzten machtvol-

⌃ Der Pub Jamaica Inn im Bodmin Moor

len Streich seines Schwertes *Excalibur* ins Jenseits zu befördern. Zusammen mit seinem Vertrauten *Sir Bedivere* hockt der sterbende König am Ufer des **Dozmary Pool,** „dem düsteren Hochmoorteich, dessen windbewegte Oberfläche 275 m über dem Meeresspiegel von der Melancholie sanftgeschwungener graugrüner Hügellinien umfangen ist". Hier spricht *Artus* zu *Bedivere:* „Meine Zeit eilt davon, darum nimm mein gutes Schwert *Excalibur* und geh damit zum Strand. Ich gebiete dir, wirf mein Schwert ins Wasser und komm zurück und berichte mir, was du gesehen hast." „Hoher Herr", antwortet *Bedivere,* „ich will Eurem Gebot folgen und Euch schnell Nachricht bringen." Doch erscheint ihm *Excalibur* zu wertvoll, so versteckt er es und sagt dem Herrscher, dass er es ins Wasser geworfen, aber nichts als Wind und Wellen gesehen hat. *Artus* glaubt ihm nicht und schickt ihn ein zweites Mal fort, den königlichen Auftrag wunschgemäß durchzuführen. Wieder tut *Bedivere,* als hätte er das Schwert ins Wasser geworfen. „Ach du treuloser Verräter", sagt *Artus,* „nun hast du mich zweimal betrogen. Wer hätte das von dir gedacht, der du mir so lieb und teuer warst. Man nennt dich einen edlen Ritter, und du betrügst mich wegen eines kostbaren Schwertes. Geh jetzt noch einmal, doch beeile dich, denn dein Zaudern bringt mein Leben in große Gefahr. Mir ist schon kalt." So nahm *Bedivere* das Schwert rasch aus dem Versteck und trat ans Wasser. Dort band er den Gurt um den Griff und warf das Schwert so weit er konnte ins Meer. Sogleich reckte sich eine Hand aus dem Wasser, griff danach und schüttelte und schwang es dreimal. Dann verschwand die Hand mit dem Schwert im Wasser, *Sir Bedivere* kehrte zum König zurück und berichtete ihm, was er gesehen hatte. „Ach", sagte der König, „hilf mir von hier fort, ich habe schon zu viel Zeit verloren." Da nahm *Bedivere* den König auf den Rücken und trug ihn ans Wasser. Als sie am Strand ankamen, wartete dicht am Ufer eine kleine Barke mit vielen schönen Frauen darin. *König Artus* Überfahrt nach Avalon beginnt. Das Schwert kehrte dahin zurück, wo es hergekommen war, denn als junger Mann war *Artus* von seinem Erzieher, dem Zauberer *Merlin,* an einen See geführt worden. Aus dem Wasser ragte ein in Brokat gewandeter Arm, der das Schwert *Excalibur* in der Hand hielt. „Seht", sagte *Merlin,* „dort ist das Schwert, von dem ich sprach." Und da bemerkten sie ein Fräulein, das auf dem See fuhr. „Was für ein Fräulein ist das?", fragte *Artus.* „Das ist die Dame vom See", antwortete *Merlin.* „Wenn dieses Fräulein jetzt zu Euch kommt, dann redet recht freundlich mit ihr, damit sie Euch das Schwert gibt."

Nur wenige Meter nördlich von der Straße zum Dozmary Pool verläuft der Abzweig zu den **Golitha Falls** (ausgeschildert); der River Fowey, der hier in einem schattigen Wald über Kaskaden sprudelt ist von hier aus leichter zu erreichen als vom Örtchen St. Neot.

Unterkunft

B & B

■ **Jamaica Inn,** Bolventor, Launceston, Tel. 01566-86250, www.jamaicainn.co.uk. Mehrere Räume *en suite,* DZ ab 85 £.

Inns, Taverns, Alehouses, Pubs

Im 15. oder 16 Jahrhundert kamen die Begriffe Inn, Tavern und Alehouse auf. Ganz oben stand dabei der Inn, ein Gasthof, in dem Reisende übernachten konnten und Speis und Trank gereicht bekamen. In der Taverne wurde in erster Linie Wein ausgeschenkt, Fremdenzimmer gab es keine und Speisen in der Regel auch nicht. Tavernen fanden sich zumeist in den Städten. Ein Buschstrauß immergrüner Blätter machte darauf aufmerksam. Puritanische Geister sahen in der Taverne eine Spielhölle mit leichten Mädchen. Ganz unten rangierte das Alehouse, einfache Wohnhäuser, in denen Bier (Ale) gebraut wurde. Dort gab es keinen Tresen, keine Speisen, das Vieh lief durch die Stube und die Kleinkinder ebenso. Ein Mindestmaß an Hygiene sicherte der Aleconner, ein lokaler Offizieller. Ein Alestake, ein Pfosten mit Blättern daran, machte auf ein Alehouse aufmerksam. Dies war der Vorläufer der heutigen Pub-Schilder. Aus den Alehouses wurden die Pubs, eine Abkürzung für Public House.

Viele Namen der Pubs gehen auf die biblische Geschichte oder auf christliche Zeichen zurück; so etwa The Cross, The Mitre (Die Mitra), Adam and Eve oder The Angel Inn. Bezeichnungen wie Four Bells oder Bell Inn erinnern an die Kirchenglocken oder geben gleich die Anzahl der Glocken der heimischen Kirche an. Ist ein Gotteshaus St. Peter geweiht, so heißt der Pub nahebei mit Sicherheit Cross Key, das nämlich sind die beiden Schlüssel, mit denen Petrus entweder die Hölle oder den Himmel aufschließt. The Lamb and the Flag ist weitverbreitet, dies war das heraldische Zeichen der Templer-Ritter; The Star bezeichnet den Stern, der die drei Weisen nach Bethlehem führte, und The Anchor ist nicht nur ein nautisches Symbol, sondern auch ein Zeichen der Hoffnung; viele Pubs heißen daher auch zur Verstärkung Hope and Anchor. The Cock Inn hat seinen Namen nicht vom Hühnerhof, sondern erinnert an Judas: „Noch ehe der Hahn dreimal gekräht hat, wirst du mich verraten haben."

Unvergessen ist übrigens die Taverne, die Ye Olde Trip to Jerusalem hieß und aus dem 12. Jh. datierte.

The George oder auch The George and Dragon geht natürlich zuerst einmal auf den englischen Nationalheiligen zurück, der den Drachen besiegte. Doch bezieht sich The George auch auf den exklusiven Order of the Garter, den Hosenbandorden, der von König Eduard III. im 14. Jh. gegründet wurde. Auch der Pub-Name Star and Garter weist auf die Insignien dieses Zirkels hin. Und letztendlich kann The George auch die sechs Könige gleichen Namens aus der Hannoveraner-Dynastie zum Inhalt haben.

Viele britische Pub-Namen gehen auch auf uralte heraldische Zeichen zurück. Am bekanntesten ist der Red Lion, von jeher das Wappentier der schottischen Könige, das mit dem schottischen Jakob VI., dem Sohn von Maria Stuart, der in England 1603 König Jakob I. wurde, auch in den Süden der Insel gelangte. Auch das Unicorn, das Einhorn, weist auf die schottischen Herrscher hin. Der Greyhound war das heraldische Zeichen der Tudors und die Hannoveraner führten The White Horse in ihrem Wappen.

Manchmal findet der durstige Zecher in England recht seltsame Pub-Namen vor und kann sich gar nicht vorstellen, was damit wohl gemeint sein könnte. Welchen Sinn macht beispielsweise The Goat and Compasses? Hier war ein Atheist am Werke, der den betulichen Puritanerspruch „God encompasses you" recht pfiffig verballhornt hat. Heißt eine Taverne Bag o'Nails, ist man durchaus richtig vor Ort, der Name geht auf eine Verfremdung des römischen

Weinfestes Bacchanal zurück. Beim Pig and Whistle bläst keineswegs ein Schwein die Pfeife, sondern hier wird „a pail of health", ein Eimer voll Gesundheit verballhornt. Bei Elephant and Castle geht es gleich zweimal um die Ecke. Der gleichnamige Londoner Stadtteil geht auf Königin Eleonore von Kastilien, die Infanta of Castile, zurück, was die verballhornungsfreudigen Bürger Londons zu „Elephant and Castle" mutieren ließen. Ein Elefant mit einem Burgturm auf dem Rücken ist aber auch ein altes heraldisches Zeichen. Heißt ein Pub so, dann gehört er jedoch mit großer Wahrscheinlichkeit zur Cutlers Brauerei, die nämlich führt ein solches in ihrem Wappen.

Vor allem in ruralen Gebieten haben die Kneipen Namen, die sich aus dem landwirtschaftlich geprägten Umland oder der Jagd ergeben. So etwa The Black Horse, The Nag's Head, The Grey Mare, Fox and Hounds, The Stag and Hounds, The White Hart, The Roebuck oder The Jolly Farmer. The Bull and the Bear weist auf die spätmittelalterlichen Spiele hin, bei denen Hunde auf einen Bären gehetzt wurden. Und auch die Angler finden sich in den Kneipennamen wider, wie The Angler and the Trout beweisen.

099co se

Britische Pub-Maße

Biere werden in Pubs in Half Pints und Pints ausgeschenkt, was in ungefähr unserem Viertelliter bzw. einem halben Liter entspricht. Ganz selten findet man noch einen Yard of Ale, eine ca. ein Meter lange Glasröhre, die ungefähr drei Pints enthält. Wie man hört, ist das lange Ding bei Trinkwettbewerben noch sehr beliebt.

Der Wirt selbst bestellt sein Bier bei der Brauerei in Casks, in Fässern. Noch heute gelten die alten Cask-Maße, die auf dem Neunersystem beruhen:

- Pin = 4,5 Gallonen (20,5 l)
- Firkin = 9 Gallonen (41 l)
- Kilderkin = 18 Gallonen (81,8 l)
- Barrel = 36 Gallonen (163,7 l)
- Hogshead = 54 Gallonen (245,5 l)
- Das Butt, das 108 Gallonen (491 l) fasste, ist heutzutage nicht mehr im Gebrauch.

Altarnun

Nordöstlich, etwa 4,5 km vom Jamaica Inn entfernt, liegt das ausgesprochen freundlich wirkende Dörfchen Altarnun mit seinen blumengeschmückten Bruchsteinhäuschen (ausgeschildert von der A 30). An der pittoresken **Packhorse Bridge** ragt die Kirche von **St. Nonna** aus dem 15. Jh. auf. Die Heilige, so heißt es, war die Mutter von *David,* dem Schutzpatron von Wales, und Altarnun hat seinen Namen vom „Altar of St. Nun". Das große Gotteshaus wird in der Umgebung auch als „Cathedral of the Moor" bezeichnet. Einen Blick sollte man den kunstvollen Enden der Kirchenbänke widmen, die im 16 Jh. geschnitzt wurden und Heilige, Musikanten, Clowns, Schafe und sogar einen Dudelsackspieler zeigen. Viele der Grabsteine auf dem Kirchhof stammen vom lokalen Bildhauer *Nevil Northey Burnard.*

John Wesley (1703–1791), der Begründer des Methodistenglaubens, kehrte zwischen seinen Predigten in Cornwall gerne und oft im heute nach ihm benannten **Wesley Cottage** ein (tgl. 9–Sonnenuntergang), das sich ca. 800 m südwestlich in **Trewint** befindet.

Unterkunft

Hotel

■ **Penhallow Manor Country House,** Altarnun, Tel. 01566-86206. Ehemaliges Pfarrhaus, schönes Anwesen in blühendem Garten am Ortsrand hinter der Kirche, der hier ansässige Pub hält die Versorgung mit *Bitter* und *Lager* aufrecht, DZ 70–100 £.

Launceston und der Tamar Otter Park

Bis 1835 war das unmittelbar an der Grenze zu Devon gelegene **Launceston** (gesprochen „Länstn") die Verwaltungskapitale Cornwalls und der Ort nennt sich bis heute „The Gateway to Cornwall". Bevor die breite A 30 den Ort umging, quälte sich der gesamte Verkehr durch das enge, aus dem 12. Jh. stammende **Southgate Arch,** eins von vormals drei Toren der einzigen befestigten Stadt Cornwalls.

Der Ort entwickelte sich rund um die **Burg,** die heute noch das Ortsbild bestimmt und auf einem Hügel westlich des Zentrums steht (1. April–30. Juni tgl. 10–17 Uhr, Juli/Aug. 10–18, Sept. 10–17, Okt. 10–16 Uhr, Nov.–31. März geschl.; Eintritt 3,50 £, Kinder 1,60 £). Die Festung war im 13. Jh. der Sitz von *Richard, Earl of Cornwall,* ein Bruder *Heinrichs III.* In einem Verlies am Nordtor der **rasenbewachsenen Ruine** mit dem Bergfried und den Mauern saß einst *George Fox* ein, der Begründer der Quäker, weil er 1656 mit seinen religiösen Überzeugungen „den Frieden in St. Ives" gestört hatte. Einem früheren religiösen Eiferer erging es weitaus schlechter; 1577 wurde auf dem Marktplatz von Launceston der römisch-katholische Priester *St. Cuthbert Mayne* gehenkt und gevierteilt. *Mayne* war der erste Katholik, der in England hingerichtet wurde.

Castle Street nannte *John Betjeman* „the finest Georgian Street in Cornwall".

In einem klinkerroten Bau ist hier das **Lawrence House Museum** untergebracht, das Besucher mit der lokalen Historie bekannt macht (Ende März–Ende Okt. Mo–Fr 10–16 Uhr, Eintritt frei, www.lawrencehousemuseum.org.uk). Außerdem erinnert es an *John Couch Adams* (1819–1892), den Mitentdecker des Planeten Neptun, der nahebei in Lidcot geboren wurde.

An der Church Street ragt **St. Mary Magdalene** in den Himmel, eine granitene Kirche mit überreichem Ornamentschmuck innen wie außen. Das Gotteshaus wurde 1524 geweiht.

Von der St. Thomas Road verkehrt die **Launceston Steam Railway** über rund 8 km durch das Kensey Valley nach New Mills und zurück (Abfahrt 11 Uhr: Ostern tgl., Juni So, Mo, Di, 1. Juli–Ende Sept. tgl. außer Sa, Hin und zurück 9 £, Kinder 6 £, www.launcestonsr.co.uk). Die Schmalspurbahn, deren Dampflokomotiven 1880 und 1890 erbaut wurden, transportierte früher Schiefer nach Nord-Wales. Ein kleines **Transportmuseum** inklusive Shop und Café zeigt alte Karossen und Motorräder.

Über die nach Norden verlaufende B 3254 und dann links ab in eine unklassifizierte Straße gelangt man nach wenigen Kilometern zum **Tamar Otter Park** bei North Petherwin, der keine Fragen über Fischotter unbeantwortet lässt (ab Launceston ausgeschildert; 1. April–31. Okt. 10.30–18 Uhr; Eintritt 7,50 £, Kinder 3–15 J. 4 £; www.tamarotters.co.uk). Das Schutzgebiet kümmert sich um die Aufzucht und Erhaltung des britischen Otters.

Praktische Tipps

Tourist-Information

- **Market House Arcade,** Market Street, Tel. 01566-772321
- www.visitlaunceston.co.uk

121co sb

Unterkunft

Hotel

■ **Eagle House,** Castle Street, Tel. 01566-772036, www.eaglehousehotel.co.uk. Nahe der Burgruine, schönes georgianisches Haus von 1767, DZ ab 70 £.

B & B

■ **Hurdon Farm,** Launceston, 1,5 km südlich vom Zentrum, Tel. 01566-772955. Sechs Zimmer *en suite,* DZ ab 64 £.
■ **Tyne Wells House,** Pennigyllam, Tel. 01566-775810. Drei Zimmer *en suite,* DZ ab 55 £.
■ **Rose Cottage,** 5 Lower Cleaverfield, Tel. 01566-779292, www.rosecottagecornwall.co.uk. Preisgekröntes B & B mit Aussicht über die Stadt und die Burg, DZ ab 56 £.

Essen und Trinken

Restaurants

■ **Harvey's,** Church Street, Bar & Bistro, mit einem kleinen Patio, Gerichte zwischen 5 und 7 £.
■ **La Bouche Creole,** The Bridewell. Beliebtes Restaurant mit creolischer Küche, Gerichte ab 7 £.

Pubs

■ **Ye Olde Bell Inn,** Tower Street, unmittelbar bei St. Mary Magdalene gelegen, ein äußerst angenehmer Pub aus dem 14. Jh. Hier trinkt es sich ambientereich unter niedrigen Decken mit alten Balken, an Wochenenden während der Saison Livemusik.
■ **Baker's Arms,** am South Gate Arch, ein gemütlicher Pub am alten Stadttor.

☒ Launceston Castle

Rund um Camelford

Von Launceston über die A 395 gen Westen erreicht man nach ca. 25 km Camelford, ein kleines Städtchen, von dem seit Jahrhunderten angenommen wird, dass es mit dem **Camelot** von *König Artus* identisch ist.

Im Ortszentrum zeigt das **North Cornwall Museum** (April–Sept. Mo–Sa 10–17 Uhr) Alltagsgegenstände der letzten 150 Jahre und gibt Informationen über den Schieferbruch in der Region.

1,5 km nördlich liegt **Slaughter Bridge,** an der *König Artus* seine letzte Schlacht geschlagen haben soll und von *Mordred* den tödlichen Streich erhielt. Eine Schlacht fand hier in der Tat statt, im 9. Jh. kämpfte der sächsische *König Egbert* gegen die Kelten. Ungeachtet dessen macht die **Land of Arthur Exhibition** des **Arthurian Centre** mit dem Leben des legendären Herrschers vertraut (Mitte Feb.–Dez. tgl. 10–17 Uhr, www.arthur-online.co.uk). Besonderes Augenmerk wird **King Arthur's Stone** gewidmet, der eine lateinische und eine keltische Inschrift trägt und von dem man annimmt, dass er einst das Schlachtfeld markierte. 1602 wurde der Fels erstmals urkundlich erwähnt. Dass die Region mit *König Artus* in Verbindung gebracht wird, daran hat der Hofdichter *Alfred Lord Tennyson* maßgeblichen Anteil, 1848 besuchte er die Gegend und schrieb seine „Idylls of the King".

Handfester ist eine **Wanderung** gen Südwesten zu den beiden höchsten Erhebungen des Bodmin Moor, dem

Rough Tor und dem **Brown Willy.** Die Wanderung beginnt am Parkplatz des Rough Tor Ford; in Camelfords nördlichem Ende nimmt man die Rough Tor Road dorthin. Auf halber Strecke zum Gipfel passiert man das **Charlotte Dymond Memorial,** ein großer Obelisk, der an die Ermordung des gleichnamigen Mädchens durch *Matthew Weeks* erinnert.

Praktische Tipps

Tourist-Information

- **The Clease,** im North Cornwall Museum, Tel. 01840-212954.
- www.camelford.org

Unterkunft

B & B

- **Pendragon Country House,** Davidstow, Tel. 01840-261131, www.pendragoncountryhouse.com. Vier Zimmer *en suite,* DZ ab 60 £.

Camping

- **Lakefield Caravan Park,** Lower Pendavey Farm, Tel. 01840-213279, www.lakefieldcaravanpark.co.uk. Von der A 39 bei Camelford rechts ab in die B 3266, dann an der T-Kreuzung wieder rechts ab, Platz nach 2 km linker Hand.

> Die Golitha Falls des River Fowey

Essen und Trinken

Pubs

- **Darlington Inn,** Fore Street, an der Hauptdurchgangsstraße von Camelford, einige Tische draußen, *Bar Meals.*
- **The Mason's Arms,** Fore Street, an der Hauptdurchgangsstraße von Camelford, alter, blumengeschmückter Pub mit Biergarten und Pool Billard, *Bar Meals.*

Rund um St. Neot

Rund 10 km östlich von Bodmin liegt das freundliche Dörfchen St. Neot, eines der schönsten im ganzen Moorgebiet. Einen Besuch der aus dem 15. Jh. stammenden Kirche sollte man nicht auslassen, denn das alte Gotteshaus besitzt außerordentlich schöne Glasfenster.

101co se

Einen Steinwurf östlich von St. Neot rauschen die **Golitha Falls** des River Fowey (Anfahrt vgl. Rund um den Jamaica Inn) über Kaskaden hinunter; erstmalig erwähnt wurden die sprudelnden Fälle des Fowey im *Domesday Book,* das *Wilhelm der Eroberer* kurz nach seiner Invasion 1066 erstellen ließ, um sich damit einen Überblick über die Besitztümer seines neuen Reiches zu verschaffen. In früheren Tagen dienten die Kaskaden auch dazu, Kupfer aus dem Erz zu waschen. Die Uferlandschaft und der Wald des Fowey-Flüsschens stehen unter Naturschutz, und die feuchten Auen sind ideale Brutstätten für seltene Vögel und Lebensraum für viele Insekten. Der Spaziergang vom Parkplatz zu den Kaskaden führt durch einen völlig naturbelassenen Wald – geradezu einem Ur-Wald –, bis das Rauschen des Flusses immer mehr anschwillt. Ein weiterer Spaziergang führt von hier durch einen Wald zu dem Damm des **Siblyback Lake Reservoirs** ca. 1,5 km gen Nordosten. Weitere 4,5 km östlich liegt der höchstgelegene Weiler im Bodmin Moor – **Minions.** Vielleicht 500 m westlich der Siedlung gelangt man zu den **Hurlers,** drei Steinkreisen, die um 1500 v. Chr. angelegt wurden. Der Legende nach vergnügten sich an einem Sonntag eine Anzahl junger Männer beim Hurling-Spiel und wurden ob dieses Frevels in Stein verwandelt. 800 m weiter nach Norden gelangt man zum **Cheesewring,** einer durch Wind und Wasser erodierten Felsformation. 4,5 km südlich von Minions findet der Wanderer **Trethevy Quoit,** ein bronzezeitliches Kammergrab.

Essen und Trinken

Pub

■ **The London Inn,** ein *Free House* und eine charaktervolle Dorfkneipe im schnuckeligen Ortszentrum; der Wirt weist gerne den Weg zu den oben erwähnten landschaftlichen Sehenswürdigkeiten rund um St. Neot.

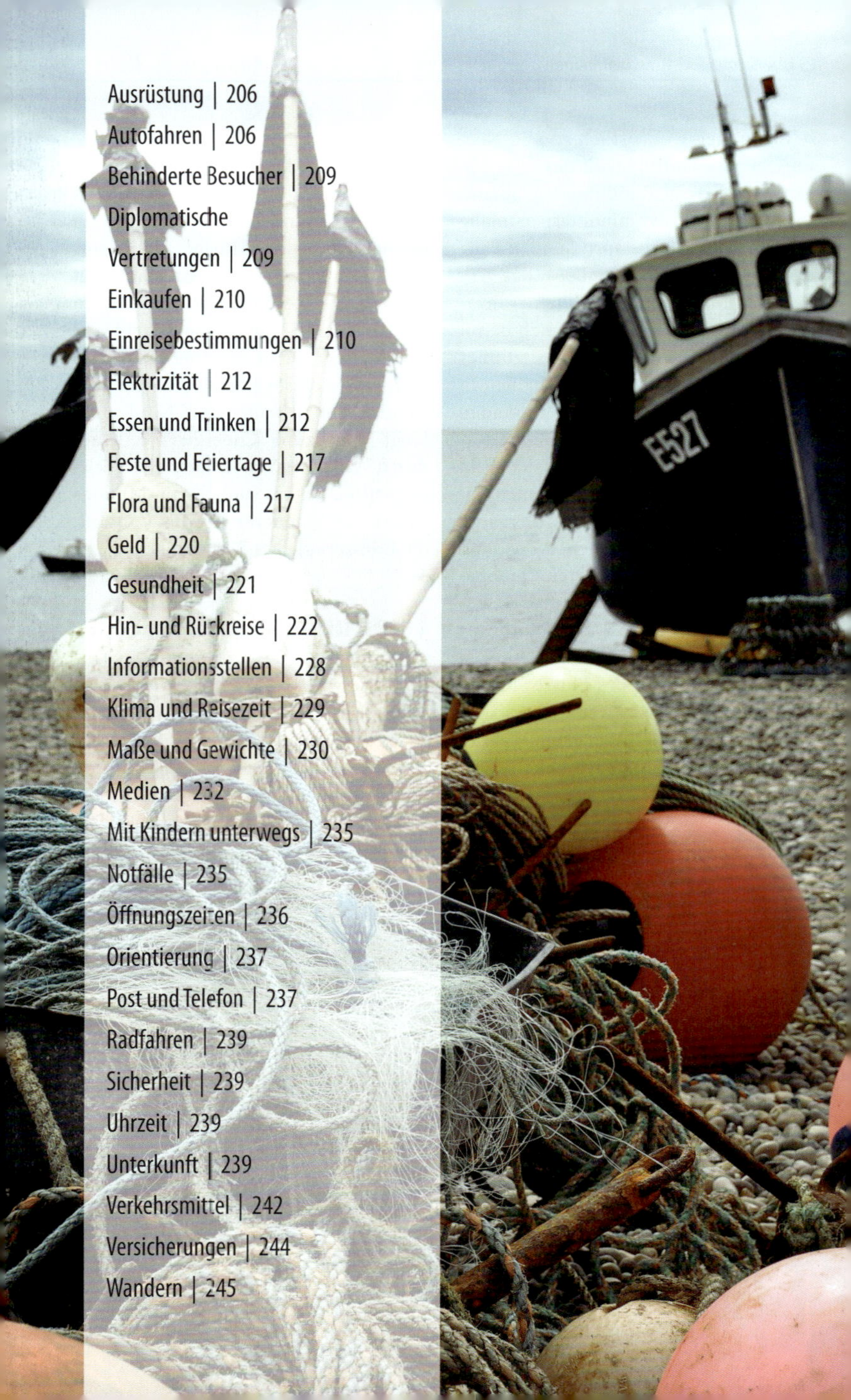

Ausrüstung | 206
Autofahren | 206
Behinderte Besucher | 209
Diplomatische Vertretungen | 209
Einkaufen | 210
Einreisebestimmungen | 210
Elektrizität | 212
Essen und Trinken | 212
Feste und Feiertage | 217
Flora und Fauna | 217
Geld | 220
Gesundheit | 221
Hin- und Rückreise | 222
Informationsstellen | 228
Klima und Reisezeit | 229
Maße und Gewichte | 230
Medien | 232
Mit Kindern unterwegs | 235
Notfälle | 235
Öffnungszeiten | 236
Orientierung | 237
Post und Telefon | 237
Radfahren | 239
Sicherheit | 239
Uhrzeit | 239
Unterkunft | 239
Verkehrsmittel | 242
Versicherungen | 244
Wandern | 245

www.fotolia.com © berimitsu

Praktische Reisetipps von A bis Z

< Cornisches Fischerboot

Ausrüstung

Kleidung

Regenfeste Kleidung und vor Feuchtigkeit schützendes, rutschfestes Schuhwerk gehören auf alle Fälle ins Reisegepäck. Ein Schirm leistet weniger gute Dienste, da die Windböen dafür sorgen, dass man damit zumindest unterhalb des Kopfes nass wird. Ideal ist eine dreiviertellange Jacke aus Goretex oder Sympatex mit Kapuze. Für kurze Spaziergänge zu landschaftlichen Höhepunkten abseits befestigter Wege sind **leichte, halbhohe Wanderschuhe** mit dicker, rutschfester Profilsohle zu empfehlen. Ein Pullover wärmt an kalten Sommertagen. Aber auch **Eleganteres** sollten Sie ins Urlaubsgepäck packen; die guten Restaurants sehen bei Herren einen Sakko mit Krawatte und bei Damen ein Kleid als unbedingtes Muss an.

Selbst wenn Sie kein Hobby-Ornithologe sind, nehmen Sie trotzdem ein **Fernglas** mit, denn an den Küsten kann man schon zum Vogelliebhaber werden. Viel Freude kommt bei Jung und Alt auf, wenn zum Beispiel der lustig aussehende Papageientaucher *(Puffin)* ins Blickfeld des Feldstechers gerät.

Nützliche Gegenstände

Ein **Schweizer Offiziersmesser** bzw. ein *Leatherman* (ein höchst intelligentes Mini-Werkzeugset für viele Anwendungsbereiche) und eine **Taschenlampe** gehören natürlich in jedes Reisegepäck. Nützlich erweist sich ein **kleiner Rucksack,** um alle Tagesutensilien samt Kamera beisammen zu haben.

Wandermaterial

Wenn Sie wandern wollen – und das ist in Süd-England sehr empfehlenswert –, benötigen Sie selbstverständlich ein paar gute, über die Knöchel reichende Wanderstiefel, ein kleines Erste-Hilfe-Set, eine Feldflasche, geeignetes **Kartenmaterial** (siehe „Wandern") und einen Kompass sowie die Kenntnis, mit dem Instrument umzugehen. Wer etwas tiefer in die Tasche greifen möchte, kann sich ein leichtes, sehr praktisches GPS-Satellitennavigationsgerät kaufen.

Autofahren

Sieht man einmal vom **Linksverkehr** ab, so gelten im Wesentlichen die gleichen Verkehrszeichen und -regeln wie bei uns.

Höchstgeschwindigkeiten

- **Ortschaften** 30 mph (48 km/h)
- **Landstraßen** 60 mph (96 km/h)
- **Autobahnen** 70 mph (112 km/h)

Kreisverkehre (Roundabouts) ersetzen in Großbritannien große wie kleine Kreuzungen und lassen den Verkehr wesentlich schneller abfließen als die hiesigen Stop-and-go-Kreuzungen mit Ampelanlagen. Die Autos im Roundabout haben Vorfahrt und fahren im Uhrzeigersinn.

In Cornwall gibt es keine Autobahn im uns bekannten Sinn, der gesamte Verkehr führt über **Landstraßen,** die kurvenreich und nicht sonderlich breit sind. Zudem säumen häufig **hohe Hecken** die Straßen, deren Ausläufer in 5 m Höhe dann über der Fahrbahn aufeinander zuwachsen, sodass man das Gefühl hat, sich in einem Tunnel fortzubewegen. Wolfgang Hildesheimer, Schriftsteller, Maler und Büchner-Preisträger, nannte es in seinem Band „Zeiten in Cornwall": „fahren, wie in einem Labyrinth". Auf diesen unübersichtlichen, schmalen und kurvenreichen Sträßchen empfiehlt sich dringend eine **defensive Fahrweise.** Ein einsamer Radfahrer nah an der Hecke oder auch ein Fußgänger ist durch rasende Automobilisten hochgradig gefährdet. Cornwall ist kein Land für Rennfahrer!

Viele unklassifizierte Straßen sind sogar nur **einspurig** und bieten alle paar Meter Ausbuchtungen an, so genannte Passing Places, in denen man den Gegenverkehr vorbeilassen kann.

Tanken

Selbstverständlich ist die **Tankstellendichte** in Englands Süden hervorragend.

Parken

In den Ortschaften finden sich in der Regel große **Parkplätze** mit Toilettenanlagen nahe oder im Zentrum. Hier gilt die Regel *Pay and Display:* Aus einem Ticketautomaten zieht man, je nach gewünschter Parkdauer, mit Kleingeld aller Art einen Zettel, der die Rückkehrzeit anzeigt, und legt diesen dann aufs Armaturenbrett. Ohne eine solche Maßnahme sollten Sie Ihren Wagen keineswegs auf gebührenpflichtigen Parkplätzen oder an Straßenrändern abstellen. Da ausländische Parksünder ihre Strafmandate häufig nicht bezahlen, werden ihre Autos zumeist mit einer **Radkralle** *(Clamp)* verziert, die am Wegfahren hindert – oder direkt abgeschleppt. Achtung: Die Automaten akzeptieren nur Münzen und geben kein Geld zurück bei Überzahlung. Also am besten immer eine Handvoll Münzen in der Tasche haben.

Vor und hinter **Fußgängerüberwegen** zeigen weiße Zickzacklinien die absoluten Halteverbotsbereiche an, und an den **Bordsteinrändern** weisen eine gelbe Linie auf das Parkverbot und zwei gelbe Linien auf das absolute Halteverbot hin.

Unfälle

Bei einem Unfall sollten Sie immer und unbedingt die Polizei rufen; zentrale **Notfallrufnummer** für Polizei, Krankenwagen, Feuerwehr und Küstenwache ist **999,** daneben gilt der Euro-Notruf **112.**

Pannen

Bei einer Autopanne wenden Sie sich an einen der beiden nationalen **Automobilclubs** oder die „grüne Alternative", die Environmental Transport Association. Breakdown Services:

- **Royal Automobile Club (RAC),** Tel. 0844-2730871, www.rac.co.uk.

Kleine Vokabelliste rund ums Autofahren

Verkehrs- und Straßenhinweise

bend	Kurve
car park	Parkplatz
cattle/sheep	Kühe/Schafe
concealed exit	unübersichtliche Ausfahrt
falling rocks	Steinschlag
ferry terminal	Fährhafen
HGV (heavy goods vehicle)	Schwerlastwagen
heavy lorries	schwere Lastwagen
keep left	links halten
keep right	rechts halten
level crossing	Eisenbahnübergang
loose chippings	Rollsplitt
no entry	keine Einfahrt
no through roac	keine Durchfahrt
reduce speed now	jetzt Fahrt verlangsamen
road blocked	Straße gesperrt
road works	Straßenbauarbeiten
slippery (road)	Schleudergefahr
slow	langsam
speed limit	Geschwindigkeits-begrenzung
traffic lights	Ampelanlage
uneven surface	unebene Fahrbahn-oberfläche

Wichtige Vokabeln rund ums Auto

Abblendlicht	dipped lights
abschleppen	to tow
Abschleppseil	tow rope
Abschleppwagen	recovery vehicle
Anhänger	trailer
Anlasser	starter
Antenne	aerial
Auspuff	exhaust (pipe)
Batterie	battery
Benzin	petrol
Benzinpumpe	fuel pump
Beule	dent
bleifrei	unleaded
Bremsen	brakes
Bremslicht	brake light
Dichtung	gasket
Ersatzrad	spare wheel
Ersatzteile	spare parts
Fernlicht	main beam
Gas geben	to accelerate
Gaspedal	accelerator
Getriebe	gear box
Handbremse	hand brake
Hupe	Horn

133co sb

Kanister	can
Karosserie	body work
Keilriemen	fan belt
Krankenwagen	ambulance
Kühler	radiator
Kupplung	clutch
Lenkung	steering
Lichtmaschine	alternator
Motor	engine
Öl	oil
Ölstand	oil level
Ölwechsel	oil change
Panne	breakdown
Radarfallen	speed trap
Rad	wheel
Reifen	tyre
Reifendruck	tyre pressure
Reifenpanne	puncture
Reifenventil	tyre valve
Reparatur	repair
Rückleuchte	rear light
Schaltung	gears
Scheinwerfer	headlight
Schraube	screw
Schraubenzieher	screwdriver
Sicherheitsgurt	safety belt
Standlicht	parking light
Steinschlag	falling rocks
Tank	tank
Tankstelle	petrol station
Türgriff	door handle
Unfall	accident
Vergaser	carburettor
Wagenheber	jack
Wasser, dest.	distilled water
Werkstatt	garage
Zündkerze	sparking plug
Zündverteiler	distributor
Zylinder	cylinder
Zylinderkopfdichtung	cylinder head gasket

- **Automobile Association (AA),** Tel. 0800-887766, www.theaa.com.
- **Environmental Transport Association (ETA),** Tel. 0800-212810, www.eta.co.uk.

Behinderte Besucher

Behinderte Cornwall-Besucher bekommen vielfältige Informationen und Hinweise von der Organisation **RADAR** (Royal Association for Disability and Rehabilitation). RADAR ist eine Organisation von und für behinderte Menschen und berät in allen Fragen die Mobilität und Freizeit betreffend für Cornwall-Urlauber.

- **Royal Association for Disability and Rehabilitation,** 12 City Forum, 250 City Street, London EC1 8AF, Tel. 020-72503222, www.radar.org.uk.

Diplomatische Vertretungen

Vertretungen in Großbritannien

Für Deutsche

- **German Embassy in London,** 23 Belgrave Square, Tel. 020-78241300, www.london.diplo.de.
- **German Consulate in Cardiff,** c/o Berry Smith Solicitors, Haywood House, Dumfries Place, Tel. 029-20345511.

- **German Consulate in Bristol,** 1 A Alfred Place, Kingsdown Bristol, Tel. 07901-825811.
- **German Consulate in Plymouth,** c/o Trobridges Solocitors, 1 Ford Park Road, Tel. 01752-664022.

Für Österreicher

- **Austrian Embassy in London,** 18 Belgrave Mews West, Tel. 020-73443250, www.bmeia.gv.at.

Für Schweizer

- **Swiss Embassy in London,** 16–18 Montagu Place, Tel. 020-76166000, 24-Std.-Hotline, Tel. 0800-247365, www.eda.admin.ch/london.
- **Swiss Consulate in Cardiff,** c/o Capital Law LLP, Tyndall Street, Tel. 01792-423504.

Britische Botschaften in D/A/CH

- **Deutschland,** Wilhelmstr. 70, 10117 Berlin, Tel. 030-204570, Fax 030-20457-579, www.britische botschaft.de.
- **Österreich,** Jauresgasse 12, 1030 Wien, Tel. 01-716130, Fax 01-716132999, www.britishembassy.at.
- **Schweiz,** Thunstr. 50, 3005 Bern, Tel. 031-3597700, Fax 031-3597701, www.ukinswitzerland.fco.gov.uk.

Einkaufen

Der Süden Englands ist nicht unbedingt ein Einkaufsparadies, es gibt kaum etwas, was es hierzulande nicht auch gäbe, zudem sind fast alle Artikel teurer hier.

Rigide **Ladenschlussgesetze** kennen die flexiblen Briten nicht. Während der Saison sind die Geschäfte in den Badeorten manchmal bis 21 Uhr geöffnet; die normalen Zeiten liegen zwischen 9 und 18 Uhr. Fast überall findet sich jedoch ein Inder oder Pakistani, dessen kleiner Allerweltsladen bis in die späten Nachtstunden geöffnet ist.

In kleinen Orten schließen die Kaufleute ihre Läden gerne über die **Mittagszeit,** und einmal in der Woche gibt es vereinzelt noch den sogenannten **Early Closing Day:** Ab Mittag ist für den Rest des Tages Feierabend.

Alkohol kann man nicht in jedem Geschäft kaufen, sondern nur in den so genannten *Off-Licence*-Läden. Auch diese Geschäfte sind meist bis in den späten Abend hinein geöffnet. Große Supermärkte haben selbstverständlich eine *Off-Licence*-Abteilung, ansonsten halte man Ausschau nach den im ganzen Land verteilten Läden der Ketten **Odd Bins** oder **Victoria Wine.**

Einreisebestimmungen

Besucher aus EU-Ländern benötigen für die Einreise nach Großbritannien nur einen gültigen Personalausweis, Schweizer hingegen ihren Reisepass oder ihre Identitätskarte in Verbindung mit der „Pink Visitor Card" (bei Einreise erhältlich).

In allen EU- und EFTA-Mitgliedstaaten gelten **nationale Ein-, Aus- oder Durchfuhrbeschränkungen,** z.B. für Tiere, Pflanzen, Waffen, starke Medikamente, Drogen (auch für Cannabis-Besitz und -Handel).

Nähere Informationen

- **Deutschland,** www.zoll.de oder beim Zoll-Infocenter, Tel. 0351-44834510.
- **Österreich,** www.bmf.gv.at, Tel. 0810-810402.
- **Schweiz,** www.ezv.admin.ch, Tel. 031-3251111.

Freimengen in EU-Ländern

- **Alkohol:** 90 l Wein (davon max. 60 l Schaumwein), 110 l Bier, 10 l Spirituosen über 22 Vol.-%. und 20 l unter 22 Vol.-%.
- **Tabakwaren:** 3200 Zigaretten, 400 Zigarillos, 200 Zigarren und 3 kg Tabak zum Selbstrollen.
- **Andere Waren:** 10 kg Kaffee, 20 l Kraftstoff im Benzinkanister.

Freimengen für Nicht-EU-Bürger

- **Alkohol:** 2 l Tafelwein und 1 l Spirituosen über 22 Vol.-% oder 2 l Tafelwein und 2 l alkoholische Getränke unter 22 Vol.-% (z.B. Schaumweine, Likörwein wie Port oder Sherry.
- **Tabakwaren:** 200 Zigaretten oder 100 Zigarillos oder 50 Zigarren oder 250 g Tabak oder anteilige Zusammenstellung dieser Waren.
- **Parfüms:** 50 g, Eau de Toilette: 0,25 l.
- **Andere Waren:** bis zu einem Warenwert von insgesamt 145 £.

Freimengen bei Rückkehr in die Schweiz

- **Alkohol:** 2 l bis 15 % Vol. und 1 l über 15 % Vol.
- **Tabakwaren:** 200 Zigaretten, 50 Zigarren oder 250 g Schnitttabak plus 200 Stück Zigarettenpapier.
- **Nahrungsmittel:** 3,5 kg Fleisch, 1 l/kg Butter/Rahm, 5 l/kg Milch, 20 Käse/Quark, 20 kg je Gemüse, 20 kg je Früchte, 20 kg je Getreide, 2,5 kg Kartoffelerzeugnisse, 4 l/kg Öle/Fette, 3 l Apfel-, Birnen- und Traubensaft.
- **Andere Waren:** neu angeschaffte Waren für den Privatgebrauch bis zu einem Gesamtwert von 300 SFr.

Mitnahme von Haustieren

Wer seinen Hund oder seine Katze mitnehmen will, muss das Tier mit einem **Microchip** versehen lassen sowie eine ordnungsgemäße Tollwutschutzimpfung, eine Blutuntersuchung und einen EU-Heimtierausweis *(Pet Passport)* vorweisen können. Im Rahmen des *PET Travel Scheme* (eine Haustier-Reiseverkehrsregelung für Hunde und Katzen) besteht eine **sechsmonatige Wartefrist** ab dem Tag der Blutprobe, bevor das Tier nach Großbritannien einreisen darf. In diesem Zeitraum darf es nicht außerhalb der EU oder einem der in der Regelung aufgelisteten Nicht-EU-Länder gewesen sein.

Darüber hinaus muss es 24–48 Stunden vor der Einreise in einem zugelassenen Verkehrsunternehmen gegen **Zecken und Bandwürmer** behandelt werden (Eintrag in den *Pet Passport* nicht vergessen!).

Manche Hunde, die aufgrund ihrer **Rasse** als gefährlich eingestuft werden, dürfen gar nicht nach Großbritannien einreisen.

Weitere Informationen findet man im Internet unter www.britischebotschaft.de in der Rubrik *„Pet Travel“* (Haustiere) oder erkundigen Sie sich bei Ihrem Tierarzt.

Elektrizität

In England gibt es 230 Volt Wechselstrom wie hierzulande auch – doch damit ist das Ende der Gemeinsamkeiten schon erreicht. Wollen Sie Ihren Haarföhn nutzen, so hilft nur ein dreipoliger **Zwischenstecker,** den es in fast jedem englischen Haushaltswarengeschäft zu kaufen gibt, oder – sicherer – schon zu Hause bzw. am Flughafen kurz vor dem Abflug. In diesen *Plug* oder *Adapter* stecken Sie den *Continental Plug* Ihres Föhns.

Herren, die sich trocken rasieren, benötigen dafür keinen Adapter. Im Bad befindet sich in der Regel der uns bekannte Stecker mit der Aufschrift *Shavers only* – **Nur für Rasierer.** Den **Föhn** treibt dieser Stecker zwar nicht, weil eine Sicherung *(Fuse)* nur die wenigen Ampere durchlässt, die der Rasierapparat benötigt. Allerdings ist die Stromspannung noch stark genug, dass man damit auch das Handy aufladen kann.

Ist der Stecker zwar in der Dose, aber es tut sich trotzdem nichts, untersuchen Sie die **Steckdose** *(Socket):* Sie werden einen kleinen **Kipphebel** finden, den man umlegen muss. Funktionieren also Fernseher oder Teekessel nicht, beschweren Sie sich nicht gleich bei Ihrer *Landlady,* sondern werfen Sie erst einen Blick auf die Steckdose.

Bleibt es im Hotelzimmer dunkel, ist vermutlich die **Glühbirne** *(Bulb)* hinüber; ordern Sie an der Rezeption eine neue.

☒ The Gallon Inn am Town Quay von Fowey

Essen und Trinken

Den miserablen Ruf, den das englische Essen hat, werden die Briten sicher nie mehr los. Der Urlauber sei vorab informiert, dass er auf seiner Cornwall-Rundfahrt durchaus gastronomische Highlights erleben kann, allerdings zu höheren Preisen als hierzulande.

Die Mahlzeiten

Frühstück

Doch beginnen wir erst einmal mit dem außerordentlich sättigenden, aber auch den Cholesterinspiegel in ungeahnte Höhen treibenden Frühstück. Es geht los mit *Cereals* (Cornflakes oder Müsli), Hartgesottene können auch *Porridge* (Haferbrei) ordern. Hat man sich reichlich bedient, wird man nach den Wünschen des *Cooked Breakfast* gefragt und bestellt etwa folgendermaßen: *Bacon and Scrambled Eggs with Sausages and Baked Beans* – d.h. gebratener Schinken und Rühreier, Würstchen und (süße) Bohnen in Tomatensauce. (Ein Tipp: Verzichten Sie unbedingt auf die Würstchen!) Dazu wird Toast mit Butter und Marmelade gereicht. Häufig gibt es eine schrumplige, gegrillte Tomate zum *Cooked Breakfast* oder ein paar gebratene Champignons *(Mushrooms).* Statt Rührei kann man auch Spiegeleier *(Fried Eggs)* bestellen.

Trinken Sie **Tee** zum Frühstück, der Kaffee erinnert meistens eher an Spülwasser.

Lunch

Über die Mittagszeit, zum Lunch, trifft man sich gerne in den Pubs, Inns und Taverns und greift dort zum *Pub Grub* oder zu den *Bar Meals.* Ausnahmslos alle Kneipen auf dem Land haben eine weite Palette an Snacks im Angebot. Sandwiches sind obligatorisch, aber langweilig. Bestellen Sie einen **Ploughman's** oder **Fisherman's Lunch:** Ersterer besteht aus einer dicken Scheibe Käse (*Cheddar* = dem Gouda vergleichbar, *Stilton* = ein Blauschimmelkäse), Brot mit Butter und etwas Salat, bei Letzterem liegt statt Käse eine Räuchermakrele auf dem Teller. Salate mit Schinken oder Fleischbeilage sind ebenfalls beliebt und weit verbreitet, gleiches gilt für **Curries** – also indische Hühner-, Rind- und Schweinefleischgerichte mit Reis. Auch eine *Soup of the Day* – Tomaten-, Hühner-, Gemüse- oder Spargelcremesuppe – ist immer im Angebot und wird oft mit gerösteten Brotstücken obenauf sowie mit Brot und Butter serviert. Zwei Arten von **Pies** sind heiß begehrt: *Steak and Kidney Pie,* Rindfleisch- und Nierengulasch in Teighülle, sowie *Shepherd's Pie,* Hackfleisch mit überbackenem Kartoffelpüree. Fragen Sie den Wirt, was er sonst noch im Angebot hat; fast immer hängt aber drinnen oder draußen eine große schwarze Wandtafel, auf der alle Gerichte verzeichnet sind.

Wenn der Pub über **keine eigene Essenstheke** *(Food Counter)* verfügt, bestellt man am Tresen sein *Bar Meal* und bezahlt es gleich. Dann bekommt man einen Zettel mit einer Nummer – sagen wir 45 – oder einen Tischständer, der eine Nummer trägt. Letzteren stellt man auf den Tisch, nach wenigen Minuten tritt die Kellnerin in den Schankraum oder den Biergarten und ruft laut *fourty five.* Man meldet sich, bekommt einen guten Appetit gewünscht und kann mit der Mahlzeit loslegen.

005co se

Cream Tea

Am späteren Nachmittag schlägt dann die Stunde der *Tea Rooms*. In einer gemütlichen Wohnzimmeratmosphäre nimmt der Brite hier gern seinen Cream Tea, und hat der Kontinentaleuropäer erst einmal Bekanntschaft damit gemacht, wird auch er diese Sitte bald nicht mehr missen wollen. Ein Cream-Tea-Gedeck beinhaltet eine Kanne Tee, frische, warme und leicht süßliche *Scones* (etwa ein Fruchtrosinenbrötchen), *Clotted Cream* (dicke Buttersahne) und *Jam* (Marmelade).

Dinner

Das abendliche Dinner im Restaurant steht für gastronomischen Hochgenuss und rundet den Tag des Gourmets erfolgreich ab. Leider jedoch sind Restaurantbesuche weitaus teurer als in unseren heimischen Gefilden, dennoch dürfen Sie sich das eine oder andere gute Restaurant nicht entgehen lassen.

Entlang der cornischen Küste finden sich immer wieder ausgezeichnete **Seafood Restaurants,** doch sollten Sie auch ganz spezifisch Britisches nicht aus den Augen verlieren, so etwa Lamm in Minzsoße oder *Roastbeef* und *Yorkshire Pudding*. Sie werden erstaunt sein, wie gut und schmackhaft die englische Küche sein kann, wenn der Preis stimmt und der Küchenchef sich ins Zeug legt. Enttäuschungen aber werden wohl gerade in preiswerten Lokalen nicht immer ausbleiben.

In vornehmeren Restaurants wird vom Gast eine angemessene Kleidung erwartet; dazu gehört bei Herren ein Sakko mit Krawatte und bei Damen ein Kleid.

Vegetarier haben es nicht ganz leicht in Cornwall. Man muss schon genau hinschauen, um auf den Speisekarten eine vegetarische Alternative zu finden. Ein guter Tipp für die Mahlzeiten zwischendurch sind die berühmten Cornish Pasties, eine Art Pastete, die es in jedem Ort und fast jeder möglichen Geschmacksrichtung gibt – eben auch ohne Fleischfüllung.

Pubs

Den unerfahrenen Pub-Besucher werden sicher die **Schilder an den Türen** irritieren, die aus einer Zeit stammen, als das Standesbewusstsein in England noch hoch war. Zwar haben sie heute keine Bedeutung mehr, doch sollte man wissen, was es damit einst auf sich hatte:

Public Bar, für die untersten gesellschaftlichen Schichten, rustikale Einrichtung, harte Stühle, einstmals Sägespäne auf dem Boden; **Saloon Bar,** für den Bürger, gemütlicher eingerichtet und etwas teurer; **Lounge Bar,** für den gut betuchten Bürger oder den kleinen Landadligen, elegante Ausstattung, manchmal gar mit Bedienung; **Private Bar,** für den distinguierten Aristokraten, die lokalen Autoritäten oder allein reisende Damen.

Das **Verhalten in englischen Pubs** unterscheidet sich grundlegend von dem in deutschen Kneipen. In den Pubs, Tavernen und Inns wird man nicht am Tisch bedient, sondern holt sich die Getränke an der Bar ab. Auch ordert man nicht einfach „Ein Bier“, was als grobe Unhöflichkeit gilt, sondern gibt die

Menge und die Sorte an: *Half a Pint of Bitter* (ca. 0,25 l) oder *A Pint of Lager* (ca. 0,5 l), dann schließt man mit einem markigen *Please.* Man zahlt sofort und gibt auch kein Trinkgeld. Hat man eine Lieblingssorte, die im Pub auch ausgeschenkt wird, so bestellt man gezielt: *A Pint of Bass* oder *Half a Pint of Yorkshire Bitter* oder *A Pint of Boddington's.*

Das **schaumlose Bier** wird randvoll ins Glas gefüllt. *Lager* entspricht dem kontinentalen Pils und *Bitter* ist ein kräftiges, sehr schmackhaftes obergäriges Bier.

Gutes britisches Bier reift erst im Keller des Pub, denn die Brauereien liefern exzellente Gebräue noch im Gärzustand aus, welche dann je nach Fassart, Kellertemperatur und Lagerdauer ihren vollen Geschmack entfalten. Dieses Bier wird in seinem Aroma von den gasbetriebenen Steigleitungen geschmacklich zerstört, so dass die Anzahl der Handpumpen in einem Pub sehr viel über die Bierqualität des Ortes aussagt. Man sollte immer das Bier aus diesen Handpumpen vorziehen.

Da die meisten Pubs im Besitz weniger Großbrauereien sind, versuchten diese in den 1960er und 1970er Jahren, schnell und billig gebrautes Instant-Bier in die Bars zu bringen. Die Wirte, keineswegs selbstständige Unternehmer, sondern Pächter der Brauereien, konnten sich nicht dagegen wehren und schnell wurden die Pubs mit den so genannten Keg-Bieren, fertig pasteurisierten und künstlich mit Kohlensäure versehenen Bieren, versorgt. Nur die Free Houses, Pubs also, die keiner Brauerei gehörten, wehrten sich dagegen: Ihre Wirte riefen zusammen mit der Consumer's Association 1975 die CAMRA ins Leben, die Campaign for Real Ale. Der Erfolg war überwältigend, wie ein Mann standen die britischen Pub-Besucher hinter den Verbraucherschützern, und die Brauereien gaben ihren Widerstand auf und produzierten wieder Real Ale.

Nach wie vor jedoch haben die **Free Houses** mehr und interessantere Biersorten im Angebot als die brauereieigenen Häuser, die natürlich nur das Bier in ihren Steigleitungen haben, welches der Konzern auch herstellt. Ein Free House ist in diesem Führer immer besonders gekennzeichnet.

Kinder unter 14 Jahre dürfen laut Gesetz nicht in Pubs und so gibt es in vielen Kneipen separate **Familienräume;** im Biergarten darf man im Sommer mit den Kleinen natürlich sitzen. Zwischen 14 und 18 Jahren müssen die Jugendlichen von Erwachsenen begleitet werden; ab 18 Jahren dann darf man alleine in eine Kneipe und auch Alkohol trinken. Manche Pubs auf dem Land haben einen kleinen Spielplatz oder führen an sommerlich schönen Wochenenden gar *Punch and Judy Shows* (Kasperle-Theater) für die Kleinen auf.

Kernöffnungszeiten der Pubs: Mo–Sa 11–23 Uhr; viele Pubs haben jedoch zwischen 14.30/15 Uhr und 17/17.30 Uhr geschlossen; So 12–15 und 19–22.30 Uhr. Im Jahr 2005 hob die Regierung die noch aus dem Ersten Weltkrieg stammenden, rigiden Sperrstunden der Pubs auf. Tausende von Kneipenwirten haben sich daraufhin um eine verlängerte Schanklizenz bemüht, sodass Pub-Besuche seitdem bis spät in die Nacht möglich sind.

Kleine Vokabelliste rund ums Essen

Vorspeisen

smoked salmon	Räucherlachs
seafood cocktail	Meeresfrüchte-Cocktail

Hauptgerichte

cockles	Herzmuscheln
cod	Kabeljau
fried fillet of plaice	Schollenfilet
gammon steak	Schinkensteak
grilled salmon	gegrillter Lachs
grilled sirloin steak	Rumpsteak
haddock	Schellfisch
hake	Seehecht
lamb cutlets	Lammkoteletts
leg of lamb with mint sauce	Lammkeule in Minzsoße
lobster	Hummer
monkfish	Seeteufel
mussels	Miesmuscheln
oysters	Austern
plaice	Scholle
pork	Schweinefleisch
prawns	Garnelen
roast rib of beef	geröstete Rippe vom Rind
saddle of lamb	Lammrücken
scallops	Jakobsmuscheln
sole	Seezunge
trout	Forelle
turbot	Steinbutt

Beilagen

brussels sprouts	Rosenkohl
cabbage	Kohl
cauliflower	Blumenkohl
celery au gratin	überbackener Sellerie
creamed mushrooms	Champignons
chips	Pommes frites
creamed potatoes	Kartoffelpüree
french fries	Pommes frites
jacket potatoes	Folienkartoffel
leeks	Lauch
peas	grüne Erbsen
potatoes	Kartoffeln
tartare sauce	Remouladensoße
vegetables	Gemüse

Desserts

fruit salad	Obstsalat
with fresh cream	mit Schlagsahne
hot apple pie	warmer Apfelkuchen
with custard	mit Vanillesauce
lemon meringue pie	Zitronenbaisertorte

Zubereitungsarten

smoked	geräuchert
poached	gedünstet
deep fried	mit Semmelbröseln in heißem Fett gebraten

Feste und Feiertage

Offizielle Feiertage

- **New Year's Day** (Neujahr)
- **Good Friday/Ostern** (Karfreitag bis Ostermontag)
- **May Day** (der erste Montag im Mai)
- **Christmas Day** und **Boxing Day** (1. und 2. Weihnachtsfeiertag)

Zusätzlich dazu gibt es zwei so genannte **Bank Holidays,** freie Tage, die die Gewerkschaften in früheren Jahren erkämpft haben. *Spring Bank Holiday* ist der letzte Montag im Mai und *Summer Bank Holiday* ist der letzte Montag im August. Traditionell sind die Briten dann auf Achse; Hotels und Pensionen sind ausgebucht, die Restaurants voll.

Feste

Vor allem im Sommer gibt es in vielen Örtchen und Städtchen Cornwalls eine ganze Reihe von Festivals oder Shows, kleine lokal begrenzte Kulturveranstaltungen oder *Flower Shows* bis hin zu Straßenfesten und jahrmarktähnlichen Veranstaltungen.

Auch **Wohltätigkeitsbasare** sind während der Saison an der Tagesordnung. Solche Charity-Veranstaltungen werden etwa für die RNLI *(Royal National Lifeboat Institution)* abgehalten, die die gesamte Küste mit ihren Seenotrettungskreuzern überwacht, aber auch für die Vogelschutzfreunde der RSPB *(Royal Society for the Protection of Birds)*, die Tierschutzgesellschaft RSPCA *(Royal Society for the Prevention of Cruelty to Animals)* oder die Kinderschutzorganisation NSPCC *(National Society for the Prevention of Cruelty to Children).* Nicht nur Zyniker weisen übrigens darauf hin, dass die Vogelschutz- und Tierschutzgesellschaft sich mit dem werbewirksamen Vorsatz *Royal* schmücken dürfen, nicht jedoch der Kinderschutzbund. Daneben stehen auch lokale Themen auf einem solchen Wohltätigkeitsprogramm, so etwa die Rettung des maroden Dorfkirchturms.

Flora und Fauna

Flora

In Cornwall gibt es eine ganze Reihe von wunderschönen **Landschaftsgärten,** in denen die heimischen Bäume, Sträucher und Pflanzen gepflegt werden. Aufgrund des Golfstroms wachsen in Cornwall, auf den *Isles of Scilly* wie auch einigen anderen geschützten Flecken des Südens **subtropische Pflanzen,** so etwa Zitronen, Bananen, neuseeländische Harthölzer, burmesisches Geißblatt, indische Fächerfarne, südamerikanische Lilien, mexikanische und afrikanische Palmen.

Das **Bodmin Moor** – das als *Area of Outstanding Natural Beauty* unter Schutz gestellt ist – umfasst rund 210 km^2. Es besteht aus Hochmoorebenen auf Granit und liegt im Durchschnitt 245 m über dem Meeresspiegel. Hier entspringen die beiden Flüsse Fowey und Camel. Die einsame Landschaft ist geprägt durch Heidehügel, die so genannten *Tors* (= Cornish für Berge), plötzlich aufragende Steinformationen, und weitgehend kahle Torfmoore. Hier findet man die typischen Wollgräser sowie fleischfressende Pflanzen.

Fauna

Viele Felder werden immer noch von Bäumen, Sträuchern und Hecken vor dem Wind geschützt, und diese parkähnliche Kulturlandschaft ist von großer ökologischer Bedeutung, da sie vielen **Kleintieren** einen natürlichen Lebensraum gewährt. Hase, Igel und Fuchs sind in Cornwall weit verbreitet. Vom gestiegenen Umweltbewusstsein haben vor allem die **Füchse** profitiert, deren Population stark zugenommen hat und die bei den Farmern mittlerweile wieder als Landplage gelten.

Mit ein wenig Glück bekommt man im Bodmin Moor noch einen possierlichen **Otter** zu Gesicht, wenn nicht, sollte man zum Kinderbuch „Tarka, the Otter“ von *Henry Williamson* greifen.

Reich ist die **Vogelwelt** entlang der cornischen Küste und *Bird Watching* gehört bei vielen Briten zur liebsten Feierabend- und Ferienbeschäftigung, ist doch die RSPB, die *Royal Society for the Protection of Birds* eine der mitgliederstärksten Institutionen im Inselreich. Etwas im Hinterland findet der Hobby-Ornithologe den Teichrohrsänger *(Sedge Warbler),* das Goldhähnchen *(Goldcrest),* den Reiher *(Heron),* das Blässhuhn *(Coot),* den Regenpfeifer *(Plover),* die Brandente *(Sheldrake),* den wunderschönen, bunt schillernden Eisvogel *(Kingfisher)* und auch die Eiderente *(Eiderduck).*

An der Küste geraten ins Blickfeld des Feldstechers die majestätischen Kormo-

rane *(Cormorant)*, die lustig aussehenden Papageientaucher *(Puffin)*, die Austernfischer *(Oystercatcher)*, die gemeine Seeschwalbe *(Common Tern)*, der Seetaucher *(Grebe)*, der Tordalk *(Razorbill)*, die Trottellumme *(Guillemot)*, die rasant durch die Lüfte fetzende Sturmschwalbe *(Storm Petrel)*, die unermüdlich ihren englischen Namen *Kittiwake, Kittiwake* krächzende Dreizehenmöwe und die an Land recht unbeholfenen und daher treffend benannten Basstölpel *(Northern Gannet)*, die aus großer Höhe in spektakulären Sturzflügen ins Meer schießen. Der mächtigste Vogel ist die **Große Seemöwe** *(Great black-backed gull)*, die eine Spannweite von mehr als 1,50 m erreichen kann. Wohlgelitten ist sie bei den *Birdwatchern* nicht, denn sie bringt die allseits beliebten, putzigen Papageientaucher ums Leben, greift sich allerdings auch Ratten, Mäuse und Kaninchen.

134co sb

Ausblick in St. Keverne

Umwelt- und Naturschutz

Erfreulich ist, dass **Prince Charles** offenbar seinen Ländereien großes Interesse entgegenbringt und große Teile von Cornwall nach allen Regeln des Umweltschutzes umhegt. Bestes Beispiel sind seine Initiativen auf den Isles of Scilly, wo umweltzerstörender Tourismus eingedämmt und das nicht bewohnte Land einem *Environmental Trust* überantwortet wurde (siehe Kapitel Isles of Scilly). *Charles*, dessen *Duchy of Cornwall* (Herzogtum Cornwall) allein 66.500 Hektar Agrarland umfasst, will anderen Bauern beweisen, dass sich umweltverträgliche Landwirtschaft auch finanziell lohnt.

Countryside

Die Landschaft ist den Engländern ihr liebstes Freizeitgut, wer es sich auch nur irgendwie leisten kann, hat ein kleines Häuschen auf dem Land, wo das Wochenende und die meisten Ferien verbracht werden. Auf dem Land, eben in der **Countryside,** ist für den Briten die Welt noch in Ordnung. Hier, in der heimeligen Umgebung von schmalen heckengesäumten Sträßlein, kleinen verschlafenen Örtchen mit reetgedeckten Cottages, efeuumrankten alten Fachwerkgemäuern und blumengeschmückten Straßenrändern und Hausfassaden, da fühlt er sich wohl. Hinzu kommen die kleinen *Tearooms,* die hinter ihren Gardinen wie gemütliche Wohnzimmer wirken, alte Pubs mit niedrigen Decken und gewaltigen Walmdächern sowie Biergärten mit wilden Rosen – in diesem Umfeld möchte er leben, hier sollen die Kinder ungestört aufwachsen und im Frühjahr den Ruf des Kuckucks und das Klopfen des Buntspechtes hören. Genau solch eine **Landschaft von arkadischer Schönheit** haben die englischen Dichter und Literaten in den letzten zwei Jahrhunderten beschrieben, die Maler haben sie gemalt und *William Wordsworth* hat sie in seinen Gedichten festgehalten. Schon in den Titeln seiner Romane – wie „Under the Greenwood Tree", „Far from the Madding Crowd", „The Woodlanders" – bringt *Thomas Hardy* die Stille und Unberührtheit der Natur zum Ausdruck. *Emily Brontë* hätte ihre „Wuthering Heights" nicht geschrieben, wäre keine beschreibenswerte Landschaft vorhanden gewesen, und die Maler *Constable, Turner* und *Gainsborough* hätten keine Szenerie gehabt, um ihre Bilder zu malen. Der in England so beliebte Landhausstil, der auf *William Morris* zurückgeht und der von *Laura Ashley* in einen Massengeschmack umgesetzt wurde, erfreut sich bei den Briten nach wie vor eines regen Kaufinteresses. Den **Traum vom Landleben** träumt in der Welt niemand intensiver als die Briten.

Doch auch jeder einzelne Engländer trägt dazu bei, der geliebten Countryside das schnelle Ende zu bereiten. Immer mehr leisten sich das **Häuschen** auf dem Lande – erfreulich für die marode Bauindustrie, die Lockerungen der Bauverordnungen fordert, diese auch bekommt und die Regierung drängt, immer mehr Flächen als Bauland auszuweisen. Wer sich kein Häuschen leisten kann, begnügt sich eben mit einem **fest stationierten Caravan,** um der geliebten Natur nahe zu sein.

Dort, wo es die Leute an den Wochenenden und in den Ferien hinzieht, versucht die **Freizeitindustrie,** ihnen das Geld aus der Tasche zu ziehen. Selbst an den allerschönsten landschaftlichen Orten gibt es Genehmigungen, lärmende Kirmesparks anzulegen, so z.B. an Großbritanniens westlichstem Punkt, **Land's End.**

Landschaftszerstörung

Schlimme Zahlen legte das *Council for the Protection of Rural England* vor und forderte die Regierung auf, der **Landschaftszerstörung** endlich Einhalt zu gebieten. Seit 1945 hat Großbritannien knapp 30 % seiner Moor- und Heidegebiete verloren, 445.000 Hektar fruchtbares Ackerland wurden zubetoniert.

Geld

Das **Englische Pfund** (abgekürzt £) hat 100 Pence. Es gibt eine ganze Anzahl von Münzen mit gleichem Wert, aber von unterschiedlicher Form oder Größe. „Pence" wird nicht ausgesprochen, sondern kurz als „p" (pi) bezeichnet. Alle Münzen und Scheine tragen das Bild der Königin.

Die **Öffnungszeiten der Banken** liegen werktags zwischen 9.30 und 16 oder 17 Uhr.

Die beliebteste Art der Geldbeschaffung ist die Barabhebung mit der **Maestro-(EC-)Karte** am Geldautomaten unter Angabe der Geheimzahl. Je nach Hausbank wird dafür pro Abhebung eine Gebühr von ca. 1,30–4 Euro bzw. 4–6 SFr berechnet.

Wesentlich gängiger als bei uns ist der Einsatz von **Kreditkarten.** In Supermärkten, an Tankstellen, in Geschäften und selbstverständlich in Hotels wird fast ausnahmslos nur noch mit *Plastic Money* bezahlt. (Genügend Bargeld sollten Sie dennoch dabei haben, z.B. bestehen sehr gute Restaurants manchmal auf Barzahlung.) Für **Barabhebungen** per Kreditkarte kann das Kreditkartenkonto je nach Bank mit einer Gebühr von bis zu 5,5 % belastet werden, beim bargeldlosen Zahlen werden nur ca. 1–2 % berechnet. Inzwischen gibt es jedoch auch Kreditkarten, mit denen man im Ausland kostenlos Geld am Automaten abheben kann.

Reiseschecks werden ohne Probleme in allen Banken eingetauscht, Gleiches gilt für das Wechseln von Bargeld.

Man kann im Übrigen in vielen Geschäften auch mit dem **Euro** bezahlen. Manche Läden haben Aufkleber im Schaufenster mit der Aufschrift „We love the pound. But we take Euro“.

Falls man eine Geldkarte verloren hat oder zusätzliches Geld braucht, siehe Kapitel „Notfälle“.

Wechselkurse

- 1 Euro = 0,82 Pfund; 1 Pfund =1,22 Euro
- 1 SFr = 0,68 Pfund; 1 Pfund = 1,48 SFr

(Stand: Januar 2013)

Gesundheit

Medizinische Versorgung

Die kostenlosen Leistungen des **National Health Service** stehen jedem Urlauber offen, doch sind sie nicht gerade zu den besten zu rechnen.

Eine **Arztpraxis** erkennt man an dem Schild *Surgery,* einen **Zahnarzt** an der Aufschrift *Dentist.* **Apotheken** heißen *Dispensing Chemist* oder *Pharmacy* und sind häufig in Drogerien integriert. *Boots,* landesweit die größte Drogerien- und Apothekenkette, hat noch in jedem kleinsten Örtchen einen Laden. Rezepte von Ärzten nennt man in Großbritannien *Prescription.*

Krankenversicherung

Die deutschen und österreichischen gesetzlichen Krankenkassen garantieren eine Behandlung auch in Großbritannien, wenn die Versorgung nicht bis nach der Rückkehr warten kann. Als Anspruchsnachweis benötigt man die **Europäische Krankenversicherungskarte (EHIC),** die man von seiner Krankenkasse erhält.

Im akuten Krankheitsfall besteht ein Anspruch auf ambulante oder stationäre Behandlung bei jedem zugelassenen Arzt und in staatlichen Krankenhäusern. Da die Leistungen nach den gesetzlichen Vorschriften im Ausland abgerechnet werden, kann man gebeten werden, die Kosten der Behandlung zunächst selbst zu tragen. Obwohl bestimmte Beträge von der Krankenkasse hinterher erstattet werden, kann ein Teil der finanziellen Belastung beim Patienten bleiben und zu Kosten in kaum vorhersagbarem Umfang führen. Der Abschluss einer privaten Auslandskrankenversicherung wird daher dringend empfohlen.

Bei Abschluss der Versicherung – die es mit bis zu einem Jahr Gültigkeit gibt – sollte auf einige Punkte geachtet werden: Es sollte ein Vollschutz ohne Summenbeschränkung bestehen und im Falle einer schweren Krankheit oder eines Unfalls sollte auch der **Rücktransport** übernommen werden, da dieser von den gesetzlichen Krankenkassen nicht geleistet wird. Eine solche Zusatzversicherung bietet sich auch über einen Automobilclub an, insbesondere wenn man bereits Mitglied ist. Sie bietet den Vorteil billiger Rückholleistungen (Helikopter, Flugzeug) in extremen Notfällen. Wichtig ist auch, dass im Krankheitsfall der **Versicherungsschutz über die vorher festgelegte Zeit hinaus** automatisch verlängert wird, wenn die Rückreise nicht möglich ist.

Schweizer sollten bei ihrer Krankenversicherung nachfragen, ob die Auslandsdeckung auch für Großbritannien inbegriffen ist. Sofern man keine Auslandsdeckung hat, kann man sich kostenlos bei Soliswiss (Gutenbergstr. 6, 3011 Bern, Tel. 031-3807030, www.soliswiss.ch) informieren.

Zur Erstattung der Kosten benötigt man ausführliche Quittungen (mit Datum, Namen, Bericht über Art und Umfang der Behandlung, Kosten der Behandlung und Medikamente).

Der Abschluss einer **Jahresversicherung** ist in der Regel kostengünstiger als mehrere Einzelversicherungen. Günstiger ist auch die **Versicherung als Familie** statt als Einzelpersonen. Hier sollte man nur die Definition von „Familie“ genau prüfen.

Notruf

Landesweiter **Notruf** für Krankenwagen, Feuerwehr, Küstenwache und Polizei ist **999** oder **112.**

Hin- und Rückreise

Die weitaus meisten Cornwall-Besucher werden sicher mit dem eigenen Auto auf unsere Nachbarinsel reisen.

Fährverbindungen

P & O Ferries

- Calais – Dover und zurück.
- www.poferries.de

013co se

DFDS

- Calais – Dover und zurück.
- Dünkirchen – Dover und zurück.
- www.dfds.com

Brittany Ferries

- Caen – Portsmouth und zurück.
- Cherbourg – Portsmouth und zurück.
- Cherbourg – Poole und zurück.
- Roscoff – Plymouth und zurück.
- St. Malo – Portsmouth und zurück.
- www.brittany-ferries.de

Condor Ferries

- St. Malo – Poole und zurück.
- www.condorferries.co.uk

Stena Line

- Hoek van Holland – Harwich und zurück.
- www.stenaline.de

Tarife

Der Tarifdschungel auf den unterschiedlichen Linien ist dicht und das Studium der Broschüren unterschiedlicher Fährfirmen artet zu einer Geduldsprobe aus. Mal gelten die Preise nur für den Pkw, mal für den PKW und vier Erwachsene, mal für den PKW mit zwei Personen. Dann wieder gibt es ein Familienparticket, wenn die eigenen Kinder mitfahren; mehr als drei dürfen es aber auch nicht sein, sonst kommen Aufschläge zur Geltung. Auf einer Linie können mehrere unterschiedliche **Tarifgruppen** gelten, je nachdem, ob die Fähre tagsüber oder nachts oder zu ganz bestimmten Uhrzeiten ablegt. Selbstverständlich haben alle Anbieter auch Senioren- und Studentenermäßigungen in ihren Angeboten, und schließlich machen sich die Fähren noch mit allen möglichen Spezial- und Supertarifen die Kunden streitig. Alle möglichen Arten von geschickt versteckten Aufpreisen – Einbettkabine, Zweibettkabine, mit Dusche und WC, ohne Dusche und WC, mit Waschbecken, ohne Waschbecken, Spezialaußenkabine, Liegesitze, Schlafsessel etc. –

Die Scillonian III., Fährschiff zu den Isles of Scilly

sorgen für Unmut beim Studium der Fahrpläne.

Wer sich das ersparen will, kann Fährtickets bequem bei den Spezialisten von RICHTIG SCHIFFEN im Internet unter www.richtig-schiffen.de oder telefonisch unter Tel. 01805-546463 (0,14 €/Min.) buchen.

Preisbeispiel

- P & O Ferries: Calais – Dover, hin und zurück im Standardtarif (mit mehr als fünf Tagen Aufenthalt), ein Pkw mit zwei Personen ab 108 Euro.

Durch den Kanaltunnel (Autozug)

Da ist es doch einfacher schneller, man benutzt den seit Sommer 1994 einsatzbereiten Kanaltunnel. Nach 65 Mio. Jahren insularer Abgeschiedenheit ist Großbritannien nun auf dem Landweg zu erreichen und die *Splendid Isolation* der Briten hat ein Ende. Zeitungsschlagzeilen wie die berühmte, aus den 1920er Jahren „Nebel über dem Kanal – Kontinent abgeschnitten" wird es künftig nicht mehr geben. Bei den drei Tunnelröhren, die durch den wasserundurchlässigen Kreidefelsen gebohrt wurden, handelt es sich um zwei Schienentunnel und einen kleineren Wartungstunnel in der Mitte. Die beiden einspurigen Schienentunnel werden jeweils nur in einer Richtung befahren. Neben den u.g. Pendelzügen nutzen auch die nationalen Bahngesellschaften SNCF (Frankreich), SNCB (Belgien) und British Rail den Tunnel für ihre europäischen Verbindungen.

An 365 Tagen im Jahr fahren die **Pendelzüge,** Le Shuttle genannt, zwischen Calais und Folkestone rund um die Uhr. Jeder Zug transportiert 180 Pkw bzw. 120 Pkw und zwölf Busse. In Spitzenzeiten verkehrt Le Shuttle im 15-Minuten-Takt und selbst in Nächten mit schwachem Verkehrsaufkommen sind stündliche Abfahrten garantiert. Reservierungen sind dank des kundenfreundlichen Fahrplans nicht nötig – man fährt einfach hin und nimmt den nächsten Zug. Die Tickets löst man an Autoschaltern, im Terminal, vorab im Reisebüro oder online meist günstiger unter **www.eurotunnel.com.**

Die Reise unter dem Kanal dauert nur 35 Minuten von Bahnhof zu Bahnhof und knapp eine Stunde von Autobahnausfahrt zu Autobahnauffahrt. Zum Einsatz kommen eigens für den Pendelverkehr konstruierte **Doppeldeckerzüge** mit spezieller Schallisolierung und Klimaanlagen. Die Passagiere bleiben während der kurzen Fahrt bei ihren Fahrzeugen oder können sich die Beine vertreten. Für Unterhaltung sorgt das Radioprogramm von *Le Shuttle* und elektronische Anzeigetafeln informieren die Reisenden über den Fahrtverlauf.

Motorrad- und Fahrradfahrer stellen ihre Zweiräder in einem speziellen Zugabschnitt ab und reisen in Abteilen mit Sitzgelegenheiten. Die Waggons für Busse und andere Fahrzeuge über 1,85 m sind einstöckig.

Der Kanaltunnel ist auf beiden Seiten an das jeweilige **Autobahnnetz** angeschlossen. Gut ausgebaute Zufahrtsstraßen führen zu den Terminals. Die französischen und britischen **Grenzkontrollen** finden jeweils vor der Abfahrt statt: Man hat also nach der Ankunft auf der anderen Kanalseite sofort freie Fahrt. Vor dem Verladen des Fahrzeugs steht den Passagieren in der Einkaufs- und Aufenthaltszone ein reichhaltiges Service-Angebot zur Verfügung. Es gibt Restaurants, Cafés, Informationsstände und Wechselstuben.

Informativ ist ein Besuch der **Eurotunnel-Ausstellungszentren** in Calais und Folkestone. Der Bau des Tunnels und der Betrieb von *Le Shuttle* werden hier mittels audiovisueller Technik dargestellt.

Preisbeispiel

- Der Standardtarif für einen **Pkw mit bis zu neun Personen** liegt für die Hin- und Rückfahrt bei 210 Euro. Durch sehr frühzeitiges Vorbuchen lassen sich Kosten einsparen.

Mit dem Zug (Eurostar)

Seit Inbetriebnahme des Ärmelkanaltunnels wurden fast alle Zug-Schiff-Zug-Verbindungen abgeschafft. Zwar sind einzelne Varianten immer noch möglich, doch wegen der schlecht abgestimmten Fahrpläne, der weit von den Bahnhöfen gelegenen Häfen und der unattraktiven Preise nur etwas für Hartgesottene.

Stattdessen benutzt man heutzutage die **„Eurostar"-Hochgeschwindigkeitszüge,** die Brüssel und Paris via Tunnel mit London verbinden (Infos unter www.eurostar.com). Auch wenn die Fahrt durch den längsten Tunnel der Welt ein Superlativ ist: Die rund 20-minütige Tunneldurchquerung hat nichts Spektakuläres.

Wer in **London** einen Übernachtungsstopp einlegen will, kann die Tour dorthin bequem in einer Tagesreise bewältigen. So geht es zunächst im ICE nach Köln, von dort weiter per Thalys oder ICE nach Brüssel und schließlich mit dem Eurostar an die Themse. Aus dem südlichen Deutschland sowie aus der Schweiz bietet sich die Fahrt mit dem TGV über Paris an. Der Ankunftsbahnhof London St. Pancras ist für sich schon eine Sehenswürdigkeit: Sehr aufwendig renoviert, wurde er im Herbst 2007 von der Königin wieder seiner Bestimmung übergeben. Er wird mit Recht als einer der schönsten Bahnhöfe der Welt bezeichnet.

Fahrtzeitbeispiele bis London: ab Zürich, Frankfurt oder Hannover rund 9 Std., ab Köln rund 6 Std. (gerechnet von Stadt zu Stadt). Für die Fahrpreise gilt generell: Wer früh bucht, zahlt am wenigsten. So ist mit etwas Glück die Fahrt von Köln nach London und zurück schon für weniger als 150 Euro zu haben – inklusive aller Kosten.

Von London bis nach Penzance an der äußersten Spitze von Cornwall dauert die Reise rund 5½ Stunden mit der Bahnlinie First Great Western, www.firstgreatwestern.co.uk. Direkte Züge fahren alle zwei Stunden ab Paddington Station und stoppen unterwegs in allen größeren Bahnhöfen. Von St. Pancras zur Paddington Station braucht man eine knappe Stunde. Eine gute Informationsquelle ist BritRail: das ist der Markenname des britischen Verbandes der Bahnbetreiber und wurde als Initiative der 26 ATOC-Bahnunternehmen gegründet, um internationalen Reisenden den Besuch Großbritanniens und die Erkundung des Landes mit dem Zug zu er-

Mini-„Flug-Know-how"

Check-in

Nicht vergessen: Ohne einen gültigen Reisepass oder Personalausweis (Letzeres gilt nur für EU-Staatsbürger) kommt man nicht an Bord. Seit 2012 brauchen Kinder einen eigenen Pass.

Bei innereuropäischen Flügen muss man mindestens eine Stunde vor Abflug am Schalter der Airline eingecheckt haben. Viele Airlines neigen zum Überbuchen, d.h. sie buchen mehr Passagiere ein, als Sitze im Flugzeug vorhanden sind. Wer zuletzt kommt, hat dann möglicherweise das Nachsehen.

Das Gepäck

In der Economy-Class darf man in der Regel nur Gepäck bis zu 20 kg pro Person einchecken (Ausnahme z.B. Ryanair mit nur 15 kg) und zusätzlich ein Handgepäck von 7 kg in die Kabine mitnehmen, welches eine bestimmte Größe von 55 x 40 x 23 cm nicht überschreiten darf. In der Business Class sind es meist 30 kg pro Person und zwei Handgepäckstücke, die insgesamt nicht mehr als 12 kg wiegen dürfen. Man sollte sich beim Kauf des Tickets über die Bestimmungen der Airline informieren.

Fluggäste dürfen seit November 2006 Flüssigkeiten oder vergleichbare Gegenstände in ähnlicher Konsistenz (z.B. Getränke, Gels, Sprays, Shampoos, Cremes, Zahnpasta, Suppen) nur noch in der Höchstmenge von jeweils 0,1 Liter als Handgepäck mit ins Flugzeug nehmen. Die Flüssigkeiten müssen in einem durchsichtigen, wiederverschließbaren Plastikbeutel transportiert werden, der maximal einen Liter Fassungsvermögen hat. Da sich diese Regelungen jedoch ständig ändern, sollte man sich beim Reisebüro oder der Fluggesellschaft nach den derzeit gültigen Regelungen erkundigen.

Aus Sicherheitsgründen dürfen Taschenmesser, Nagelfeilen, Nagelscheren etc. nicht im Handgepäck untergebracht werden. Diese Gegenstände sollte man unbedingt im aufzugebenden Gepäck verstauen, sonst werden sie bei der Sicherheitskontrolle einfach weggeworfen.

Darüber hinaus gilt, dass Feuerwerke, leicht entzündliche Gase (in Sprühdosen, Campinggas), entflammbare Stoffe (z.B. in Benzinfeuerzeugen, Feuerzeugfüllung) etc. nichts im Passagiergepäck zu suchen haben.

leichtern. So bietet BritRail beispielsweise einen „BritRail England Pass" mit unterschiedlichen Laufzeiten. Mit zwei aufeinanderfolgenden Tagen Gültigkeit und unbegrenztem Fahren in England kostet der Pass in der Standard-Klasse (Zweiten) 79 Euro. Die „Flexible" Version erlaubt das Reisen an zwei beliebigen Tagen innerhalb eines Monats. Hier kostet die Standard-Klasse 95 Euro. Infos unter www.britrail.com (für weitere Möglichkeiten s. Kap. „Verkehrsmittel").

Einen vollständigen Überblick über alle **Sonderangebote** zu schaffen ist kaum möglich, zumal die beteiligten Bahngesellschaften ständig wechselnde Angebote auf den Markt bringen. Selbst die Fahrkartenverkäufer auf den Bahnhöfen kennen meist nur einen Teil der möglichen Varianten. Es empfiehlt sich deshalb, die Beratung durch ein spezielles Bahn-Reisebüro in Anspruch zu nehmen, wie zum Beispiel:

- **Gleisnost,** Bertoldstr. 44, 79098 Freiburg, Tel. 0761-383020, www.gleisnost.de.

Mit dem Flugzeug

Direktverbindungen aus dem deutschsprachigen Raum nach Cornwall bestehen in den Sommermonaten mit der Lufthansa, www.lufthansa.de. Mittwochs und samstags geht ein Flieger von Düsseldorf nach Newquay und zurück. **Verbindungen nach Bristol und Cardiff** aus dem deutschsprachigen Raum werden von KLM ab vielen Flughäfen in Deutschland, Österreich und der Schweiz über Amsterdam angeboten. Von Bristol kann man seine Reise mit Bahn, Bus oder Auto nach Cornwall fortsetzen.

Daneben gibt es von so gut wie allen Flughäfen in Deutschland, Österreich und der Schweiz unzählige Flugverbindungen zu den Londoner Flughäfen, die etwas preisgünstiger sind als Flüge nach Bristol und Cardiff. Günstige Fluglinien sind unter anderem germanwings (www.germanwings.de), easyjet (www.easyjet.de) oder airberlin (www.airberlin.de). Von London-Gatwick (LGW) beispielsweise kommt man täglich mehrmals mit flybe (www.flybe.de) nach Newquay und zurück.

Flugpreise Linien-Airlines

Ein Economy-Ticket von Deutschland, Österreich und der Schweiz hin und zurück nach Bristol oder Cardiff bekommt man je nach Jahreszeit und Aufenthaltsdauer ab 250 Euro (einschl. aller Steuern, Gebühren und Entgelte). Am teuersten ist es in der Hauptsaison von Mai bis September. Die Preise für Flüge in den Sommerferien sind hier besonders hoch und können über 350 Euro betragen.

Buchung

Für die Tickets der Linienairlines kann man bei folgenden zuverlässigen Reisebüros meistens günstigere Preise als bei vielen anderen finden:

- **Jet-Travel,** In der Flent 7, 53773 Hennef, Tel. 02242-868606, www.jet-travel.de.
- **Globetrotter Travel Service,** Neuengasse 30, CH-3001 Bern, www.globetrotter.ch. Buchung über die Filialen, Kontakt siehe Website.

Billigfluglinien

Preiswerter geht es mit etwas Glück nur, wenn man bei einer Billigairline **sehr früh online bucht.** Es werden keine Tickets ausgestellt, sondern man bekommt nur eine Buchungsnummer per E-Mail. Zur Bezahlung wird in der Regel eine Kreditkarte verlangt. Verpflegung wird extra berechnet. Für die Region interessant sind:

- **Air Berlin,** www.airberlin.com. Von vielen deutschen Flughäfen sowie ab Zürich und Wien zu den Londoner Flughäfen.

- **Easy Jet,** www.easyjet.com. Von Berlin, Dortmund, Genf, Hamburg, Köln, München, Salzburg, Wien und Zürich nach London-Luton.
- **Flybe.com,** www.flybe.com. Von Düsseldorf, Salzburg und Genf nach Exeter und Southampton, von Frankfurt und Hannover nach Southampton.
- **Germanwings,** www.germanwings.com. Von Berlin, Bremen, Düsseldorf, Erfurt, Frankfurt, Friedrichshafen, Hamburg, Hannover, Karlsruhe, Leipzig, München, Münster, Nürnberg, Paderborn und Stuttgart zu den Londoner Flughäfen.
- **Ryanair,** www.ryanair.com. Von Düsseldorf, Karlsruhe, Baden-Baden, Frankfurt-Hahn, Memmingen, Linz, Graz und Klagenfurt nach London-Stansted.
- **Cityjet,** www.cityjet. Von Luxemburg nach London City.

Last-Minute

Wer sich erst im letzten Augenblick für eine Reise nach Cornwall entscheidet oder gern pokert, kann Ausschau nach Last-Minute-Flügen halten. Diese werden von einigen Airlines mit deutlicher Ermäßigung ab etwa **14 Tage vor Abflug** angeboten, wenn noch Plätze zu füllen sind. Die Last-Minute-Flüge lassen sich nur bei Spezialisten buchen:

- **L'Tur,** www.ltur.com, Tel. 00800-21212100.
- **Lastminute.com,** www.de.lastminute.com, Tel. 01805-777257. Aus dem Ausland Tel. 0049 89-17921966.
- **5 vor Flug,** www.5vorflug.de, Tel. 01805-105105.
- **Restplatzbörse,** www.restplatzboerse.at, (A-) Tel. 01-580850, (D-)Tel. 0991-29679653.

Informationsstellen

Fremdenverkehrsamt

- **Visit Britain,** Alexanderplatz 1, 10178 Berlin, www.visitbritain.com. Die zentrale Anlaufstelle für Informationen aller Art über Großbritannien ist zuständig für Deutschland, Österreich und die Schweiz. Die Website liefert jede Menge Informationen, Links und Broschüren zum Download.

Anlaufstellen in Cornwall

Alle touristisch relevanten Orte verfügen über eine **Tourist Information,** in der Sie Broschüren, Prospekte, Bücher, Landkarten etc. erhalten und von dem freundlichem Personal hilfreiche Auskünfte bekommen. Hier bucht man gegen geringe Gebühr auch **Bed & Breakfast-Pensionen** oder Hotelzimmer im Voraus (BABA = Book-a-Bed-Ahead). In den touristischeren Orten wie St. Ives oder Falmouth sind die Tourist Informations normalerweise sonntags geöffnet.

Informationen aus dem Internet

- **Cornwall:** www.visitcornwall.com, www.cornwalls.co.uk
- **Lizard-Halbinsel:** www.thelizard.co.uk
- **Nördliche Küste Cornwalls:** www.north-cornwall.co.uk, www.thisisnorthcornwall.co.uk
- **Bodmin Moor:** www.bodminmoor.co.uk
- **Isles of Scilly:** www.simplyscilly.co.uk
- **Gesamte Südküste Englands:** www.resort-guide.co.uk

■ **Für Surfer** halten die Websites www.newquaysurfer.org und www.visitnewquay.org/surf-newquay viele Informationen bereit.

Klima und Reisezeit

Das Wetter in Süd-England ist geprägt vom **atlantischen Klima;** das heißt, es gibt nur mäßig warme Sommer und milde Winter mit über das Jahr verteilten gleichmäßigen Niederschlägen. Vor allem während der Sommermonate sind die auftretenden Schauer häufig nur von kurzer Dauer.

Der **Golfstrom** sorgt hauptsächlich im Westen dafür, dass die Temperaturen nicht in unerquickliche Tiefen fallen. Diesem Wetter angemessen ist die liebliche sattgrüne Landschaft in Englands Süden.

Auf den **Isles of Scilly** sorgt der Golfstrom für subtropische Verhältnisse: Der kleine Inselarchipel kann jährlich fast 2000 Sonnenstunden verbuchen. Gewöhnt an nordeuropäische Wetterbedingungen, muss man von heißen Sommern und milden Wintern sprechen. Man will es kaum glauben, doch liegen die Januartemperaturen über denen der französischen Riviera, und so reklamieren die Scillonians ganz zu Recht, dass sie nur zwei Jahreszeiten kennen: Frühling und Sommer!

Mittlere tägliche Maximum- und Minimumtemperaturen in °C

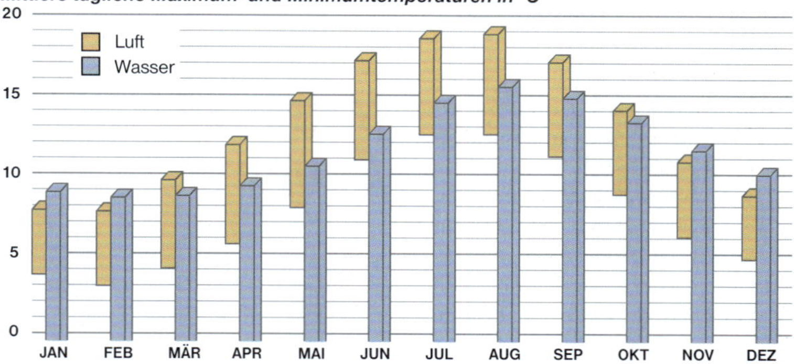

Sonnenstunden pro Tag

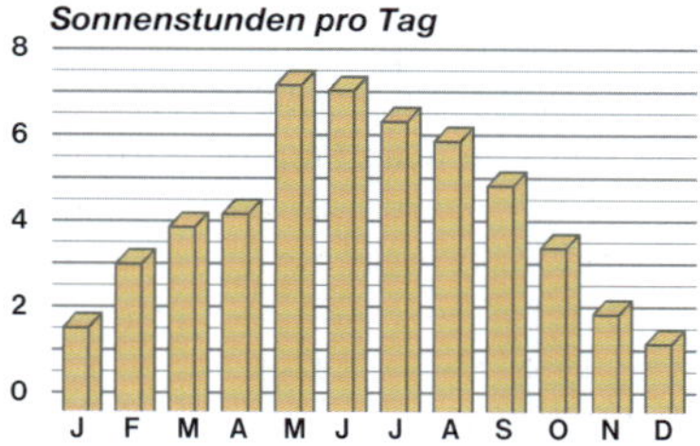

Regentage im Monat

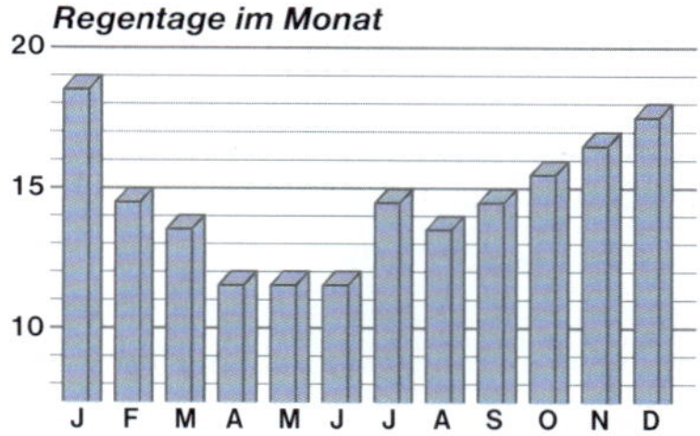

135co sb

Die **beste Reisezeit** reicht von Anfang Mai bis Anfang Juli; zwar können dann nur die abgehärtetsten ein Bad im Meer nehmen, aber in dieser Zeit steht alles in schönster Blüte; Hotels, Pensionen und Restaurants sind nicht überfüllt und auch die Niederschlagsmengen halten sich in Grenzen. Ende Juli beginnen dann in Großbritannien die Sommerferien, und die Südküste gehört zu den beliebtesten Urlaubsgebieten der Briten. Wenn im Sommer auch die Kontinentaleuropäer in die Region strömen, kann es schon mal eng werden. Im September ist es dann wieder schön ruhig und die Temperaturen sind im Durchschnitt so hoch wie im Juni. Cornwall im Herbst ist auch sehr schön!

Maße und Gewichte

Wenngleich sich in Großbritannien das metrische und dezimale System auch langsam durchsetzt – immerhin sind seit 2009 auch hier die Maße und Gewichte nach dem metrischen System offiziell eingeführt – dennoch die **Maßeinheiten aus den Zeiten des Empire.**

Der südlichste Punkt Cornwalls – Lizard Point

Konfektionsgrößen (D–GB)

Damenbekleidung

36	10
38	12
40	14
42	16
44	18
46	20
48	22
50	24

Herrenbekleidung

46	36
48	38
50	40
52	42
54	44
56	46
58	48
60	50

Schuhe

36	3–3,5
37	4–4,5
38	5–5,5
39	5,5–6
40	6,5–7
41	7–7,5
42	7,5–8
43	8,5–9
44	9,5

Längenmaße

- Inch = 2,54 cm
- Foot = 30,48 cm
- Yard = 91,44 cm
- Mile = 1,609 km

Hohlmaße

- Fluid Ounce = 0,0284 l
- Pint = 0,5683 l
- Quart = 1,136 l
- Gallon = 4,5459 l
- Barrel = 163,656 l

Gewichte

- Grain = 0,0648 g
- Ounce = 28,35 g
- Pound = 453,59 g
- Stone = 6,35 kg
- Quarter = 12,7 kg
- Hundredweight = 50,8 kg

Temperatur

Die Temperatur wird oft noch in **Fahrenheit (F)** angegeben; folgende Formel dient der Umrechnung:

$$\frac{(F - 32) \times 5}{9} = C$$

Danach sind 32° F 0° C oder 86° F entsprechen der angenehmen sommerlichen Temperatur von 30° C.

$$\frac{(86 - 32) \times 5}{9} = 30° C$$

Medien

Die Briten und ihre Zeitungen

Überall, wo der Brite steht, sitzt oder wartet, holt er sofort seine Zeitung aus der Tasche und beginnt zu lesen – in der drangvollen Enge der U-Bahn ebenso wie auf dem Klappstuhl hoch oben auf der Kreideklippe. „Nichts kennzeichnet die britische Psyche besser als ihre Leidenschaft für das Pressewesen", schrieb der Dichter *William Cowper* schon vor über 200 Jahren und daran hat sich bis heute nichts geändert. Kaum ein anderes westeuropäisches Land hat eine solche Fülle an täglich erscheinenden überregionalen Zeitungen wie Großbritannien.

Für den Besucher, der mit der **englischen Presselandschaft** nicht vertraut ist, stellt sich die Frage nach dem richtigen Blatt. Die folgende, recht subjektive **Übersicht** will ein wenig Hilfestellung geben.

Ganz unten auf der Qualitätsskala rangiert die sogenannte **Gutter Press** (Regenbogenpresse). Das Schmierenblatt „The Sun" hat die höchste Auflage von sämtlichen „Gossenblättern", 4 Mio. Exemplare dieses Blut-und-Busen-Blattes werden täglich ausgeliefert. Schätzungen zufolge lesen 10 Mio. Menschen Tag für Tag in der „Sun", die nach der Redaktionsdevise *Boobs, more boobs and bums* (Busen, mehr Busen und Hintern) gestaltet wird. Weiterhin gehören der „Daily Mirror" und der „Daily Star" zur *Gutter Press.*

Kaum besser – wenngleich vom Selbstverständnis der Zeitungsmacher

009co se

im höheren Qualitätsbereich liegend – sind die Blätter der so genannten **Middle Market Newspaper.** Dazu gehören „Daily Mail", „Daily Express" und „Today". Während bei den oben genannten Boulevardblättern Primitivinformationen und Horrorgeschichten den Inhalt bestreiten, liefern diese drei Zeitungen wenigstens in Ansätzen auch Auslandsberichte.

Als auch **für Kontinentaleuropäer lesbar gelten** der „Guardian", die „Times", der „Daily Telegraph", die „Financial Times" und der „Independent". Der britische Journalist *Ryan Chandler* hat die folgende, höchst treffende **Charakterisierung** über diese fünf Blätter abgegeben: Der „Guardian" wird von denjenigen gelesen, die das Land verändern möchten, in die „Times" schauen die, die das Land wirklich regieren, aus dem „Daily Telegraph" informieren sich Leute, die glauben, dass sie das Land regieren, die „Financial Times" blättern diejenigen durch, denen das Land gehört, und den „Independent" liest der, der das Land regieren möchte. Der „Guardian" steht links von der Mitte, die „Times" ist bürgerlich konservativ, ebenso der „Daily Telegraph", der im Volksmund auch *Torygraph* (abgeleitet von den *Torys* = Konservativen) genannt wird. Die „Financial Times" ist das Fachblatt der Banker und Börsianer, und der „Independent" ist liberal, sucht seine Leserschaft in der politischen Mitte und gestaltet seine Artikel und Kommentare derartig ausgewogen, dass Sarkasten das Blatt auch schon mal als *Indescribably Boring,* als unbeschreiblich langweilig, bezeichnen. Das Konzept kam auf die Dauer bei den Lesern nicht gut an: 2010 kaufte der russische Milliardär *Alexander Lebedew* das Blatt zum symbolischen Preis von 1 Pfund und hält jetzt 75 % der Anteile.

Auch **am Sonntag** konkurriert eine ganze Anzahl von Zeitungen auf dem heiß umkämpften Markt. Spitzenreiter war bis Juli 2011 das Revolverblatt „News of the World". Bis dahin war es mit rund 2,7 Mio. Exemplaren die meistgelesene britische Zeitung. Doch nach der Aufdeckung eines Skandals um die Methoden des Blattes wurde „News of the World" eingestellt. Die Redaktion hatte Telefongespräche illegal abgehört – beispielsweise das von Schauspieler *Hugh Grant* – und sicherte sich Exklusivinformationen durch hohe Geldzahlungen. Herausgeber Rupert Murdoch zeigte ein wenig Einsicht und machte den Laden zu. Das Geschäft mit den Nachrichten zum Sonntag allerdings wollte er sich nicht entgehen lassen: Im Februar 2012 brachte er den Nachfolger an den Markt: „The Sun on Sunday".

In die gleiche Qualitätskategorie fallen „Sunday People", wegen der vielen Klatsch- und Schlüssellochgeschichten auch *Sunday Peephole* genannt, und „Sunday Mirror". Alle drei Blätter haben Hochglanzbeilagen und werden laut *Ryan Chandler* von Leuten gelesen, „die gaffend bei Verkehrsunfällen herumstehen". Auch „Daily Mail" und „Daily Express" haben Sonntagsausgaben mit Hochglanzmagazinen. Inhaltlich umfangreich, damit dick und schwer, kommt die „Sunday Times" daher; das Mitte-Rechts-Blatt, so witzelt *Ryan Chandler,* „ist die einzige Zeitung, die ein Hund nicht im Maul halten kann, und dessen Leser ein Body Builder mit einem IQ von 180 sein muss". Linksorientiert sind der „Observer" sowie der

„Sunday Correspondent“ und wie jeden Tag der Woche sind auch beim „Sunday Telegraph“ und beim „Independent on Sunday“ die redaktionellen Strickmuster die gleichen; auch diese Zeitungen haben farbige Hochglanzbeilagen.

Auf Spiegel-Niveau kommt das ausgezeichnete **Nachrichtenmagazin** „Economist“ daher, das 2013 seinen 170. Geburtstag feiert und dabei keine alterungsbedingten Verkalkungserscheinungen zeigt, sondern wie ein junger Springinsfeld mit geschärfter Feder seine rechtskonservativen Kritiker zum Duell fordert und alsbald in die Flucht schlägt. Dem Gemisch aus „Zeitung und Geheimdienst“ wurde von den Rechten angekreidet, „dass es einem klassen- und wurzellosen, multiethnischen, internationalen Liberalismus“ frönt.

Wer an englischer **Literatur** interessiert ist, der wird es sich sicher nicht nehmen lassen, besonders aufmerksam das *Times Literary Supplement (TLS)* zu studieren.

Radio und Fernsehen

2008 gab es in Großbritannien 940 Fernseh- und 905 Radiostationen. Und schon im Jahre 1922 nahm die öffentlich-rechtliche **BBC** *(British Broadcasting Corporation)* ihre Rundfunksendungen auf und nur 14 Jahre später strahlte sie das weltweit erste regelmäßige Fernsehprogramm aus. Der Mammutsender finanziert sich über Teilnehmergebühren und ist daher nicht auf Werbeeinnahmen angewiesen; konsequenter als bei den Öffentlich-Rechtlichen in Deutschland sendet die BBC demzufolge auch keine Werbung. Lediglich die Auslandssendungen des Hörfunks bekommen Gelder, deren Höhe das Parlament festlegt.

Radio

Das Rundfunkprogramm von **BBC 1** besteht aus kurzweiliger Pop-Musik und aus nichts anderem; die stündlich gesendeten Nachrichten sind nicht länger als 30 Sekunden. **BBC 2** liefert Unterhaltungssendungen, leichte Musik, Sportinformationen; **BBC 3** hat klassische Musik und Kultursendungen im Programm, und **BBC 4** sendet Nachrichten, Reportagen, Hörspiele etc. Unerreicht ist das **Auslandsprogramm** des **BBC,** der *World Service,* der 24 Stunden täglich in Englisch und 36 weiteren Sprachen Nachrichten und Informationen auf Kurzwelle um die Welt schickt. Fast überall in Cornwall 24 Stunden am Tag zu hören sind die beiden privaten Radiostationen Atlantic FM (107,0 Mhz) und Pirate FM (102,2 und 102,8 Mhz). Das bunte Programm ist mit dem privater deutscher Radiosender vergleichbar.

Fernsehen

Die Fernsehkanäle heißen analog zu den Rundfunksendern BBC 1 und BBC 2. Dazu kommen BBC Three, BBC Four, BBC HD, CBeebies, CBBC, BBC News 24 und BBC Parliament – insgesamt sieben digitale Fernsehkanäle.

1955 wurde der Alleinvertretungsanspruch der BBC durch die Gründung der IBA *(Independent Broadcasting Authority)* aufgehoben. Die IBA vergibt Lizenzen und ist die Aufsichtsbehörde der privaten Radio- und Fernsehsender.

136co sb

Mit Kindern unterwegs

Die Briten sind ein erfrischend **kinderfreundliches Volk,** und die Familien sind wesentlich größer als bei uns. Drei oder vier Kinder in Orgelpfeifengröße sind keine Seltenheit und während die Kleinste noch im *Pram* sitzt, schiebt der Größte schon den Wagen.

Sind die Eltern wanderbegeistert, so nehmen sie auch den Nachwuchs mit auf die Tour. Von den fünf in diesem Band beschriebenen **Wanderungen** sind zwei für Eltern mit Kindern gedacht. Diese längeren Spaziergänge halten auch Kinder problemlos durch, oder aber Vati hat den Kleinen im Rucksacktragegestell. Besonders interessant für Kinder dürfte der Spaziergang entlang Land's End sein.

Denken Sie daran, dass Kinder unter 14 Jahren nicht in **Pubs** dürfen; fragen Sie den Wirt nach dem *Family Room.*

Notfälle

Autopanne/-unfall

Pannenhilfe *(Breakdown Service)* leistet folgende **britische Automobilclubs:**

- **Royal Automobile Club (RAC),** Tel. 0844-2730871, www.rac.co.uk.
- **Automobile Association (AA),** Tel. 0800-887766, www.theaa.com.
- **Environmental Transport Association (ETA),** Tel. 0800-212810, www.eta.co.uk.

Man kann sich auch direkt an seinen Automobilclub wenden. Hier die drei größten für Deutschland, Österreich und die Schweiz:

- **ADAC,** Tel. 01805-101112, www.adac.de.
- **ÖAMTC,** (A)-Tel. 01-2512000, www.oeamtc.at.
- **TCS,** (CH)-Tel. 0844-888111, www.tcs.ch.

⌃ In den Straßen von Falmouth

Verlust von Geldkarten

Bei Verlust oder Diebstahl der Kredit- oder Maestro-(EC-)Karte sollte man diese umgehend sperren lassen. Für deutsche Maestro- und Kreditkarten gibt es die einheitliche **Sperrnummer 0049-116116** und im Ausland zusätzlich 0049-30-40504050. Für österreicherische und schweizerische Karten gelten:

- **Maestro-(EC-)Karte,** (A-)Tel. 0043-1-2048800; (CH-)Tel. 0041-44-2712230, UBS: 0041-800-888 601, Credit Suisse: 0041-800-800488.
- **MasterCard/VISA,** (A-)Tel. 0043-1-71701-4500 (MasterCard) bzw. Tel. 0043-1-7111-1770 (VISA); (CH-)Tel. 0041-58-9588383 für alle Banken außer Credit Suisse, Corner Bank Lugano und UBS.
- **American Express,** (A-)Tel. 0049-69-9797-1000; (CH-)Tel. 0041-44-6596333.
- **Diners Club,** (A-)Tel. 0043-1-5013514; (CH-)Tel. 0041-44-8354545.

Geldnot

Wer dringend eine größere Summe ins Ausland überweisen lassen muss wegen eines Unfalls oder Ähnlichem, kann sich auch nach Großbritannien über **Western Union** Geld schicken lassen. Für den Transfer muss man die Person, die das Geld schicken soll, vorab benachrichtigen. Diese muss dann bei einer Western-Union-Vertretung (in Deutschland u.a. bei der Postbank) ein entsprechendes Formular ausfüllen und den Code der Transaktion telefonisch oder anderweitig übermitteln. Mit dem Code und dem Reisepass geht man zu einer beliebigen Vertretung von Western Union in Cornwall (siehe Telefonbuch oder unter www.westernunion.com), wo das Geld nach Ausfüllen eines Formulares binnen Minuten ausgezahlt wird. Je nach Höhe der Summe wird eine Gebühr ab derzeit 10,50 Euro erhoben.

Ausweisverlust/ dringender Notfall

Wird der Reisepass/Personalausweis im Ausland gestohlen, muss man den Diebstahl bei der örtlichen Polizei melden. Darüber hinaus sollte man sich an die nächste diplomatische Auslandsvertretung seines Landes wenden, damit man einen Ersatz-Reiseausweis zur Rückkehr ausgestellt bekommt (ohne kommt man nicht an Bord eines Flugzeuges!).

Auch in **dringenden Notfällen,** z.B. medizinischer oder rechtlicher Art, Vermisstensuche, Hilfe bei Todesfällen, Häftlingsbetreuung o.Ä. sind die Auslandsvertretungen bemüht, vermittelnd zu helfen (siehe „Diplomatische Vertretungen“).

Öffnungszeiten

England hat **kein Ladenschlussgesetz,** und so sind Läden und Geschäfte in der Regel von 9 bis 18 Uhr geöffnet. Längere Öffnungszeiten bis in die Abendstunden hinein sind keine Seltenheit (siehe auch Kapitel „Einkaufen“).

Banken öffnen ihre Schalter Mo–Fr zwischen 9.30 und 16/17 Uhr, und die **Postämter** stellen ihren Service dem Kunden Mo–Fr zwischen 9 und 17.30 Uhr und Sa 9–12.30 Uhr zur Verfügung.

Orientierung

Unbedingt sollte man sich vor Ort einen **Straßenatlas** kaufen. Sehr bewährt hat sich der *Michelin Motoring Atlas Great Britain and Ireland* im Maßstab 1:300.000; 1 cm entspricht hier 3 km. Hierin finden sich auch eine ganze Anzahl von Innenstadtplänen. Für die Gesamtübersicht empfiehlt sich eine **Straßenkarte** von Großbritannien, so z.B. die Karte von *Kümmerley und Frey* „Britische Inseln" im Maßstab 1:1.000000.

Eine gute Idee ist auch ein **GPS-Navigationsgerät,** die gängigen Modelle können mit Kartenmaterial von Großbritannien geladen werden.

Vor Ort sind die **Ordnance Survey-Karten** zu erhalten, die im Maßstab 1:50000 oder 1:25.000 Großbritannien kartografisch erfassen und besonders für Wanderungen unabdingbar sind.

■ **Buchtipps:** „Richtig Kartenlesen" und „Orientierung mit Kompass und GPS" aus der Praxis-Reihe des Reise Know-How Verlags.

Post und Telefon

Postdienste

In ganz winzigen Dörfchen kann es schon mal sein, dass die Post im örtlichen Lebensmittelgeschäft untergebracht ist, ansonsten sind die Ämter der **Royal Mail** nicht zu verfehlen (Öffnungszeiten s.o.). Für den **Luftpost-Standardbrief** bis 20 g oder die Postkarte an die lieben Daheimgebliebenen muss man 87 p berappen.

Telefonieren

Das Telefonnetz unterliegt nicht der Post, sondern der **British Telecom,** die kräftig dabei ist, die berühmten roten Telefonzellen durch hässliche graue Plastikhäuschen zu ersetzen.

137co sb

Öffentliche Fernsprecher nehmen 10, 20, 50 p Stücke und 1-£-Münzen. Wie hier auch setzen sich immer mehr die **Cardphones** durch, Fernsprecher, die mit einer Telefonkarte bestückt werden müssen. Es gibt *Phonecards* für 20, 40, 100 und 200 Einheiten. Eine ganze Reihe von öffentlichen Fernsprechern akzeptiert sowohl Kleingeld als auch eine Telefonkarte sowie eine Kreditkarte. Aus allen Telefonzellen kann man ins Ausland telefonieren und sich in der Zelle auch anrufen lassen, die Nummer ist gut sichtbar am Telefon angebracht.

Vorwahlen

- Nach **Deutschland:** 0049;
- Nach **Österreich:** 0043;
- In die **Schweiz:** 0041.
- Nach **England** von Deutschland, Österreich oder der Schweiz aus: 0044.
- Vorwahl nach **London:** 0044-20.

Wichtige Telefonnummern

- **Nationale Auskunft:** 118192, 118118, 118500, 118811 (Kosten 10–40 p);
- **Vermittlung von Hand** beim freundlichen Operator: national 100, international 155.
- **Notruf** für Polizei, Krankenwagen, Küstenwache und Feuerwehr: 999 oder 112.

Handys

Handys heißen im Englischen *Mobile Phone* oder *Portable Phone*, im Alltag kurz auch nur *Mobile* genannt. Mit dem deutschen Begriff Handy kann der Brite nichts anfangen, denn *handy* heißt im Englischen ganz einfach „nützlich“ bzw. „praktisch.“

Das eigene Mobiltelefon lässt sich meistens problemlos nutzen, denn in Großbritannien gibt es eine Vielzahl an Providern von GSM 900 und 1800 MHz sowie 3G. Wegen hoher Gebühren sollte man bei seinem Anbieter nachfragen oder auf dessen Website nachschauen, welcher der **Roamingpartner** in Großbritannien günstig ist und diesen per manueller Netzauswahl voreinstellen. Nicht zu vergessen sind die passiven Kosten, wenn man von zu Hause angerufen wird. Der Anrufer zahlt nur die Gebühr ins heimische Mobilnetz, die teure Rufweiterleitung ins Ausland zahlt der Empfänger. Mailbox abstellen!

Seit 1. Juli 2012 sind die sogenannten **Roaming-Gebühren** innerhalb der EU gedeckelt, dabei gibt es auch eine Preisgrenze für Datenverbindungen. Ausgehende Anrufe kosten seit dem pro Minute 0,29 Euro, eingehende 0,08 Euro. SMS liegen bei 0,09 Euro. 2013 und 2014 werden die Preise schrittweise weiter sinken.

Falls das Mobiltelefon **SIM-lock-frei** ist (keine Sperrung für andere Provider) und man viele Telefonate innerhalb Großbritanniens führen möchte, sollte man sich eine örtliche Prepaid-SIM-Karte besorgen.

Radfahren

Cornwall ist nicht gerade eine ideale Region für den Fahrrad-Enthusiasten, denn die Straßen sind schmal, viel befahren und gesäumt von hohen Hecken. Trotzdem sieht man etliche Biker, die das lohnende Wagnis auf sich nehmen und neben der Natur auch dem Verkehr trotzen. Der **Camel Trail,** der von Padstow bis ins Bodmin Moor führt, ist eine der schönsten Fahrradstrecken von ganz England. Gegen einen Aufpreis kann man den eigenen Drahtesel im Flugzeug mittransportieren lassen.

Wichtige Vokabeln rund ums Fahrrad

Achse	spindle
Felge	rim
Felgenbremse	caliper brake
Gangschaltung	gear shift
Kettenblatt	chain ring
Kettenwerfer	changer
Lenker	handlebar
Nabe	hub
Pedal	crank, pedal
Reifen	tyre
Rücktrittbremse	back pedalling brake
Sattel	saddle
Schlauch	inner tube
Schutzblech	mudguard
Tretlager	bottom bracket

Sicherheit

Großbritannien ist ein relativ sicheres Reiseland und gerade in ländlichen Gebieten geht es so ruhig zu wie hierzulande auch.

Uhrzeit

Alles ist in Großbritannien anders, so auch die Uhrzeit. Es gilt nicht die hierzulande bekannte Mitteleuropäische Zeit (MEZ), sondern die **GMT,** die **Greenwich Mean Time,** die eine Stunde hinter der unsrigen herhinkt. Denken Sie daran, dass es in England **keine 24-Stunden-Einteilung** gibt; zwischen Mitternacht und 12 Uhr hängt man ein a.m. *(ante meridiem)* und zwischen 12 Uhr mittags und 0.00 Uhr ein p.m. *(post meridiem)* an die Zahl. 6 a.m. bedeutet also sechs Uhr morgens, 6 p.m. ist 18 Uhr am frühen Abend.

Unterkunft

Selbstverständlich verfügt die Urlaubs- und Ferienregion in Englands Süden über eine reichhaltige Palette an Unterkunftsmöglichkeiten, die jedoch in der **Hauptsaison** Ende Juli bis Ende August gut belegt sein können. Buchen Sie in dieser Zeit immer schon einige Tage telefonisch im Voraus, sei es über das örtliche Tourist Office *(BABA = Book-a-bed-ahead),* oder indem Sie sich direkt an eine Bed-&-Breakfast-Pension oder ein Hotel wenden.

Achtung: Die im Reiseteil bei den Unterkünften genannten **Preise** gelten – soweit nicht anders angegeben – pro Zimmer, d.h. für Übernachtung und Frühstück *(Bed & Breakfast only)* für zwei Erwachsene im Doppelzimmer. Sie sind nur **Richtwerte,** da die Zimmerpreise je nach Saison stark schwanken können. Außerdem sind Zimmer in touristischen Hochburgen an Wochenenden teurer als in der Woche; in größeren Städten ist es genau umgekehrt, da dann keine Geschäftsreisenden unterwegs sind. Auch die Aussicht spielt eine Rolle, Zimmer mit Meerblick kosten mehr als Zimmer nach hinten heraus.

Doppelzimmer verfügen häufiger über zwei getrennte Betten **(Twin Beds** bzw. **Twin Rooms)** als über ein großes Doppelbett **(Double Rooms).**

In jedem Tourist Information Office können Sie für einige Pfund ein dickes **Buch mit allen vom Tourist Board empfohlenen B & B und Guest Houses** kaufen.

Bed & Breakfast

Die klassische englische Unterkunftsart ist das Bed & Breakfast in einem Privathaushalt. Dort stehen dann zwei oder drei Zimmer für Logiergäste zur Verfügung. Wer ein neues Haus baut, plant gleich einige Gästezimmer etwas abseits von den Familienräumen mit ein. In den niedlichen, handtuchgroßen Vorgärten weist ein großes Schild den Besucher auf eine solche Familienunterkunft hin: B & B (für Bed and Breakfast), weiterhin Vacancies, wenn noch Zimmer frei sind, bzw. No Vacancies, wenn dies nicht der Fall ist. Angepriesen wird auch die Ausstattung. Tea-Making Facilities heißt, dass ein Kochkessel sowie Teebeutel und Tassen bereitstehen, C/TV verspricht einen Farbfernseher im Zimmer, Rooms En Suite oder Private Facilities weisen auf ein eigenes Bad hin. WIFI steht für ein für Gäste offenes WLAN. Die Preise beginnen in der Vorsaison bei 20–25 £, in der Hauptsaison bei 25–30 £, je nach Ausstattung.

Detektivischen Spürsinn gilt es im Bad zu entfalten, vorausgesetzt, Sie möchten **heiß duschen.** Mischbatterien sind den Briten zumeist fremd, stattdessen hängt in der Dusche oft eine abenteuerliche Elektroinstallation, die jedem Sicherheitsingenieur des deutschen TÜV den Angstschweiß auf die Stirn treiben würde. Bevor dieser Durchlauferhitzer Heißwasser produziert, müssen Sie manchmal irgendwo im Bad einen Schalter umlegen, häufiger jedoch an einer Schnur ziehen, die von der Decke hängt. Damit ist der Strom für eine rote Warnleuchte sowie für den Durchlauferhitzer freigegeben, dessen Wasser Ihnen nun entweder die Haut verbrüht oder Sie frösteln lässt. Die Feinabstimmung eines solchen Geräts verlangt einige Geschicklichkeit.

Ähnlich unerquicklich sind britische **Waschbecken;** es gibt links und rechts je einen Wasserhahn, aus denen rechts kaltes und links kochend heißes Wasser *(Caution: The hot water is very hot)* strömt. Hier verbrüht man sich nur allzu leicht die Finger.

☒ Wohnen in Fowey

Guest Houses und Private Hotels

Guest Houses oder Private Hotels bezeichnen eigentlich größere Bed & Breakfast-Unterkünfte, vergleichbar mit unseren Pensionen. Sie bieten den gleichen Standard wie die B & B, sind aber einige Pfund teurer.

Die Engländer, denen man ja nachsagt, dass ihr Home ihr Castle ist, lieben und mögen **prachtvolle Namen** für ihr Heim, und das zeigt sich auch in den Bezeichnungen für B & B und Guest Houses. Da werden Unterkünfte im *Orchard House*, im *Bay View Private Hotel*, im *Blue Lagoon Lodge House*, im *Dolphin & Anchor Guest House* oder im *White Cliff Lodge* angeboten.

Hotels

Hotels folgen dem Internationalen Sterne-Standard und beginnen preislich bei ca. 50 £ für das Einzelzimmer.

Ferienhäuser

Ferienhäuser *(Holiday Homes)* bieten sich für Familien mit kleinen Kindern an, Ähnliches gilt für Ferien im Farmhaus. Besonders interessant sind in diesem Zusammenhang die Häuser des *Landmark Trust* und des *National Trust;* beide Organisationen restaurieren alte **Cottages, Mühlen, Farmhäuser sowie Leuchttürme** und vermieten sie **als Fe-**

138co sb

rienwohnung. Urlaub im historischen Ambiente! Auskünfte und Kataloge sind zu beziehen bei **Landmark Trust,** Shottesbrooke, Maidenham, Berkshire, Tel. 01628-825925, www.landmarktrust.co.uk; **National Trust,** National Trust Holiday Contact Centre, PO Box 536, Melksham, Wiltshire SN12 8SX, Tel. 0044-1225-792274, www.nationaltrustcottages.co.uk.

Holiday Homes in ganz Cornwall haben die **Internetseiten** www.cornishtraditionalcottages.com und www.southwestholidaycottages.com imAngebot.

Jugendherbergen

Hat man einen **internationalen Jugendherbergsausweis** aus dem Heimatland, schläft man auch bei den englischen Youth Hostels zum günstigeren Tarif, sonst muss man eine Tagesmitgliedschaft (3 £) oder eine ein Jahr gültige Overseas-Membership (10 £) erwerben. Die Jahresmitgliedschaft bei den Jugendherbergsverbänden daheim kostet 12,50–21 Euro in Deutschland (www.jugendherberge.de), 15–25 Euro in Österreich (www.oejhv.or.at) und 22–33 SFr in der Schweiz (www.youthostel.ch). Tipp: Die Mitgliedschaft kann man auch als Familie beantragen! Die jeweiligen Übernachtungspreise richten sich nach der Saison und den Wochentagen. So kann eine Übernachtung unter der Woche 8 £, am Wochenende aber 20 £ kosten. Man sollte ein Bett in den Youth Hostels auch in der Vorsaison immer vorab buchen, telefonisch oder online unter www.yha.org.uk. Auf der Website sind sowohl die Verfügbarkeit als auch der jeweilige Preis abgebildet und es kann sofort per Kreditkarte gebucht werden.

Camping

Camping ist auch in Großbritannien sehr beliebt, davon zeugen die landschaftsverschandelnden **Caravan Sites,** deren zumeist fest installierte, nicht mobile, in vielen tief gestaffelten Reihen stehende Wohnwagen als billiges Landhaus oder Ferienwohnung dienen; solche Plätze sollten Sie möglichst meiden. Selbstverständlich gibt es durchaus eine ganze Reihe anheimelnde **Camping Sites,** von denen im praktischen Reiseteil im Anschluss an die Ortsbeschreibungen viele genannt sind. Mehr als 2900 detailliert beschriebene Plätze bietet die Internetseite www.ukparks.co.uk.

Zu allen oben genannten Unterkunftsmöglichkeiten finden Sie in den **lokalen Tourist Information Offices** dicke Adressenlisten; Informationen im Voraus gibt es auch auf der Website www.visitbritain.com.

Verkehrsmittel

Eisenbahn

Wer den Süden Großbritanniens mit der Bahn erkunden möchte, sollte sich schon vorab in der Heimat den **BritRail England Consecutive Pass** (2. Klasse) besorgen, mit einer Gültigkeitsdauer von 3 bis 15 Tagen oder der Möglichkeit, die Fahrzeiten über bis zu zwei Monate streuen zu können. Er kann bei *Visit Bri-*

tain direct (www.visitbritaindirect.com) im Internet bestellt werden. Der Pass für Erwachsene kostet beispielsweise für drei (Fahr-)Tage in zwei Monaten 145 £ oder wahlweise für 15 Tage in zwei Monaten 399 £.

Rund um die Gegend von London ist das **Bahnnetz** besonders dicht, da jeden Morgen Abertausende von Pendlern *(Commuters)* aus dem *Commuter Belt* rund um Britanniens Kapitale ihren Arbeitsplatz per Zug erreichen müssen. Dies ist das dicht gewobene *Network Southeast.* Je weiter man nach Westen kommt, umso grobmaschiger wird das Bahnnetz. **Informationen** zu Strecken, Fahrpreisen und Abfahrtszeiten der verschiedenen Bahngesellschaften findet man im Internet unter www.nationalrail.co.uk.

Bahnreisen sind meistens teurer als Busreisen. Ebenfalls sehr unerquicklich ist es, dass im Gegensatz zu unseren **Bahnhöfen** die britischen oft weit, manchmal etliche Kilometer, außerhalb der Ortszentren liegen und keine Schließfächer anbieten.

Busse

Die Alternative zur Bahn sind die Busse des **National Express** (www.nationalexpress.com). Von London aus wird das gesamte Land, somit auch der Süden, von den komfortablen weißen *Coaches* befahren. Während der Saison werden die größeren Seebäder sogar mehrfach am Tag angefahren. Wie bei der Bahn ist auch hier der **Tarifdschungel** der Sonder-, Wochenend-, Regional-, Kinder-, Jugend- und Seniorenpreise undurchdringlich dicht. Allemal verlässlich ist der **BritXPlorer,** der zwischen 7 und 28 Tagen innerhalb eines festen Zeitraumes gültig ist und das gesamte Busnetz umfasst. Den Pass gibt es in drei Ausführungen:

- **Hobo:** 7 Tage für 79 £.
- **Footloose:** 14 Tage für 139 £.
- **Rolling Stone:** 28 Tage für 219 £.

Mit dem BritXPlorer muss man den Sitz im Bus nicht im Voraus buchen, ist Platz im Bus, kann man einfach einsteigen.

139co sb

Für Familien, Senioren, Studenten und junge Leute bis zum Alter von 25 Jahren gibt es verschiedene **Discount Coach Cards,** die einen Preisnachlass von 20 bis 30 % gewähren.

Im Gegensatz zu den Bahnhöfen sind die **Busstationen** immer in den Zentren der Städte zu finden. Leider kann man weder auf Bahnhöfen noch an Busstationen Gepäck unterstellen. Schließfächer und **Gepäckaufbewahrungsschalter** gibt es aus Angst vor Bombenangriffen der IRA nicht. Dies ist auch der Grund, warum Sie ihr Gepäck nirgendwo auch nur kurz unbeaufsichtigt lassen sollten! In diesem Fall wird ein Sprengsatz vermutet und das Areal weiträumig abgesperrt.

Besondere Angebote

Es gibt einige günstige Angebote im Bereich der öffentlichen Verkehrsmittel, die den Einsatz des eigenen Fahrzeugs ersparen. So kann man beispielsweise mit dem **Ride Cornwall Ticket** der Bahnlinie First Great Western einen ganzen Tag für 10 £ (Kinder 7,50 £) die Bahnlinien Cornwalls nutzen (www.traveline.info).

Wer lieber mit dem **Bus** fährt und sich vielleicht die Landluft auf dem Oberdeck um die Nase wehen lassen will, der fährt mit dem **FirstDay Cornwall Ticket** für 7,40 £ (Kinder 5,20 £) und der Doppelstock-Linie 300 zu den Attraktionen Cornwalls (www.firstgroup.com).

Ebenfalls gibt es lokale Angebote, wie in der Region des Flusses Fal die **Fal Mussel Visitor Card.** Ab 6,40 £ kann man hier einen Tag lang sämtliche Verkehrsmittel in der Gegend um Truro, Falmouth, Roseland und Helford nutzen – inklusive Fähren (www.falriver.co.uk).

Wer **auf Schusters Rappen** unterwegs ist – beispielsweise auf dem South West Coast Path – kann sich sein Gepäck vom Anfangs- zum Zielort bringen lassen, ab 6,50 £ pro Gepäckstück (www.luggagetransfers.co.uk).

Versicherungen

Zum Thema Auslandskrankenversicherung, siehe Kapitel „Gesundheit“.

Ist man mit einem Fahrzeug unterwegs, ist der **Europaschutzbrief** eines Automobilclubs eine Überlegung wert. Wird man erst in der Notsituation Mitglied, gilt die Mitgliedschaft auch nur für dieses Land und man ist in der Regel verpflichtet, fast einen Jahresbeitrag zu zahlen, obwohl die Mitgliedschaft nur für einen Monat gültig ist.

Ob es sich lohnt, weitere Versicherungen abzuschließen wie eine Reiserücktrittsversicherung, Reisegepäckversicherung, Reisehaftpflichtversicherung oder Reiseunfallversicherung, ist individuell abzuklären. Gerade diese Versicherungen enthalten viele **Ausschlussklauseln,** so dass sie nicht immer Sinn machen.

> In Mevagissey

140co sb

Wandern

Die u.g. **Wanderungen Nummer 1 bis 5** werden in den jeweiligen Kapiteln detailliert beschrieben (siehe Verzeichnis der „Wanderungen" im Inhaltskapitel), inkl. Vorschlägen für zusätzliche Touren.

Wanderung 1 (S. 56)

Lizard Point, Kynance Cove und das Fischerörtchen Cadgwith

- **Länge:** 13 km, Rundwanderung
- **Dauer:** 4–5 Stunden
- **Karten:** Ordnance Survey-Karte Landranger 203 („Land's End", 1:50.000) oder Pathfinder 103 („The Lizard", 1:25.000)

Wanderung 2 (S. 89)

Lamorna Cove und die Merry Maidens

- **Länge:** 14 km, Kurzversion 8 km, Rundwanderung
- **Dauer:** 4 ½–5 Stunden
- **Karten:** Ordnance Survey-Karten Landranger 203 („Land's End", 1:50.000) oder Pathfinder 102 („Land's End", 1:25.000)

Wanderung 3 (S. 101)

Die Örtchen Porthcurno, Porthgwarra, das Minack Theatre und St. Levan's Church

- **Länge:** 6,5 km, Rundwanderung
- **Dauer:** 2 ½–3 Stunden
- **Karten:** Ordnance Survey-Karte Landranger 203 („Land's End", 1:50.000) oder Pathfinder 102 („Land's End", 1:25.000)

Wanderung 4 (S. 107)

Land's End von Sennen

- **Länge:** 8½ km, Rundwanderung
- **Dauer:** 2 ½–3 ½ Stunden
- **Karten:** Ordnance Survey-Karten Landranger 203 („Land's End", 1:50.000) oder Pathfinder 102 („Land's End", 1:25.000)

Wanderung 5 (S. 115)

Von Zennor auf dem Tinner's Way

- **Länge:** 14 km, Kurzversion 8 km, Rundwanderung
- **Dauer:** 4½–5 Stunden
- **Karten:** Ordnance Survey-Karten Landranger 203 („Land's End", 1:50.000) oder Pathfinder 102 („Land's End", 1:25.000)

The Saint's Way (S. 166)

- **Länge:** 45 km, Mehrtagesstreckenwanderung von Padstow nach Fowey
- **Karten:** Ordnance Survey Karte Landranger Map Nr. 200 („Newquay", 1:50.000) oder die beiden 1:25.000 Blätter der Pathfinder Serie Nr. 106 („Newquay/Padstow") und 107 („St. Austell")
- **Wanderbeschreibung:** The Saint's Way Guide; dies sind zwölf farbige, wetterfest laminierte Karten mit detaillierten Wegbeschreibungen und historischen Hintergrundinformationen sowie Unterkunfts- und Einkehrmöglichkeiten unterwegs.

St. Michael's Way (S. 76)

- **Länge:** 20 km, Streckenwanderung von St. Ives nach Marazion (St. Michael's Mount)
- **Dauer:** 8 Stunden
- **Karten:** Ordnance Survey-Karten Landranger 203 („Land's End", 1:50.000) oder Pathfinder 102 („Land's End", 1:25.000)

Darüber hinaus ist die gesamte cornische Küste durch den **South West Coast Path** erschlossen. Dieser Küstenwanderweg, der von Poole (Nachbarstadt von Bournemouth) in Dorset aus in Richtung Westen führt, trifft hinter Plymouth auf cornisches Gebiet. Er verläuft an der Südküste entlang über die Hafendörfer Looe, Polperro, Fowey, Mevagissey weiter über St. Mawes und Falmouth, knickt dann gen Süden zum Lizard Point ab, führt weiter bis Land's End und von dort weiter in Richtung Norden. Vorbei an St. Ives, Newquay, Padstow, Tintagel und Bude verlässt er cornisches Gebiet kurz hinter dem Weiler Morvenstow und endet nach sage und schreibe 630 Meilen beziehungeweise nach rund 1000 km im Örtchen Minehead der Grafschaft Somerset. Damit umschließt der Pfad auf einem Teilstück die gesamte cornische Küste. Der Weg ist natürlich auf voller Länge ausgeschildert, ein gelber Pfeil mit einer Eichel weist den Weg.

Informationen im Internet

- **www.swcp.org.uk,** Tel. 01752-896237. Der lokale Buchhandel hält Wanderführer über den South West Coast Path bereit.

Karten

Wer große Teilstücke oder den gesamten südwestlichen Pfad entlang der cornischen Küste erwandern möchte, benötigt die folgenden Karten:

- **Landranger Maps** (1:50.000), Nr. 201 („Plymouth & Looe"), 200 („Newquay & Bodmin"), 204

(„Truro, Falmouth & Roseland Peninsula"), 203 („Land's End"), 190 („Bude & Clovelly").

- **Pathfinder Maps** (1:25.000) Nr. 108 („Lower Tamar Valley & Plymouth"), 107 („St. Austell & Liskeard"), 105 („Falmouth & Mevagissey") 103 („The Lizard"), 102 („Land's End"), 104 („Redruth & St. Agnes"), 106 („Newquay & Padstow"), 111 („Bude, Boscastle & Tintagel"), 126 („Clovelly & Hartland").

Die *Ordnance Survey Landranger-Karten* im Maßstab 1:50.000 decken mit insgesamt 204 Blättern ganz Großbritannien ab. **Ordnance Survey** ist die **britische Vermessungsinstitution.** Die Karten für die o.g. Wanderungen (und natürlich alle anderen) kann man schon zu Hause im **Internet** bestellen: www.ordnancesurvey.co.uk/oswebsite.

Die ebenfalls über 200 Karten der **Pathfinder-Serie** haben den kleineren Maßstab 1:25.000 und decken fast ganz Großbritannien ab. Die *Pathfinder Maps* können ebenfalls im **Internet** bestellt werden unter: www.planningmaps.co.uk.

Selbstverständlich haben auch die örtlichen **Buchhandlungen** all diese Hilfsmittel im Angebot.

Kleines Wander-Glossar

- **Cairns:** kleine Steinpyramiden, die von anderen Wanderern zwecks Orientierungssicherheit aufgeschichtet worden sind.
- **Cattle Grid:** das „Rindernetz" besteht aus quer über den Weg oder die Straße gelegten Rohren mit großen Zwischenräumen; darunter befindet sich eine Grube. Das Vieh kann dieses Hindernis nicht überwinden, Autos, Traktoren und Wanderer haben da kein Problem.
- **Kissing Gate:** ein Schwingtor, das ebenfalls als Barriere für Vieh angebracht ist; das Tor pendelt zwischen zwei Pfosten innerhalb eines Halbkreises; man drückt das Tor nach vorne bis zum Pfosten, tritt in den Halbkreis hinein, schiebt das Tor zurück an den hinteren Pfosten und spaziert weiter.
- **Stiles:** „Treppenstufen", auf denen man gefahrlos und bequem Zäune oder Gatter überqueren kann.
- **Gelbe Pfeile** zeigen einen Fußweg (Public Footpath) an, **blaue Pfeile** weisen auf einen Reitweg (Bridle Way) hin und **rote Pfeile** markieren einen Seitenweg (By-Way). Vor allem die Reitwege sind für Wanderer dann unerfreulich, wenn es in den Tagen vor der Tour geregnet hat. Da durch die Pferdehufe die Grasnarbe völlig zerstört ist, können die Wege sehr schlammig sein.

Cornwall – Land der Heiligen | 250
Eine kleine Geschichte Cornwalls | 254

Land und Leute

< Surfer in Cornwall

Cornwall – Land der Heiligen

fotolia.com © Elena Moiseeva

Schon seit den frühen Tagen des viktorianischen Zeitalters hat Cornwall, die wie ein Finger in den Atlantik ragende, südwestlichste Spitze Englands, **Maler, Schriftsteller** und **Musiker** ebenso angezogen wie Pensionäre und Touristen. Dank des Golfstromes ist das Klima mild, die Region ist nicht gerade dicht besiedelt und die Landschaft wirkt so inspirierend, dass sich die Künstler ganz auf ihre Arbeit konzentrieren konnten und können. Wer vom hektischen Treiben in London die Nase voll hatte, der verbrachte seine Ferien in Cornwall, mietete sich ein Haus für länger oder kaufte sich hier gleich ein Refugium. St. Ives auf der Penwith-Halbinsel war für viele Menschen der Fluchtpunkt.

Cornwalls Grenze zum Nachbarcounty Devon markiert der River Tamar, der bei Plymouth in den Englischen, Kanal mündet. Hierher, in den äußersten Südwesten, zogen sich im 5. Jahrhundert die **Kelten** vor dem Ansturm der Angeln und Sachsen zurück, die das Machtvakuum ausfüllten, das die Römer mit ihrem Abzug hinterlassen hatten. In dieser Zeit sind die **Legenden** vom sagenhaften **König Artus und seiner Tafelrunde** angesiedelt. Anfang des 6. Jahrhunderts, so heißt es, schlugen die Kelten unter *Artus* die vordringenden Sachsen in der Schlacht von Mount Badon in Wessex. Nur wenige Jahre später wurden sie in dem Gemetzel von Camlann endgültig besiegt und *Artus* fand den Tod. Aber erst im 10. Jahrhundert wurde **Cornwall** vollständig von dem sächsischen König *Athelstan* seinem Reich **eingegliedert** und der letzte Herrscher der Halbinsel, *Howel,* musste die Lehnstreue schwören.

Cornwall hatte einst eine **gemeinsame Sprache** mit den **Walisern** und den Bewohnern der auf dem Kontinent liegenden **Bretagne.** Mit den dort siedelnden *Veneti* war Cornwall so lange verbündet, bis *Cäsar* 56 v. Chr. deren Flotte zerstörte. Ohne maritime Verbindung lösten sich die beiden Länder voneinander und das **Cornische** entstand als Dialekt aus der bretonischen Sprache. Mit dem Tod von *Dolly Pentreath,* die 1777 im Alter von angeblich 102 Jahren ver-

starb, hatte die letzte Cornisch sprechende Person das Zeitliche gesegnet und das Idiom geriet – anders als das Walisische – in Vergessenheit. Doch zeigt sich seit einigen Jahrzehnten, dass sich die Bewohner des südwestlichsten Zipfels Großbritanniens wieder auf ihre Herkunft besinnen. Allerorten stößt man auf **cornische Bezeichnungen.** Auch die gesprochene Sprache selbst erlebt eine Renaissance: 2005 wurde **Cornisch als Sprache offiziell anerkannt** und wird heute anscheinend von rund 2000–3000 Menschen gesprochen. Seit 2008 gibt es eine gemeinsame Grammatik. Im Januar 2010 eröffnete ein Kindergarten in Aylesbury, in dem einmal wöchentlich Cornisch unterrichtet wird.

Zu Zeiten der **Römer** war *Cornubia,* wie die Besatzer aus dem Süden das Land nannten, der westlichste Teil von *Dumnonia,* zu dem das heutige Devon und Teile von Somerset gehörten.

Cornwall ist reich an **Bodenschätzen,** schon seit frühester Zeit wurde Zinn abgebaut und die Bewohner der felsigen Halbinsel trieben **Handel mit** den Län-

Sonnenuhr auf dem St. Michael's Mount

dern des **Mittelmeerraumes.** Das geförderte Metall wurde von den Minen aus dem Landesinneren nach St. Michael's Mount gebracht und von dort auf den Kontinent verschifft. Mit den Kaufleuten kamen die **Missionare** und die heiligen Männer aus Irland und Wales, die an der cornischen Nordküste anlandeten, um dem gefahrvollen Seeweg rund um Land's End zu entgehen. Von dort wanderten sie quer über das Land in den Süden, bestiegen dort wieder einen Segler, landeten in der Bretagne an und reisten von dort aus weiter nach Santiago de Compostela. Der heutige Besucher kann auf ihren Spuren wandeln, denn der **Weg der Heiligen** – *The Saints Way* – ist von Padstow im Norden bis nach Fowey im Süden auf den 45 km gut ausgeschildert.

Legenden umrankten die Ankunft der ersten Missionare: *Kea* erreichte in einem Steintrog die cornische Küste, *Piran* nutze einen Mühlstein als maritimes Gefährt und der heilige *Patrick* paddelte auf seinem Altar über das Meer.

Auf der Halbinsel angekommen, fanden sie unzählige steinzeitliche Monumente, an denen die **keltischen Druiden** ihre Naturgeister angerufen hatten. Bizarr geformte Felsen dünkten wie Stein gewordene Gottheiten aus keltischen Tagen, heilige Quellen, Steinkreise und Steinsetzungen waren dicht über das ganze Land verteilt. Viele gibt es heute noch!

fotolia.com © Gerd Wolf

Cornwall, genauer gesagt das Duchy of Cornwall, gehört traditionell seit dem Jahr 1337 dem Prince of Wales, dem britischen Thronfolger. Damit bestreitet Prinz Charles seine Einkünfte, denn eine Apanage aus Steuergeldern fließt ihm im Gegensatz zu seiner Mutter, der Königin, nicht zu. Rund acht Millionen Pfund (12 Mio. €) spült das Herzogtum in guten Jahren in die prinzliche Schatulle. Die landwirtschaftlichen Nutzflächen des Herzogtums Cornwall, zu dem auch der kleine Archipel der Isles of Scilly gehört, umfassen 57.000 Hektar, die von ca. 200 Pächtern bestellt werden. Auf Anordnung des umweltbewussten Prinzen bewirtschaften alle das Land unter streng ökologischen Gesichtspunkten.

Dieses Buch gliedert sich in mehrere Kapitel. Zuerst werden die cornischen Orte an der **südenglischen Kanalküste** und im **Hinterland** behandelt. Dann folgt die Beschreibung der weitgehend einsamen **Lizard-Halbinsel,** die den südlichsten Punkt des Inselreiches markiert. Danach geht es auf die **Penwith-Peninsula,** das Herzstück Cornwalls und mit St. Ives der touristische Hauptort. Von Penzance auf der Penwith-Halbinsel kann man mit der Fähre täglich auf den kleinen Archipel der **Isles of Scilly** gelangen, von dem fünf Eilande bewohnt sind. Anschließend wenden wir uns der **nördlichen Küste** am St. Georgskanal zu, jener Wasserstraße zwischen Großbritannien und Irland. Zum Schluss erkunden wir das **Bodmin Moor,** das im geografischen Zentrum Cornwalls liegt.

< Keltisches Kreuz

Cornwall in Kürze

Bevölkerung	501.000
Größe	353.000 Hektar
Küstenlinie	697 km (längste Küstenlinie aller englischen Grafschaften)

Größte Städte nach Einwohnern

St. Austell	22.700 Ew.
Falmouth	21.600 Ew.
Penzance	20.300 Ew.
Newquay	19.600 Ew.
Truro	21.000 Ew.
Bodmin	12.800 Ew.
St. Ives	10.000 Ew.

Die Flagge von Cornwall verwendet die in der Form des englischen Georgskreuzes angeordneten Farben Schwarz und Weiß, die keltischen Nationalfarben.

Eine kleine Geschichte Cornwalls

Prähistorische Zeit

Während des **Neolithikums,** etwa im 4. Jahrtausend v. Chr., drangen im Zuge einer Völkerwanderung **Siedler** vom Kontinent in den Süden und Südwesten Großbritanniens ein und brachten recht fortgeschrittene häusliche und technische Fertigkeiten in den Landstrich. Sie beherrschten den Bootsbau und die Fischerei, rodeten Wälder und legten Felder an. Aus dieser Zeit datieren die *Quoits,* **Kammergräber** in der offenen Landschaft, die sich vor allem im Bodmin Moor und auf der Penwith-Halbinsel befanden. Auch die **Steinkreise** *(Stone Circles),* wie etwa die *Merry Maidens* bei Lamorna oder die *Hurlers* im Bodmin Moor, wurden im Übergang vom Neolithikum zur Bronzezeit angelegt.

Die **Bronzezeit,** etwa beginnend im 2. Jahrtausend v. Chr., bescherte Cornwall die *Beaker People,* Einwanderer, die ebenfalls vom Kontinent nach Südengland strömten und ihren Namen von den künstlerisch hoch entwickelten Tonbechern bekamen. Diese Volksgruppe begann auch mit der Herstellung von bronzenen und kupfernen Werkzeugen.

Um 500 v. Chr. wanderten die **Kelten** – ebenfalls wieder vom Kontinent – in das südliche England und eroberten die Region rasch mit ihren eisernen Waffen und Werkzeugen. Die neuen Herren teilten das Land in Territorien ein und erbauten befestigte Siedlungen. Archäologen vermuten, dass die **Bezeichnung Cornwall** auf das **keltische Cornovil** zurückgeht, was so viel wie „Cliff Castle" bedeutet.

Die Römer in England

Mit dem **Einmarsch der römischen Truppen** 43 n. Chr. beginnt die Geschichtsschreibung Englands. Die Römer gründeten befestigte **Stützpunkte,** einer der westlichsten war *Isca Dumnoniorum,* das heutige Exeter in Devon. **Keltische Stämme,** die nicht mit den Römern kooperierten, wurden weiter gen Westen verdrängt und die Garnison in Exeter hatte ein waches Auge auf diese Siedler. Doch mischten sich die neuen Herren nicht in die Angelegenheiten der alteingesessenen Bevölkerung ein, soweit diese sich friedlich und ruhig verhielt. Rund vier Jahrhunderte dauerte das Intermezzo der Römer, die im Jahr 410 ihre Legionen abzogen, um Rom vor den anstürmenden Vandalen unter *Alarich* zu schützen.

Dark Ages

In das Machtvakuum strömten sofort nach dem Abzug der Legionäre die **germanischen Angeln** und **Sachsen** ein und drängten die Kelten trotz Widerstandes nach Cornwall und Wales zurück. Dies ist die Zeit, in der die Legende um **König Artus** spielt, ein **Mythos,** der bis heute in Cornwall unvergessen ist.

Vom 6. bis zum 8. Jh. durchwanderten die christlichen Missionare und Heiligen, von Irland und Wales kommend, die cornische Halbinsel, um von der Südküste die gefahrvolle Reise in die Bretagne anzutreten. Noch heute kann der Urlauber in den Fußstapfen dieser **Pilger** von Padstow quer über das Land nach Fowey an die Südküste wandern und dem **Saint's Way** folgen (siehe Kapitel „Nordküste, Padstow).

Cornwall blieb noch für einige Zeit unabhängig, erst der sächsische König *Athelstan* nahm die Halbinsel um 926 vollständig ein. In der Folgezeit fielen immer wieder die **Wikinger** marodierend in England, Schottland und Wales ein, doch etablierten die Hörnerhelme keine dauerhafte Herrschaft. Da geschichtliche Chroniken seit dem Abzug der Römer rar waren, wird diese Ära auch **das dunkle Zeitalter** *(Dark Ages)* genannt.

Die normannische Zeit

1066 ging der Normanne **William the Conqueror** beim heutigen Hastings an Land und schlug wenige Tage später König *Harold* vernichtend. Schnell übernahmen die neuen Herren vom Kontinent die Macht im gesamten Land und schon zwei Jahre nach der Invasion stand auch Cornwall unter der Kontrolle der französischen Ritter. Eine der ersten normannischen Festungen entstand in Launceston, von wo aus die westliche Stiefelspitze unter Kontrolle gehalten wurde. William befahl die Erstellung des **Domesday Book,** das 1086 fertig gestellt war. Mit diesem umfassenden Katasterwerk hatte er nicht nur einen Überblick über die Reichtümer seines Landes, sondern auch die Grundlagen für Abgaben und Steuern geschaffen. Die Normannen waren es auch, die zwecks Kontrolle das Land in *Earldoms,* in Fürstentümer, einteilten, die von einem Earl verwaltet wurden.

Edward III. machte **Cornwall 1337** zu einem **Herzogtum** und übereignete es seinem ältesten Sohn, dem *Schwarzen Prinzen.* Seit jenen Tagen ist der jeweilige Thronfolger nicht nur der **Prince of Wales,** sondern auch **Herzog** *(Duke)* **von Cornwall.** Traditionell bezieht der älteste Sohn des Herrschers seine Einkünfte aus dem *Duchy of Cornwall,* heute gehört es *Prinz Charles.*

In jenen frühen Tagen kam Cornwall nicht nur durch einen intensiven **Wollhandel,** sondern vor allem durch den **Abbau von Zinn** zu Wohlstand und Reichtum. Cornwall war für die folgenden Jahrhunderte Europas wichtigster Lieferant für Zinn. Cornische Städte wie Helston, Lostwithiel, Truro und Liskeard entwickelten sich zu den so genannten *Stannary Towns,* zu **Zentren des Metallhandels.** Zweimal im Jahr reisten Vertreter der Londoner Autoritäten in die cornischen Minenstädte, prüften die Zinnbarren und versahen sie mit ihrem Siegel (*Coigning,* daraus entstand das englische Wort „coin", für Münze).

Neben der Landwirtschaft, dem Wollhandel und dem Zinnabbau war die **Fischerei** die nächstwichtige Einnahmequelle. Aus diesen Zeiten datieren die Fischerdörfer an der cornischen Südküste wie etwa Polperro oder Mevagissy. Als **1272 Zölle** auf ausländische Güter eingeführt wurden, begannen die Fischer mit einem lukrativen **Schmuggel** die staatlichen Verordnungen zu unterlaufen – eine Praxis, die bis in unsere Tage lebendig blieb.

15./16. Jahrhundert

Relativ friedlich ging es im späten Mittelalter in Cornwall zu und in einer solchen kriegsfernen Ära prosperierte die Wirtschaft. Doch mit Beginn des 15. Jh. waren diese sicheren Zeiten vorbei und auch Cornwall wurde in die **nationalen Auseinandersetzungen** verwickelt. Gegen den neuen, zentralistisch ausgerichteten Tudor-Staat von *Heinrich VII.* gingen 1497 der Rechtsanwalt *Thomas Flamank* aus Bodmin und der Schmied *Michael Joseph* von der Lizard-Halbinsel auf die Barrikaden und marschierten mit **15.000 Cornishmen** gegen London. Grund für den **gewaltsamen Protest** waren natürlich höhere Steuern. Die Aufrührer kamen London gefährlich nahe; bei Blackheath, gerade einmal 10 km von der Hauptstadt entfernt, machte *Heinrichs* disziplinierte Armee dem Spuk ein Ende. Die Anführer wurden hingerichtet, und in der Bevölkerung Cornwalls gärte es. Einen neuen Hoffnungsträger fanden die Cornishmen schon drei Monate später in *Perkin Warbeck.* Der war mit einem Segler in St. Ives vor Anker gegangen und behauptete *Richard, Duke of York* zu sein.

Besagter *Richard,* zweiter Sohn von *Eduard IV.,* und sein älterer Bruder und Thronfolger *Eduard,* waren 1483 von *Richard III.* im Londoner Tower ermordet worden. *Perkin* behauptete, dem Mordkomplott entkommen zu sein, und der lokale cornische Kleinadel sagte ihm als vermeintlichem Thronfolger Unterstützung zu. Im September 1497 überquerte sein Heer den River Tamar, vermochte aber nicht Exeter einzunehmen und wurde schließlich von den königlichen Truppen aufgerieben.

1549 ging es erneut zur Sache. Mit dem *Act of Uniformity* wurde das **Book of Common Prayer** eingeführt, das vorsah, die heilige Messe nicht mehr in Latein, sondern in englischer Sprache zu lesen. Dagegen wandten sich vehement die Cornisch sprechenden Bewohner der westlichen Stiefelspitze in der **Prayer Book Rebellion.** Die Armee unter der Führung von *Lord Russel* machte der Erhebung ein blutiges Ende.

Mit Englands maritimem Aufstieg wurden auch die beiden *West Countries,* Devon und Cornwall, mächtig aufgewertet. **Sir Francis Drake** (um 1540–1596) kaperte nicht nur spanische Schiffe, sondern umsegelte von 1577 bis 1580 als erster Engländer die Welt. **Sir Walter Raleigh** (1552–1618) brachte uns von seinen Fahrten nicht nur die Kartoffel und den Tabak mit, sondern wurde von *Elisabeth I.* auch als **Statthalter von Cornwall** eingesetzt und residierte in Padstow. Raleighs Cousin, *Sir Richard Grenville* (1542–1591), kommandierte jene Flotte, die englische Kolonisten 1585 nach North Carolina brachte. *Grenville* fand den Tod auf seinem Flaggschiff *Revenge,* nachdem sich seine Crew vor den Azoren ein Seegefecht mit den überlegenen Spaniern geliefert hatte.

In diese Periode fiel auch das **Küstenverteidigungsprogramm** gegen potentielle Invasionen der Franzosen und der Spanier. Überall in Cornwall entstanden Befestigungen, so in Fowey, St. Mawes, Falmouth und auf St. Mary's/Isles of Scilly. Mit ihren erfolgreichen Kaperfahrten gegen iberische Schiffe hatten die englischen Seehelden den **spanischen König** bis aufs Blut gereizt und *Philipp II.* **richtete eine Flotte aus,** die die Welt bis dahin noch nicht gesehen hatte. 1588 segelten 130 Schiffe mit 8500 Matrosen und knapp 20.000 Soldaten auf die britische Insel zu. Vom cornischen Lizard Point aus, dem südlichsten Punkt des Reiches, sahen die Engländer erstmals die gewaltige Streitmacht.

Der Bürgerkrieg

Der Machtkampf zwischen Parlament und König entzweite England. 1642 war die königliche Münze nach Truro verlegt worden, und **Cornwall** sah sich **im Zentrum des Bürgerkrieges** zwischen den Anhängern des Monarchen und den Un-

◁ St. Akeveranus in St Keverne, Lizard Peninsula

terstützern des Parlamentes. Mehrere Schlachten wurden vom royalen Heer auf cornischen Boden geschlagen und gewonnen, so bei Braddock Down und Stratton, kurze Zeit später schlugen die Truppen von *Karl I.* die Truppen unter dem Befehl des *Earl of Essex* in Lostwithiel. Doch als 1645 die so genannte *New Model Army* unter dem Kommando von *Thomas Fairfax* in Cornwall einfiel, mussten sich am 12. März die Royalisten bei Tressillian nahe Truro geschlagen geben. Nur die Garnisonen von *Pendennis Castle* in Falmouth und St. Michael's Mount hielten noch bis ins kommende Jahr durch. Die Kämpfe brachten Hungersnöte und weit reichende Zerstörungen mit sich, wie immer litt die Zivilbevölkerung am meisten.

18./19. Jahrhundert

Mit der Einführung der **Dampfmaschine** 1716 konnten die cornischen Zinnminen noch intensiver ausgebeutet werden als vorher. Hinzu kam die Erfindung von *Thomas Newcomen of Dartmouth* (1663–1729), dessen Dampfmaschine dazu eingesetzt werden konnte, Grundwasser aus den Minen zu pumpen. Der cornische Wissenschaftler *Humphry Davy* (1778–1829) aus Penzance konstruierte eine Grubenlampe, deren Feuerschein keine schlagenden Wetter mehr auslöste. Und *Richard Trevissick* (1771–1833) schließlich baute eine dampfgetriebene Lore für den Untertageabbau. Die **technischen** und **wissenschaftlichen Erkenntnisse** fanden jedoch keine Resonanz im sozialen Leben. Die Alltags- und Arbeitsbedingungen in den Minen waren menschenverachtend, und die Familien der Kumpel litten bittere Not. Um 1840 erreichte die Förderung von Zinn und Kupfer ihren Höhepunkt in der Region um Redruth und Camborne, doch kurz darauf kollabierte der Abbau. Billiger und einfacher zu erschließende Metalllager waren in Ostafrika und in Malaysia gefunden worden, die Gruben in Cornwall schlossen eine nach der anderen, und den Arbeitern und ihren Familien blieb nichts anderes als die **Auswanderung** – hauptsächlich in die **USA** und nach **Australien.**

Der **Schieferbruch** und der **Abbau von Kaolin** *(China Clay)* hingegen gingen weiter, wenngleich hier bei weitem nicht so viel Menschen Arbeit fanden wie bei der Zinn- und Kupferschürfung. Die Porzellanerde *(Kaolin)* war um die Mitte des 18. Jh. von *William Cookworthy* (1705–1780) zuerst in der Region um Helston entdeckt worden, weitere ergiebige Lagerstätten fanden sich dann rund um St. Austell.

Mit Beginn der **Napoleonischen Kriege** (1803–1815) konnten die begüterten jungen britischen Adligen den antiken Spuren ihrer Kavalierstour *(Grand Tour)* nicht mehr folgen und mussten Ausweichquartiere im eigenen Land suchen. Die südwestliche Küste des eigenen Landes mit ihrem milden Klima wurde nun anstelle von Italien oder Griechenland das bevorzugte Ziel jener **blaublütigen Touristen,** und als in der zweiten Hälfte des 19. Jahrhunderts die Eisenbahn den westlichen Zipfel des Inselreiches erschloss, gab es auch für die Normalsterblichen kein Halten mehr. Der **Massentourismus** war erfunden worden und wie keine andere Region Großbritanniens profitierte Cornwall davon.

20. Jahrhundert

Maler und Schriftsteller, Musiker und Pensionäre zogen im viktorianischen Zeitalter von London aus in die ländliche, von Meer und Klippen geprägte Szenerie Cornwalls, ließen sich dort zum Arbeiten nieder oder mieteten zumindest über den Sommer ein Häuschen, um sich **von der Landschaft inspirieren** zu lassen. Darunter fanden sich so illustre Namen wie *Virginia Woolf, D. H. Lawrence, Daphne du Maurier, Agatha Christie, Barbara Hepworth, Naum Gabo* und viele andere **Romanciers und Künstler.**

Der **Erste Weltkrieg** brachte verhältnismäßig wenig Aufregung nach Cornwall, wenngleich viele männliche Bewohner nicht mehr in ihre Heimat zurückkehrten. Im **Zweiten Weltkrieg** genossen die Einwohner Cornwalls weitgehende Ruhe vor den Bombenangriffen der Deutschen. Viele Kinder wurden aus den gefährdeten Regionen rund um London, von den Häfen an der Südküste und den Industriestädten in Mittelengland in den westlichen Zipfel des Inselreiches evakuiert.

Die Schließung der meisten Eisenbahnverbindungen nach Cornwall in den 1960er Jahren des vergangenen Jahrhunderts zeigte keine Auswirkungen auf die **Infrastruktur,** da mit wachsender Motorisierung Autobahn- und Straßenbau kulminierten und der Südwesten nach wie vor gut an die Zentren des Landes angebunden ist.

Seit der EU-Mitgliedschaft **Großbritanniens** hat der industriell strukturschwache Südwesten stark von den Geldern aus Brüssel profitiert und sich als **Fremdenverkehrsregion** sowohl für inals auch für ausländische Touristen einen Namen geschaffen. Die ehemaligen Haupterwerbsquellen wie Fischerei und Landwirtschaft sind durch die jahrhundertelange Überfischung der Küstengewässer und durch die Reglementierung der EU weitgehend obsolet geworden.

Mit der Eröffnung einer Dependance der **Tate Gallery** in St. Ives 1993, dem ambitionierten **Eden Project** bei St. Austell 2001 und der Einweihung des **National Maritime Museum** von Falmouth 2002 wurden drei Großprojekte in Cornwall realisiert, die einen steten Zustrom von Besuchern garantieren und den südwestlichen Zipfel des Inselreiches für ausländische Besucher mehr als attraktiv machen.

Die **Finanz- und Wirtschaftskrise 2008/2009** allerdings beendete Großbritanniens längste Wachstumsphase der Nachkriegszeit seit 1992 und traf das Land derart schwer, dass sich die Bank von England gezwungen sah, den Leitzins auf 1 % zu senken – ein Wert, den die Briten zuletzt im Jahr 1694 gesehen hatten. Es folgte ein Minus im Bruttoinlandsprodukt (BIP) in Höhe von 4,9 %. 2010/2011 war die Tendenz aufsteigend mit einem Plus von 2,1 bzw. 0,7 %. Im ersten Halbjahr 2012 allerdings musste wieder ein Rückschlag verkraftet werden, das BIP sank gegenüber dem Vorquartal um 0,2 %. Viel staatlich gesteuertes Geld floss in der Zeit in Wohnungsbau und Verkehrsinfrastruktur, besonders in Hinblick auf die Olympischen Sommerspiele 2012 in London. Gleichzeitig verkündete das 2010 gebildete Koalitionskabinett unter dem konservativen Premierminister David Cameron ein rigoroses Sparprogramm zur Sanierung des Staatshaushalts bis 2015.

Sir Francis Drake und die Spanische Armada

Wann genau Francis Drake nahe des Örtchens Tavistock in Devon das Licht der Welt erblickte, wissen wir nicht, unterschiedliche Quellen datieren seine Geburt auf die Jahre 1540, 1543 und 1545.

Klein Francis war freibäuerlicher Herkunft und wurde im frommen, protestantischen Sinne erzogen. Unter dem Sklavenkapitän John Hawkins, mit dem seine Familie entfernt verwandt war, lernte er den Seefahrerberuf, und zeichnete sich bereits mit Anfang 20 als Kapitän der Judith im Golf von Mexiko gegen die Spanier aus.

1572 plünderte Drake alleine und in einem Anfall von Tollkühnheit die spanische Karibikniederlassung Nombre de Dios, segelte durch den Isthmus von Panama und fügte der spanischen Flotte schwere Schäden zu. Sein größter Erfolg war die Kaperung einer spanischen Galeone, die Silber im Wert von 40.000 Pfund an Bord hatte.

Am 13. Dezember 1577 stach Francis Drake mit finanzieller Unterstützung durch Elisabeth I. mit seiner Golden Hind und vier weiteren Schiffen in See und umsegelte als erster Engländer die Welt. Während seiner Fahrt brachte er eine Anzahl spanischer Schiffe auf und kehrte 1580 mit reicher Beute wieder nach England zurück. Nicht nur Gold und Silber, sondern auch Tabak und Kartoffeln füllten den Laderaum, sodass die Golden Hind tief im Wasser lag, als der umjubelte Kapitän mit seiner kleinen Flotte im Hafen von Plymouth einlief. Auf Anweisung von Elisabeth sollte sein Schiff als nationales Denkmal erhalten bleiben, und für seine mutigen Taten adelte die Königin den tapferen Seebär.

1585 leistete sich Drake ein weiteres „Bravourstück": In der Karibik bekämpfte er erneut die Spanier, enterte ihre Schiffe und eroberte Santiago, Cartagena, San Domingo und St. Augustin.

Der spanische König schäumte vor Wut, war gereizt wie ein wütender Stier und befahl die Aufstellung der Armada, um England in die Knie zu zwingen. Ein solch gewaltiges Vorhaben konnte jedoch nicht lange geheim bleiben, und am 19. April 1587 drang Drake mit 30 Schiffen in den Hafen von Cadiz ein. Hier lag ein großer Teil der bereits fertig gestellten Armada vor Anker, und Drake schoss die Schiffe in Brand und ver-

016Aco

senkte sie. Nach seinen eigenen Worten „versengte er dem König von Spanien damit den Bart", als er über 1000 t Schiffsraum zu den Fischen schickte.

Ein Jahr später segelte die gewaltige spanische Armada auf England zu, und unter dem Kommando von Lord Howard trat Drake als Vize-Admiral in die Seeschlacht ein. Hören wir, was der amerikanische Historiker Garret Mattingly über die Armada schreibt:

„In die blendende Sonne blinzelnd, vermochten Howards Beobachtungsposten gerade die lange Linie der spanischen Flotte zu erkennen, eine schwimmende Wand, schwarz und bedrohlich, und gekrönt von einer Unmasse von Türmen. Sie zu zählen oder einzelne Schiffe zu unterscheiden, war unmöglich, aber die Herren, die in die Wanten aufenterten, konnten sich sagen, daß seit Anbeginn der Welt, kein Auge ein solches Aufgebot feindlicher Kriegsschiffe erblickt habe. Morgen würden sie wissen, wie es um ihre Kampfesstärke bestellt war. (...) Als sie so ihre bevorzugten Formationen aufbauten, die Spanier ihren merkwürdigen Halbmond, die Engländer ihre einfache, vielleicht auch doppelte Schlachtlinie, betrachteten beide Gegner einander ausgiebig, und keinem gefiel des anderen Anblick sonderlich. Wenn die Engländer über den Umfang der Armada und über ihre dräuende Schlachtordnung staunten, so waren die Spanier, die nur allzu gut wußten, wie viele ihrer eigenen Schiffe sich in der Schlacht als nutzlos erweisen würden, nicht nur über die Geschwindigkeit und Wendigkeit des Feindes, sondern auch über seine zahlenmäßige Stärke, Ausdehnung und anscheinende Schlagkraft seiner ersten Schlachtenreihe verwundert. Als sie an jenem Morgen einander gegenüberstanden, müssen die gegnerischen Admiräle sich mit einer gewissen Benommenheit gefragt haben, was der andere wohl zuerst tun würde. Grund

[<] Das Triumvirat englischer Seefahrer, die den Spaniern ein ständiges Ärgernis waren: Sir John Hawkins, Sir Francis Drake und Sir Thomas Cavendish

zur Ungewißheit gab es genug. Flotten wie diese waren eine Neuigkeit auf der Welt. Niemand hatte bisher zwei derartige Seestreitkräfte im Kampf gesehen. (...) An jenem Morgen auf der Reede von Eddystone wußte kein in beiden Flotten segelnder Seemann, wie eine „moderne" Seeschlacht ausgekämpft werden müsse. Niemand auf der Welt wußte es."

Während es früher so war, dass die Schiffe sich mit ihren Bugspießen zu rammen versuchten, wobei dann die Mannschaften auf das feindliche Deck enterten und der Kampf Mann gegen Mann losbrach, ließ sich dies nun aufgrund der gewaltigen Menge an Schiffen nicht bewerkstelligen. Es galt nun nicht mehr der Kampf Schiff gegen Schiff, sondern Flottenverband gegen Flottenverband. Die Zeit der Breitseiten war gekommen.

Um 9 Uhr morgens am 31. Juli 1588 griff Lord-Admiral Howard auf seinem Flaggschiff Ark Royal die nördliche Spitze des spanischen Halbmonds an, an der die Rata Coronada segelte. Beide wechselten einige Breitseiten, kamen sich jedoch aufgrund der Windverhältnisse nicht nah genug, und niemand wurde verletzt.

Zur gleichen Zeit griffen auf der anderen Seite des Horns die drei Devon Sea Captains – Drake auf der Revenge, sein einstiger Lehrer John Hawkins auf der Victory und Martin Frobisher auf der Triumph – die San Juan de Portugal mit ihren Begleitschiffen an. Aber auch hier gelang kein wesentlicher Erfolg; die Engländer hatten nichts zu beklagen und trotz heftigem Beschuss beliefen sich die Schäden auf der San Juan auf zwei Treffer im Vormast und auf einige weggeschossene Wanten und Stege.

Paradoxerweise traten bei den Spaniern nach dem Gefecht die Verluste ein. Als die halbmondförmige Schlachtenreihe neu gebildet wurde, stieß das Flaggschiff des andalusischen Geschwaders, die Nuestro Señora del Rosario, mit einem anderen Segler zusammen und wurde manövrierunfähig; kurz darauf explodierte die Pulverkammer der San Salvador. Während die Spanier Rettungsmaßnahmen einleiteten und dann in Formation weitersegelten, hielten die englischen Kapitäne auf dem Flaggschiff ihren Kriegsrat.

Francis Drake sollte in der kommenden Nacht die Verbindung zur Armada halten, während sich die englische Flotte an seiner Heckleuchte orientieren konnte – und so segelte man in die Nacht hinein!

Erster Segler hinter Drakes Revenge war Lord Howards Flaggschiff Ark Royal; dessen Ausguck verlor in der dunklen und wolkigen Nacht die Laterne aus den Augen, und rasch wurde der Admiral geweckt. Als er an Deck kam, erblickten alle mit großer Erleichterung die Leuchte wieder, doch jetzt in sehr viel weiterer Entfernung – bald würde sie nicht mehr zu sehen sein. Also ließ der Admiral mehr Segel setzen und jagte mit seinen zwei Begleitschiffen Bear und Mary Rose dem schwindenden Lichtfleck nach, dem er im Laufe der Stunden auch näher kam. Als dann die Morgendämmerung am Horizont emporkroch, sahen die Seeleute zu ihrem Entsetzen, dass sie der Hecklaterne des gegnerischen Flaggschiffes gefolgt waren und so weit aufgeschlossen hatten, dass sie inmitten des spanischen Halbmonds segelten. Von Drake fand sich weit und breit keine Spur, und von der englischen Flotte sah man nur einige Mastspitzen in weiter Ferne über die Erdkrümmung ragen. Howard bellte seine Befehle, die verschreckten Matrosen wurden vor Angst doppelt so flott, und die drei Schiffe wendeten und gaben Fersengeld. Die spanische Chronik berichtet, dass ein gewisser Hugo de Moncado, Befehlshaber über vier Galeassen, den Kommandeur der Armada, Herzog Medina Sidonia bat, die drei englischen Schiffe, von denen die Ark Royal als Flaggschiff mit Sicherheit erkannt worden war, verfolgen zu dürfen. Doch Medina Sidonia lehnte aus bis heute unbekannten Gründen ab und beging damit den kapitalsten Fehler in seiner maritimen

Laufbahn. Denn die vier Galeassen hätten direkt an den Wind gehen können, sie vermochten auf einer Strecke von etlichen Meilen eine große Geschwindigkeit zu entfalten. Ohne Probleme hätten sie die drei in die Falle getorkelten englischen Segler einholen und so lange in Scharmützel verstricken können, bis die spanischen Galeonen herangekommen wären. Lord-Admiral Howard als Gefangener der Spanier hätte eine mächtige demoralisierende Wirkung gehabt; abgesehen davon, dass drei der kampfstärksten Schiffe der Engländer zu Klump geschossen worden wären. Das England jener Tage schrappte nur Millimeter an einer Katastrophe vorbei – und das, weil Sir Francis Drake seinen persönlichen Reichtum mehren und seiner Eitelkeit genüge verschaffen wollte. Was war in der Nacht geschehen, als Drake die Flotte führen sollte?

Am Nachmittag, als Howard und seine drei Schiffe wieder in der Sicherheit der umgebenden Flotte waren, erzählte ihm Drake mit vollem Ernst und bedeutungsschwangerem Gesicht die folgende Geschichte: Am späten Abend habe er seewärts schattenhafte Umrisse gesehen und befürchtet, dass die Spanier im Schutze der Nacht auf die Luvseite wechseln wollten. Also setzte Drake zusammen mit dem Kaperschiff Roebock unter Kapitän Whiddon den Schemen nach und löschte das Hecklicht, um die Flotte nicht in die Irre zu führen. Als er seine vermeintlichen Spanier erreichte, musste Drake feststellen, dass er friedlichen deutschen Handelsschiffern aufgesessen war. Also ließ er wenden und da lag doch tatsächlich im Lichte der aufgehenden Sonne, mitten in seinem Kurs und nur eine Kabellänge entfernt – ja, man glaubt es kaum – die manövrierunfähige Nuestra Señora del Rosario leise plätschernd im leichten Wellengang. Don Pedro, Befehlshaber des Wracks, machte keine Anstalten sich und seine Männer zu ergeben, doch als er hörte, wen er vor sich hatte, befand er, dass es keine Schande sei, sich auf einem manövrierunfähigen Segler einem Sir Francis Drake zu ergeben. Also griff sich Drake die fette Prise, schickte die Roebock unter Whiddon mit der Nuestra Señora del Rosario in die Sicherheit der Tor Bay, nahm Don Pedro an Bord seiner Revenge und stellte ihn Lord Howard vor.

Eine unglaubliche Geschichte von unglaublicher Leichtsinnigkeit – doch niemand hat Drake einen Vorwurf gemacht – und dass, obwohl nur wenig an seiner Erzählung stimmen konnte. Niemand sonst sah die seltsamen deutschen Handelsschiffe. Selbst wenn es sie gegeben hat und man Drakes Verfolgung entschuldigen konnte, so bleibt unentschuldbar, dass er nicht Howard informierte, damit dieser mit seinem Hecklicht die Flotte führte.

Doch niemand meldete Proteste bei Drake an, auch wenn Howard wohl kaum glaubte, dass Drake per Zufall auf die spanische Prise stieß. Schließlich war der Seebär mit allen Wassern aus sieben Weltmeeren gewaschen und galt als besonders durchtrieben im Auffinden fetter Beute – und das war die Nuestra Señora del Rosario allemal, denn am Ende der Schlacht war sie der reichste Fund des gesamten Seekriegs. Einige Jahrzehnte später, als die Seedisziplin der Royal Navy angezogen wurde, hätte Drakes Verhalten einen Kriegsgerichtsprozess provoziert, der mit seiner Verurteilung geendet hätte; doch in der zweiten Hälfte des 16. Jh. beneidete jeder Drake für sein Glück, er sackte ein fettes Prisengeld ein und sein Ruhm mehrte sich.

Doch kehren wir zur Armada zurück. Einen Tag, nachdem Drake den spanischen Segler aufgebracht hatte, lag die Armada dicht vor der Küste, und Howard wollte sie von der Seeseite her an der Flanke angreifen. Es entspann sich ein heftiges Gefecht, Engländer wie Spanier feuerten aus allen Rohren Breitseiten. Kein Matrose hatte je etwas Ähnliches erlebt, und die Befehlshaber der einzelnen Verbände wussten eigentlich gar nicht so recht, was genau sie tun sollten – niemand hatte je einen solchen Seekrieg mit kanonenbestückten Schiffen geführt. Da es weder Strategie noch Taktik für eine solche Schlacht gab, wundert es uns heute nicht, dass von einem Kapitän die Worte überliefert sind, dass die Schlacht „ziemlich verwirrt geleitet wurde".

Wie hilflos die obersten Kriegslenker waren und wie sehr sie an den alten Manövern festhielten, macht das folgende Beispiel deutlich: Die San Martin, eines der großen Flaggschiffe, musste für einige Zeit den Gegner binden, und als die Ark Royal sie passierte, ließ der spanische Kapitän die Toppsegel streichen, ging aus dem Wind und gab Howard die Möglichkeit, den Segler zu rammen und zu entern. So war die bisherige Technik, entern und dann Mann gegen Mann. Doch Howard hatte begriffen, dass diese Zeiten ein für allemal vorbei waren, rauschte an der San Martin vorbei und verpasste ihr eine gehörige Breitseite, so taten es auch die beiden nachfolgenden Galeonen. Die drei Engländer wendeten behände, segelten zurück und jagten wiederum drei Breitseiten in die San Martin, das wiederholten sie noch einmal, dann lag der spanische Segler wieder im Wind. Auch sein Kapitän hatte nun verstanden, dass im Geentertwerden nicht mehr der Sieg zu finden war, und feuerte aus allen Rohren zurück.

Dennoch, keine Seite konnte Erfolge verbuchen. Die Engländer benötigten dringend neue Munition und Pulver, und auch bei den Spaniern wurden die Kugeln knapper. Weiterhin hielten die Spanier ihre behäbige halbmondförmige Schlachtenreihe bei – unter seglerischen Gesichtspunkten ein Glanzstück –, welche die schnelleren und wendigeren, dafür leichteren, englischen Segler nicht auseinander bringen konnte. So fuhren die Flotten weiter entlang der Südküste gen Osten. Bei Sonnenaufgang am 3. August, es war der vierte Schlachtentag, bemerkten die Engländer eine große spanische Galeone, die von der seewärtigen Spitze des Halbmonds weit zurückgefallen war. Alle setzten mehr Segel, gingen hart an den Wind und versuchten die langsame Gran Grifon zu erreichen, deren Besatzung nun Angst bekam und ebenfalls alles Tuch takelte. Drake war mit seiner Revenge als Erster bei ihr, verpasste ihr eine Breitseite, wendete, schoss erneut aus allen Rohren, und ging dann in einer halben Musketenschusslänge hinter ihrem Heck hervor und schickte einen dritten Kugelhagel auf den Spanier. Nun waren weitere englische Schiffe aufgeschlossen, jagten ihre Breitseiten herüber, aber niemand machte Anstalten, die Gran Grifon zu entern, die sich mit ihren 38 Kanonen grimmig verteidigte. In dem Eifer des Gefechts hatte niemand so recht bemerkt, dass der spanische Großsegler jetzt wieder seinen Verband erreicht hatte. Nun war plötzlich die gesamte rechte Flanke der Spanier in die Schlacht eingetreten, und ohrenbetäubend war der Lärm der Kanonade. Drake, der unermüdlich auf die Gran Grifon eindrosch, hatte sie endlich manövrierunfähig geschossen, und so musste Medina Sidonia seine Vorhut nach achtern auf die Flanke kommen lassen, um den Engländern stärkere Kräfte entgegenzustellen. Das Manöver gelang, die Angreifer mussten sich zurückziehen, und der schwer angeschlagene Großsegler konnte an den Haken genommen werden.

Howard sah mittlerweile ein, dass er den Spaniern mit der bisherigen Taktik kaum etwas anhaben konnte, und so teilte er seine Streitmacht, etwa 100 Schiffe, in vier gleich große, einzeln agierende Flottenverbände, die von ihm, Drake, Frobisher und Hawkins befehligt wurden. Damit gelang es am folgenden Tag die Armada in vier verschiedene Gefechte zu vertiefen, so dass Medina Sidonia vier Stellen gleichzeitig überblicken musste und natürlich die vierfachen Entscheidungen zu treffen hatte. Abgelenkt durch das Schlachtengetümmel, entging den Spaniern lange Zeit, dass sie auf ausgedehnte Untiefen zutrieben. In allerletzter Sekunde erkannte ein spanischer Lotse die Gefahr, und die Armada drehte nach Süden ab. Nur Minuten, und die

Engländer hätten den Sieg in der Tasche gehabt. So aber blieb alles beim Alten und die Armada erreichte Calais, wo sie vor Anker ging, um sich mit den in Holland und Belgien stationierten spanischen Landtruppen zu koordinieren.

Die Engländer wussten, dass Gefahr im Verzug war, und hatten schnell die rettende Idee, um die ankernde Flotte anzugreifen: Brander! Acht Schiffe wurden entladen und dann mit schnell brennbarem Material gefüllt, die Kanonen erhielten eine doppelte Ladung Pulver und Kugeln, der Wind war günstig und die voll getakelten brennenden Geisterschiffe, immer zwei nebeneinander, stoben auf die Armada zu. Medina Sidonia ließ schnell Pinassen ausschwärmen, um die fliegenden Holländer vom Kurs abzubringen. Das gelang bei den ersten beiden, doch als die zweite Reihe herankam, explodierten die Kanonen und die Mannschaften auf den Pinassen brachten sich in Sicherheit. Ungehindert rauschten die Brander auf die Armada zu. Hier brach nun Panik aus, niemand folgte mehr den vernünftigen Befehlen von Medina Sidonia. Die spanischen Schiffe gingen an den Wind und strebten in alle Richtungen auseinander, liefen auf Sandbänke und strandeten an Felsen – die Ordnung war gebrochen.

Am nächsten Morgen ging Howard zum Kampf über, fand zu seiner Freude jedoch nur einige Schiffe vor, auf die er Breitseiten niederprasseln ließ. Im Verlauf des Tages kamen weitere spanische Segler in den engen Kanal zurück und wurden von den Engländern mit weiteren Breitseiten empfangen. Den Spaniern ging die Munition aus, während die Verteidiger von Land aus mit Nachschub versorgt wurden. Mitten in die Kämpfe sauste nun ein Sturm mit wolkenbruchartigen Regenfällen hinein, und schwer angeschlagen, mit Tausenden von Toten und Verwundeten, ohne Munition, mit lecken Schiffen, zerstörten Aufbauten, wenig Lebensmitteln und fauligem Trinkwasser entkamen die Reste der einst so stolzen Armada.

Wie ging es weiter mit Sir Francis Drake? Nachdem sich der erst einmal ausgiebig in seinem Ruhm gesonnt hatte, unternahm er weitere Kaperfahrten und machte sich zusammen mit John Hawkins wieder in die Karibik auf, um spanische Stützpunkte zu überfallen und den Spaniern das Gold und Silber abzujagen. Die beiden fähigen Kapitäne behinderten sich jedoch gegenseitig und das einstige Lehrer-Schüler-Paar zerstritt sich so heftig, dass der Expedition kein Erfolg beschieden war. Aus Gram hierüber, so heißt es, ist Sir Francis Drake am 28. Januar 1596 in Portobello gestorben; doch es war wohl nicht nur der Gram, sondern auch die Ruhr, die den Tod des Helden herbeiführte.

Literaturhinweise | 268
Register | 271
Der Autor | 276

www.fotolia.com © boophotography

Anhang

‹ Scones

Literaturhinweise

- Hildesheimer, Wolfgang, **Zeiten in Cornwall,** Frankfurt 1991
- Du Maurier, Daphne, **Mein Cornwall – Schönheit und Geheimnis,** Frankfurt 1997
- Du Maurier, Daphne, **Gasthaus Jamaica,** München 1981
- Baumer, Franz, **König Artus und sein Zauberreich,** München 1993
- Grewe, Klaus, **Großbritannien – Ein Führer zu bau- und technikgeschichtlichen Denkmälern aus Antike und Mittelalter,** Darmstadt 1999
- Mattingly, Garret, **Die Armada,** München 1988
- Drabble, Margaret (Hg.), **The Oxford Companion to English Literature,** Oxford 1992
- James, Henry, **In England, um glücklich zu sein,** München 1989
- George, Elizabeth, **Doch die Sünde ist scharlachrot,** München 2008

ISBN 978-3-89416-484-3

ISBN 978-3-89416-375-4

Kauderwelsch Sprachführer

Freies Sprechen – Echte Konversation

- Erste Einblicke in die Sprache gewinnen
- Wichtige grammatikalische Grundlagen
- Wort-für-Wort-Übersetzung
- Viele situationstypische Sprachbeispiele
- Wörterliste mit etwa 1000 Einträgen

Selbstverständlich mit begleitendem Tonmaterial.

www.reise-know-how.de

Register

A
Abbey Gardens 142
Alehouses 197
Alkohol 210
Altarnun 199
Apotheken 221
Arzt 221
Ausrüstung 206
Ausweisverlust 236
Autofahren 206
Autopanne 235
Autounfall 235
Autozug 224

B
Barabhebungen 221
Bed & Breakfast 240
Behinderte Besucher 209
Billigfluglinien 227
Bishop's Rock 140
Blisland 193
Bloomsbury Group 122
Bodmin 190
Bodmin Moor 187
Boscarne Junction 192
Boscastle 177
Brison Rock 112
Britische Botschaft 210
Bronzezeit 253
Bryher 145
Bude 180
Bürgerkrieg 255
Bull, John 45
Busse 243

C
Cadgwith 56
Camborne 153
Camel Trail 168
Camelford 201
Camelot 201
Camping 242
Cape Cornwall 111
Charlestown 28
China Clay 28
Churchtown 156
Colliford Lake 195
Conqueror,
William the 254
Cornisch 250
Countryside 219
Coverack 53
Coxswain 86
Cream Tea 214

D
Dark Ages 253
Dinner 214
Diplomatische
Vertretungen 209
Dodman Point 34
Dozmary-See 195
Drake,
Sir Francis 255, 258
Dymer Bay 171

E
Eden Project 30
Einhorn 45
Einkaufen 210
Einreisebestimmungen 210
Eisenbahn 242
Elektrizität 212
Englisches Pfund 220
Essen 212
Euro 221
Europäische Krankenversicherungskarte
(EHIC) 221
Eurostar 225

F

Fährverbindungen 222
Falmouth 40
Fauna 217
Feiertage 217
Ferienhäuser 241
Fernsehen 234
Feste 217
Flora 217
Flug-Know-how 226
Flugzeug 227
Fowey 21
Freimengen 211
Fremdenverkehrsamt 228
Frenchman's Creek 50
Frühstück 212
Furry Dance 65

G

Gabo, Naum 124
Geevor Tin Mine 113
Geld 220
Geldkarten 236
Geldnot 236
Gesundheit 221
Gewichte 230
Golfstrom 229
Golitha Falls 203
Goonhilly Downs 53
Goonhilly Earth Station 53
Greenwich Mean Time 239
Guest Houses 241
Gutter Press 232
Gweek 51
Gwennap Head 103
Gwennap Pit 153

H

Hamada, Shoiji 120
Handys 238
Hardy, Thomas 177
Haustiere 211
Hawker, Robert Stephen 181
Hayle 152
Heilige 250
Helford 50
Helford River 50
Helston 65
Hepworth, Barbara 120
Heron, Patrick 124
Hildesheimer, Wolfgang 122
Hinreise 222
Höchstgeschwindigkeiten 206
Hotels 241
Hugh Town 143
Hurlers 203

I

Informationsstellen 228
Inns 197
Isles of Scilly 131

J

Jamaica Inn 194
James, Henry 122
Jugendherbergen 242

K

Kammergräber 253
Kanalküste 13
Kanaltunnel 224
Kaolin 28
Karten 246
Kelten 250, 253
keltische Druiden 251
Kinder 235
Kleidung 206
Klima 229
Konfektionsgrößen 231
König Artus 195, 253
König-Artus-See 195

Krankenversicherung 221
Kreditkarte 221
Krone 45
Kynance Cove 56

L

Ladenschlussgesetze 210
Lamorna Cove 88
Lamorna Point 89
Land's End 105
Land's End Airport 111
Landschaftsgärten 217
Landschaftszerstörung 220
Lanhydrock House 25
Last-Minute 228
Launceston 199
Lawrence, D. H. 191
Leach, Bernard 124
Leuchttürme 66
Levant Beam Engine 113
Literaturhinweise 264, 268
Lizard 55
Lizard Peninsula 47
Lizard Point 55, 56
Loe Pool 63
Looe 16
Logan Rock 97
Lost Gardens of Heligan 31
Lostwithiel 25
Löwe 45
Lunch 213
Lyoness 134

M

Maestro-(EC-)Karte 221
Mahlzeiten 212
Marazion 74
Maße 230
Maurier, Daphne du 194
Mawgan 50
Mayon Rock 107
Medien 232
Medizinische Versorgung 221
Merry Maidens 89
Mevagissey 32
Minack Theatre 96, 101
Morwenstow 181
Mousehole 83
Mullion 62
Mythos 253

N

National Health Service 221
National Seal Sanctuary 51
National Trust 241
Nationalsymbole, britische 45
Naturschutz 219
Neolithikums 252
Newlyn 82
Newquay 159
Nicholson, Ben 120
Normannen 254
Notfall 235
Notruf 222

O

Obby Oss Festival 164
Öffnungszeiten 236
Orientierung 237

P

Padstow 164
Pannen 207
Parken 207
Penberth Cove 97
Pendeen 113
Pendennis Castle 40
Pendennis Point 41
Penwith Peninsula 71
Penzance 76

Perranporth 158
Peterville 156
Phönizier 134
Poldhu 62
Polperro 19
Polzeath 171
Port Gaverne 173, 174
Port Isaac 173
Port Quin 173
Portgwidden Beach 126
Porthcurno 96, 101
Porthgwarra 101
Porthleven 63
Portloe 34
Porthmeor Beach 124, 126
Porthminster Beach 126
Porthtowan 155
Portreath 154
Porzellanherstellung 28
Post 237
Presse 232
Pubs 197, 214

R

RADAR 209
Radfahren 239
Radio 234
Radkralle 207
Raleigh, Sir Walter 255
Redruth 153
Reiseschecks 221
Reisezeit 229, 230
Restormel Castle 25
Rettungskreuzer 126
Rinsey Head 63
RNLI 94, 107, 126, 143, 167
Römer 253
Roseland Peninsula 37
Royal National
Lifeboat Institution 94
Rückreise 222
Rücktransport 222

S

Saint's Way 166, 246
Schiffskatastrophen 136
Schmuggel 254
Seenotrettungsdienst 94
Shaw, George Bernard 32
Shipwrecker's Inn 111
Sicherheit 239
Sickert, Walter 120
Slaughter Bridge 201
Solomon Browne 85
South West Coast Path 15, 246
Spanische Armada 258
Sperrnummer 236
Sprache 250
St. Agnes 145, 156
St. Austell 28
St. Clement's Isle 83
St. Enodoc Church 171
St. Ives 120
St. Ives Head 126
St. Just 111
St. Just-in-Penwith 111
St. Keverne 52
St. Levan's Church 101
St. Martin's 144
St. Mary's 143
St. Mawes 37
St. Mawes Castle 37
St. Michael's Mount 74
St. Michael's Way 76, 246
St. Neot 202
Steinkreise 253
Stephen, Sir Leslie 121
Stripple Stones 193

T

Talland House 122
Tamar Otter Park 199
Tanken 207
Tate St. Ives 124
Tater-du 90

Taverns 197
Telefon 237
Telefonieren 237
Tinner's Way 115
Tintagel 175
Tintagel Castle 175
Torfmoor 189
Tourist Information 228
Trebah Garden 43
Trelissick Garden 39
Trethevy Quoit 203
Trengwainton Garden 81
Tresco 144
Trinken 212
Truro 35
Turner, William 120

U

Uhrzeit 239
Umweltschutz 219
Unfälle 207
Union Jack 45
Unterkunft 239

V

Verkehrsmittel 242
Versicherungen 244
Veryan 35
Veryan Bay 34
Vorwahlen 238

W

Wadebridge 170
Wallis, Alfred 120
Wandermaterial 206
Wandern 76, 245
Wanderung 56, 89, 101, 107, 115, 201
Wechselkurse 221
Weschke, Karl 121
Whistler, James 120
Wikinger 253
Woolf, Virginia 121

Z

Zahnarzt 221
Zeit 239
Zeitungen 232
Zennor 114
Zinn 254
Zug 225

Der Autor

200co se

Hans-Günter Semsek studierte Soziologie und Philosophie, einige Zeit auch in London. Danach arbeitete er mehrere Jahre als wissenschaftlicher Angestellter an der Universität Bielefeld, war lange Zeit Lektor in einem Verlag und war anschließend als freier Journalist und Autor tätig.

1967 kam er zum erstenmal nach London und besuchte in den folgenden Jahren alle Regionen der Britischen Insel. Nach vielen Reisen in außereuropäische Länder wandte er sich in der letzten Zeit wieder stärker England, Wales und Schottland zu.

Der Autor hat Zeitschriftenartikel, Bücher und Radiobeiträge über Ägypten, London, Irland, Schottland und Süd-England publiziert, darunter die Reiseführer „Irland", „England, der Süden", „England – Norden und Mitte", „CityGuide London", „CityTrip London" und „CityTrip Dublin", die ebenfalls bei Reise Know-How erschienen sind.

Im Jahr 2011 ist Hans-Günter Semsek verstorben.

Stefan Blank, geboren 1966, hat die vorliegende Auflage aktualisiert. Er ist Reisejournalist und Werbetexter.

159ba mb